リーガル
クリニック・
ハンドブック

法律相談効率化のための論点チェック

第2版

編著

弁護士法人
丸の内ソレイユ法律事務所

ぎょうせい

✧ 第2版 はしがき ✧

『リーガルクリニック・ハンドブック』を出版してから４年以上経過しました。私たちが旧版を出版した当時、法曹界に類書はほとんど見当たらず、そのせいもあってか多くの読者を得て、皆様の好評を博してまいりました。また当初メイン読者として予想していた新人弁護士のほか、司法修習生等にも広く話題となり、利用していただいてまいりました。まさに、旧版は、法律相談の場面に一石を投じたといっても過言ではないと自負しております。

とはいえ、世の中の動きがめまぐるしい中、４年という歳月は決して短い期間とはいえず、また私たちの事務所も成長し、それとともに、それぞれの弁護士も多くの経験を経て各人がそれぞれのノウハウを蓄積してまいりました。

そこで私たちは、旧版のコンセプトはそのままに、新たに事務所に参画した弁護士も含め、各弁護士がそれぞれ得意の分野について内容をさらに深化させた本書を出版することにいたしました。

本書が、旧版と同様、多くの方々のお手元に常にあり、より実り多い法律相談が実現されることを願っています。

最後に、本書の出版を快くお引き受けくださった株式会社ぎょうせいの方々に深く感謝の意を表します。

平成28年9月吉日

弁護士法人　丸の内ソレイユ法律事務所
代表弁護士　**中里妃沙子**

◇はしがき◇

本書は、弁護士や司法書士の初回法律相談を効率化し、受任につなげやすくすることを目的として執筆したものです。当事務所における実際のノウハウを公開するものですが、弁護士、司法書士はもちろんのこと、自治体職員の方々が窓口等で相談を受ける際の聴き取りの参考として、また司法修習生や法科大学院生が法律相談の実務を学ぶ際にも活用できます。

国民が司法サービスに容易にアクセスできることを目指し、現在、多くの弁護士事務所、全国の弁護士会、法テラス、司法書士会、地方自治体等で、法律相談が行われていますが、それらの法律相談における1件の相談時間は30分から1時間程度という短時間に限られています。しかし法律的に必要な情報だけを整理して語ってくれる相談者はほとんどいません。したがって、短時間の法律相談においては、要領よく、ポイントを押さえて、必要な事実を聴き取っていくことが何よりも重要です。

当事務所は、知人等のご紹介の相談だけではなく、広くホームページによって当事務所を知った方々から、年間400件以上のご相談を受け付けていますが、お電話で予約を頂く際に、当事務所のホームページ上に公開している当事務所オリジナルの類型別の法律相談票に必要事項を記入した上で、記入済みの法律相談票を持参の上、事務所に来所していただくシステムを採用しています。類型別法律相談票は、いずれもＡ４用紙1枚の中に、それぞれの案件において最も必要な情報を記入していただくよう工夫してあります。

本書では、当事務所の弁護士の豊富な相談経験をふまえ、当事務所の法律相談で実際に使用している類型別の法律相談票や図表を示しながら、依頼者とはじめて接する重要な局面である初回法律相談において、相談者との接し方、話の進め方、その際に注意すべきこと等を、わかり易く解説することを目指しました。

本書に掲載している法律相談票は、当事務所のホームページや㈱ぎょうせいのホームページからどなたでもダウンロードが可能です。法律相談に臨む弁護士、司法書士、地方自治体の職員の方々が、当事務所の法律相談票を参考に、より工夫した独自の相談票を作成することも可能です。

本書が、法律相談の場面に一石を投じ、法律相談に臨む方々の一助になれば幸いです。

平成24年3月吉日

丸の内ソレイユ法律事務所
代表弁護士　中里妃沙子

目　　次

第２版はしがき

はしがき

第１章　初回法律相談のツボ ―――――――――――――――――― 1

1　初回相談の目的を明確に意識する／ *2*

（1）　法律相談の究極の目的● 2

（2）　相談者の「心」と「頭」を鷲掴みする● 2

2　相談者の「心」を鷲掴み／ *4*

（1）　相談者の「心」の満足のために必要なたった一つのこと● 4

（2）　共感の「示し」方● 4

（3）　最も重要な相談室での振る舞い方● 6

3　相談者の「頭」を鷲掴み／ *9*

（1）　法律相談におけるジレンマ● 9

（2）　ジレンマを解消し、相談者の「頭」を満足させる方法● 10

4　初回相談での注意事項／ *14*

（1）　清潔な身だしなみに注意する● 14

（2）　明るく、はっきりとした挨拶● 15

（3）　立ち居振る舞いにも気を配る● 15

5　感銘力、あるいは自分自身を偽らないということ／ *16*

第２章　貸金返還請求相談のツボ ―――――――――――――――― 17

1　契約書がなくても請求できる場合がある／ *18*

（1）　契約書があることに越したことはない● 18

（2）　契約書がなくてもすぐに諦めない● 18

2　貸金返還請求が認められるための要件／ *18*

（1）　金銭返還の合意と金銭の交付● 18

（2）　貸金返還請求はいつから請求できるのでしょうか● 20

3　貸金返還請求に対して想定される反論／ *22*

（1）　贈与の主張● 22

（2） 金銭の交付を受けていないとの主張● 23
（3） まとめ● 24
4 利息の請求、遅延損害金の請求／ *24*
（1） 利息の請求● 24
（2） 遅延損害金の請求● 25
5 貸金返還請求ができなくなる場合／ *26*
（1） 弁済された場合● 26
（2） 消滅時効が成立する場合● 26
（3） 公序良俗に反する場合● 28
6 保全手続／ *30*
（1） 保全手続の必要性● 30
（2） 仮差押え● 30
（3） どの財産を仮差押えすべきか● 31

第3章 土地・建物明渡請求相談のツボ ——— 33
1 土地・建物明渡請求のイメージを掴む／ *34*
（1） 賃貸人の立退要求と賃借人の居住・使用の利益との衝突● 34
（2） 賃借人を強制的に立ち退かせるには費用がかかる● 34
（3） 任意の明渡し交渉ができればそのほうがベター● 36
（4） 土地・建物明渡請求の法律的な構造の概略● 37
2 賃借人に対する請求／ *37*
（1） 占有権原を失わせることが必要● 37
（2） 賃貸借契約の終了原因① —— 期間の満了● 38
（3） 賃貸借契約の終了原因② —— 解除● 40
3 不法占有者への請求／ *45*
（1） 占有権原のない者にはいつでも立退きを要求できる● 45
（2） 土地・建物の所有者が立退きを請求する● 45
（3） 転借人に対する請求については要検討● 45
4 保全手続／ *46*
（1） 保全手続の必要性● 46
（2） 処分禁止の仮処分● 47
（3） 占有移転禁止の仮処分● 48

第4章　交通事故相談のツボ —— 49
1　相談者は相当なストレスを抱えていることを意識する／ 50
（1）　刑事事件の被害者であること● 50
（2）　保険会社の担当者との手探りのやり取り● 50
（3）　まとめ● 50
2　「交通事故７つのCheck Point」の解説／ 52
（1）　時系列に沿った説明● 52
（2）　交通事故は「人身事故」（交通事故証明書）になっていますか？【ロードマップ②１】● 57
（3）　事故態様（過失割合）について把握していますか？【ロードマップ②２】● 58
（4）　事故直後から定期的に病院に通っていますか？【ロードマップ②３】● 60
（5）　治療は終了（症状固定）していますか？【ロードマップ②４】● 62
（6）　後遺障害の等級は出ていますか？　後遺障害の等級認定手続きをしましたか？【ロードマップ②５】● 64
（7）　相手の保険会社から賠償の提示がありましたか？【ロードマップ②６】● 65
（8）　弁護士費用特約に入っていますか？【ロードマップ②７】● 68

第5章　個人の債務整理相談のツボ —— 71
1　初回相談の到達点／ 72
（1）　相談者の不安を緩和する——受任通知の役割● 72
（2）　相談者に見合った債務整理方法を提案する● 72
2　４つの方法の比較／ 72
（1）　任意整理● 72
（2）　特定調停● 73
（3）　個人再生● 73
（4）　自己破産（個人破産）● 74
3　債務総額の把握／ 74
（1）　債務整理方法選択の第一歩● 74
（2）　債務総額把握の際の注意点● 74
4　方法選択の検討フロー／ 75
（1）　任意整理・特定調停の可能性の検討● 77
（2）　任意整理・特定調停が見込めない場合——自己破産あるいは個人再生の選択● 79

（3） まとめのフローチャート● 85

5 検討結果を相談者に伝える／ *86*

第6章 離婚相談のツボ ―― 89

1 1時間の離婚相談ですべきこと・注意すべきこと／ *90*

2 事前準備のツールを具体的にどのように利用するか／ *90*

（1） 法律相談票の内容を確認する● 91

（2） 一見離婚とは関係のないような、相談票にない質問もしてみる● 94

（3） ロードマップを示して離婚事件の法的問題点を説明する● 95

3 8つのポイントの概略／ *98*

（1） 相手方の同意の有無あるいは法律上の離婚原因を備えていること● 98

（2） 未成年の子の親権者を決める● 99

（3） 養育費の額を決める● 100

（4） 面会交流の方法を決める● 100

（5） 財産分与の金額を決める● 101

（6） 慰謝料● 101

（7） 年金分割● 102

（8） 婚姻費用分担請求● 102

第7章 相続・遺言相談のツボ ―― 127

1 相談者のニーズを把握する／ *128*

（1） 相続の相談の概要● 128

（2） 相談者の気持ちへの配慮● 128

（3） 本章の構成● 128

2 相続発生前にご相談にいらした方への対応／ *129*

（1） 相続の概要について● 129

（2） 遺言について● 133

3 相続発生後にご相談にいらした方への対応／ *137*

（1） 遺言書がない、または相続人全員が遺産分割に同意している場合● 137

（2） 遺言書がある場合● 138

4 遺産分割の相談の具体的対応／ *139*

（1） ロードマップに書かれていること● 139
（2） 相続人の範囲【ロードマップ①】● 140
（3） 遺産の範囲を決める【ロードマップ②】● 143
（4） 遺産の評価を行う【ロードマップ③】● 143
（5） 各相続人の取得額を決める【ロードマップ④】● 145
（6） 遺産の分割方法を決める【ロードマップ⑤】● 148
（7） ロードマップを使用して法律的な問題点を説明すること● 148

5 遺産分割の法律相談票について／ *149*
（1） 相続の発生する方についての質問と法律相談上のポイント
【法律相談票❶】● 149
（2） 遺言書の有無に関する質問【法律相談票❷】● 149
（3） 遺産に関する質問【法律相談票❸】● 151
（4） 特別の事情に関する質問【法律相談票❹】● 152
（5） 遺産の分割方法に関する質問【法律相談票❺】● 152

6 遺留分減殺請求／ *152*
（1） 遺留分減殺請求とは● 152
（2） 法律相談におけるポイント● 155

第8章 残業代相談のツボ ―――― 157

1 初回の残業代相談で注意すべきこと／ *158*
（1） 残業代相談の特徴● 158
（2） 残業代相談における３つの聞き取りのポイント● 158

2 法律相談票を活用して必要な情報を確認する／ *160*
（1） 法律相談票の内容を確認する● 160
（2） 相談者が残業代を支払ってもらえる立場にあるかどうかを確認する
【法律相談票❶】● 160
（3） 相談者に残業代が発生しているかどうかを確認する
【法律相談票❷、勤務時間一覧表】● 161
（4） 相談者が請求できる残業代を計算する
【法律相談票❷・❸、残業代計算シート】● 164
（5） 残業代を請求するための資料の有無を確認する【法律相談票❹】● 166

3 今後の見通し・方向性を示す／ *167*

第９章　解雇・退職問題相談のツボ ―――― 169
１　法律相談にあたって／ *170*
２　法律相談で行うべきこと／ *170*
３　法律相談票について／ *172*
（１）解雇・退職が無効となった場合に請求できるもの【法律相談票❶】● 172
（２）労働契約終了の種類【法律相談票❷】● 172
（３）普通解雇の場合【法律相談票❸】● 175
（４）懲戒解雇の場合【法律相談票❹】● 176
（５）整理解雇の場合【法律相談票❺】● 178
（６）退職の場合【法律相談票❻】● 180
４　解雇・退職を争う方法／ *182*
（１）都道府県労働局長による紛争解決手続き● 182
（２）労働審判手続き● 183
（３）解決方法の選択● 184

第10章　刑事・少年事件相談のツボ ―――― 185
１　刑事事件の特徴／ *192*
２　急いで接見をすること／ *193*
３　成人事件と少年事件／ *193*
４　初回接見のポイント／ *194*
（１）被疑者の留置場所等を把握しましょう● 194
（２）初回接見も効率的に行いましょう● 194
（３）初回接見メモの活用● 195
（４）持参すべき物● 195

執筆者一覧 ／ 199
法律相談票等　雛形一覧 ／ 203

第1章
初回法律相談のツボ

中里　妃沙子

1　初回相談の目的を明確に意識する

（1）　法律相談の究極の目的

弁護士、司法書士、あるいは自治体の相談員の皆さん（以下、相談を受ける側を「相談員」といいます。）は、どんな心構えを持って、初回相談に臨んでいらっしゃるでしょうか。漫然と相談に臨むという方が案外と多いかもしれません。

しかし、相談をしようとする方々（以下「相談者」といいます。）にとっては初めての法律相談となる場合が多いでしょう。相談者は、降ってわいたような紛争に、不安や心配でおろおろしていることもあるでしょう。そんなとき、藁をもすがる思いで法律相談を受けようとしています。つまり、何とか心と頭の不安を取り除いてほしいと願って法律相談の申込みをしているのです。そのような相談者を前にして、相談員が漫然と相談に乗る、ということはあってはならないことでしょう。

初回の法律相談の目的は、相談者から必要な情報（要件事実であることが多いでしょう。）を聞き取った上で、相談者に対して、相談者が今後の方向性、見通しを立てることができるような適切な法的知識を伝え、相談者が明るい気持ち、前向きな気持ちを持って相談所を後にする、ということだと考えています。

事案によっては、解決が困難と予想され、相談者にとって必ずしも有利ではない展開が予想されることもあるでしょう。

しかし、そんな場合であっても、最低限、事案に即した法的知識を伝え、今後の見通しを述べ、さらには相談者を精神的に勇気づけることは必要だと考えています。

となると、初回法律相談においては、最低限、相談者からその事案にとって必要な情報を引き出すこと、引き出した情報を前提として適切な法的知識、解決策あるいは見通しを示すこと、最後にできれば相談者を勇気づけるということをしなければなりません。

では、そのためには、事前にどんな準備をしたらいいか、相談当日はどんなことに注意を払うべきか、２以下で具体的に述べることにいたします。

（2）　相談者の「心」と「頭」を鷲掴みする

ところで、最近では、ホームページを作成している法律事務所、司法書士事務所が一般的となっています。そのような事務所では、例外なく、法律相談を行っています。これらの法律相談は、大抵の場合、30分5,000円（税別）となっていますが、場合によっては、無料法律相談を行っている事務所もあります。

このような法律相談は、いったい何のためにあるのでしょうか。言うまでもなく、30分あるいは1時間の初回法律相談を経て、実際に受任することを目指しているのです。いわば集客のためのツールの側面が強いわけです。初回相談の出来の善し悪しが、受任率を左右するわけです。初回相談は、相談者にとって、法的知識を得、心の不安を取り除くという意味で重要なのですが、相談員にとっても、事務所経営の観点から極めて重要な場面といえるのです。

このように、初回法律相談を集客のためのツールと捉えている場合には、上記のような法律相談の一般的な目的のほかに、集客目的も加わっていることを強く意識する必要があります。どうしたら法律相談に来た初対面の相談者から、事件を引き受けることができるのか。その答えは、簡単明瞭です。相談者に初回法律相談の結果に満足してもらうということです。

そして相談者に満足してもらうためには、相談者の「心」と「頭」を鷲掴みする必要があるのです。たしかに法律は理論の世界です。ですので、弁護士である以上、きちんとした法的説明ができなくてはなりません。しかし、その上で解決策を示したとしても、これでは「頭」を満足させるだけです。

弁護士は、法律の世界に生きていて理屈を重視します。そのため、ともすれば、自分でも気づかないうちに、相談者の「心」をないがしろにしてしまいがちなのです。われわれ人間には感情があります。「心」の満足がなければ受任にはつながらないのです。弁護士としての経験からすると、むしろ、「心」の満足のほうが受任につながることが多いとも感じているくらいなのです。特に、近年では、AI（Artificial Intelligence：人工知能）の発達により、これまで弁護士の専門領域とされてきた判例検索や法的理論の説明などがロボットに取って代わられる可能性が現実化してきています。そのような近未来においては、依頼者の「頭」を満足させるだけの弁護士は、ロボットに仕事を奪われてしまう可能性もあるわけです。

となると、われわれ弁護士は、相談者の「心」の満足を一層重視する必要がある、と私は確信しています。

そこで2以下では、まず、いかにして相談者の「心」を鷲掴みにするか、その方法を説明し、その後で、「頭」を鷲掴みにする方法を説明します。

2　相談者の「心」を鷲掴み

（1）　相談者の「心」の満足のために必要なたった一つのこと

相談者の「心」を鷲掴みするために必要なことは多くはありません。ズバリ「相談者に伝わるように共感を示すこと」、ただそれだけです。

なんだ、そんなことか、「共感」が大事だということは、どんな本にも書いてある、聞くまでもないと思う方もいるかもしれません。

本書の第1版が世に出たとき、弁護士業務についてのノウハウを記載した本は数えるほどしかありませんでした。

しかし、いまや弁護士業務のノウハウ本は、数多く書店に並んでいます。そしてそのほとんどの書籍に「共感」の重要性が書かれています。また心理学においても、「傾聴」「共感」という単語は、キーワードとしてその重要性が説かれています。

当事務所では離婚事件の受任率が50%から60%ほどあるのですが、弁護士事務所向けコンサルタントの方のお話ですと、離婚事件を扱う多くの事務所の受任率は10%から20%程度なのだそうです。このように様々な書籍・場面で「共感」の重要性が説かれているのに、なぜ弁護士によって、受任率に違いがあるのか、皆さん不思議に思いませんか？

答えは簡単です。「共感」しているかどうかが、相談者に伝わっていないのです。私の経験からして「共感」が相談者に伝わり、そこから相談者に安心感を与え、相談者との間に信頼関係が構築されると、受任につながっていくのです。

つまり、ここで重要なことは、単なる「共感」ではなく、「相談者に分かるように共感を示す」ことなのです。単なる「共感」と「共感を示すこと」との間には、天と地ほどの違いがあると肝に銘じてほしいと思います。

（2）　共感の「示し」方

ア　法律相談は、相談室に入る前から始まっている

（ア）　多くの弁護士は、法律相談は、相談室内で行われるやり取りのみを指すと理解しています。しかし、このような認識では不十分です。

不安を抱えた相談者と法律事務所の最初の接触は、最近では法律事務所のホームページということが多いでしょう。したがって、相談者に冷たい印象を与えるようなホームページは避けなければなりません。どのようなホームページを製作するかについては、本書の目的の範囲外ですので、この点については、専門家の意見ある

いは専門的な書籍などを参考にしてください。

（イ）　次に相談者が法律事務所と接点を持つのは、相談予約の電話を入れるときでしょう。このときに電話に出るのはほとんどの事務所の場合、事務局あるいは秘書です。したがって、事務局や秘書がどのような対応をするかは受任取得に関わることですので、彼ら彼女らに対する研修も不可欠です。

事務局や秘書の対応で重要なことは、相談者に好印象を持ってもらうために、優しく丁寧な言葉遣いに留意することです。声のトーンも重要です。低いトーンですと、相談者に「暗く冷たい印象」を与えがち。トーンを上げて明るい声で応対してほしいところです。

（ウ）　さらに、弁護士が相談室に入る際には、深呼吸などして心を平静にし、穏やかで柔和な表情を作ることも心がけてください。

われわれ弁護士は、相談に入る直前に、例えば電話で相手方あるいは相手方代理人と交渉などをし、不愉快な気分になってしまったという経験も少なくないでしょう。そのような不機嫌な気分のまま、初対面の相談者に接したらどうでしょう。相談者に不愉快な気分が伝わり、一層不安な気持ちにさせてしまう可能性があります。新しい相談に入る前には、気持ちを切り替え、「ようこそお出でくださいました」という気持ちを顔一杯どころか全身で表現し、明るい気持ちで相談室に入ることをお勧めします。

恥ずかしがり屋であるとか、内気だと自覚している弁護士からは、「ようこそお出でくださいました」という気持ちを顔一杯どころか全身で表現することなんてできない、したこともない、と即座に反論が来るかもしれません。そのような場合には、まず鏡を見ながら「明るい顔」を作る練習をしてください。練習するうちに、「明るい顔」を作ることで、気持ちが明るくなってくる経験をすると思います。そうなればしめたもの。練習の成果を、初回相談に入る前に実践してみてください。

弁護士が「ようこそお出でくださいました」という気持ちを乗せて明るい顔で相談室に入ると、不安で一杯だった相談者も、全身で自分の悩みを受け止めてくれそうな雰囲気・印象だと思うでしょうし、そのような雰囲気に接し、「ほっ」と安心すること請け合いです。ほっと安心した相談者は、こちらに対し、好意的な気持ちを持ってくれますから、さらに受任の可能性が高まってくるのです。

（エ）　ところで、事務所エントランスの重要性に気がついている弁護士は、どの程度いるでしょうか？　私は、事務所エントランスは事務所の「顔」であり、ここで事務所に対する第一印象が決まると言っても過言ではありませんから、事務所エントランスの演出には細心の注意を払うべきだと考えています。

不安な気持ちで弁護士事務所のドアを叩く相談者の気持ちを想像してみてください。彼ら彼女らが、「この事務所、なんだか暗い感じだな」と思った瞬間、受任は遠のきます。反対に、「この事務所のドアを開けたら、なんだか明るい気持ちになるみたい」と思ってもらえると、受任が近づくのです。

エントランスをどのようなデザインにするか、どの程度のお金をかけるのかは、それぞれの弁護士の好みや事情に合わせていただくとして、最低限、清潔感は保っていただきたいと考えています。

（3） 最も重要な相談室での振る舞い方

ア 共感の示し方

私は、前述の２（１）で相談者の「心」を鷲掴みにするためには、「相談者に伝わるように共感を示す」ことだと述べました。実はこれは極々簡単なことです。

具体的には「頷く」という動作をするだけのことなのです。

「えっ？　これだけ？」と驚かれる方もいるでしょう。そうなのです。これだけです。そんなこと言われるまでもない、頷いている、という反論が予想されますが、きちんとできている人は少ないのです。われわれ弁護士も人間ですから、すべての相談者の、すべての話に共感できるわけではありません。となると、いつも頷いているとは限らないのです。

しかし、人間は、相手が共感してくれていると感じないと、本音を言ってくれません。「あっ、この弁護士は、親身になって相談に乗ってくれてないな」と思うと、必要な情報すら示さなくなってしまう可能性もあり得ます。特に初回の法律相談では、相談者の「心」を鷲掴みにする必要があります。相談者が心を閉ざしてしまうような態度をとってはいけないのです。

われわれ弁護士は、相談者の話を否定するまではいかないものの、積極的に肯定もできないし、共感もできない、そのような状況を数多く経験するはずです。そんなときはどうしたらいいでしょうか。「頷く」のです。語弊を恐れずに言えば、共感しているふりをする、それだけでいいのです。「えっ？　ふりをする？　そんなことはできない」と思っている方は、試しに体を乗り出して話を聞いてみてください。あるいは相談者の話に「頷いて」みてください。それらの動作によって共感を「示す」ことが可能なのです。極端に言いますと、心から共感していなくとも、「頷く」という動作をするだけでいいのです。共感していないなら、「頷く」ことなんてできない、という方もいるかもしれません。そんな方には、何の感情もいれず「ただ首を縦に振る」動作をしてください、とお願いします。心からの共感がないとしても、頷いているうちに、負け筋だと思っていた相談者の話から、解決の糸口すら浮かんでくるようになるのです。さらに相談者からは「共感してくれている」と思ってもらえるということなのです。

もっとも、主義主張がまったく異なり、どうしても相談者に共感できない、と思う場合にまで共感を勧めるものではありませんので、その点は、私の説明を誤解せず、ご自分の思うところに従って相談に乗ることをお勧めしますし、相談や受任をお断りすればいいのです。

イ　常に「共感」、「否定」しない

「共感を示すこと」と表裏一体で重要なことは、法律相談（特に初回の法律相談）で、相談者の話を「否定しない」ということです。「否定」した瞬間、それまで「頷いて」きた努力が水の泡となってしまいます。

コミュニケーションについて論じた多くのノウハウ本には、「Yes, But」あるいは「なるほど、しかし」という表現が出てきます。まず、相手の話に、「Yes＝なるほど」と言った後に、「But＝しかし」と切り出して自説を展開する、という方法です。このノウハウは、相手方の考えに反論し、自説を説得的に語るための手法として紹介されているのですが、相手方の話を「否定」しないという点で、私がこの本に書いていることもこれらのノウハウ本と同じと思われる読者の方がいるかもしれません。しかし私は、初回相談においては「But＝しかし」という言葉は使用してはならないと考えています。徹底的に「否定語」を使用しない、ということです。

相談者が弁護士事務所に来るときの多くの状況は、自らの主張が正しいと言いしつつも、相手方から強い反発を受けて困ってしまい、何とか自己に有利に話を進めたいと考えて弁護士に相談する、という場合ではないでしょうか。つまり、弁護士に自分が正しいと言ってもらい、主張を通してもらうことを弁護士に期待して、相談に来るわけです。

そんなときに、頭ごなしに「違います」「ダメです」「あなたは間違っています」と言われたら、相談者の心は傷つくでしょうし、人によっては怒りに身を震わせるかもしれません。彼らは「間違っている」という言葉を聞きたいのではなく、自分が間違っているとしたら（実際には、内心では間違っていると薄々は感じてはいるものの、それを認めたくない、という人もいるでしょう。）、どうしたらいいのか、その解決方法を知りたいのです。私たちは、相談者を傷つけるために弁護士業務を行って

いるのではありません。目の前の困った人々の困った状況を何とかしたい、というその一心で弁護士をしているのです。相談者を傷つけるような方法で否定語を使用することだけは避けてほしいものです。

「否定語」を使用しないとしても、相談者が敗訴するような案件、あるいは、明らかに相談者が誤解している事柄があったとして、それらの点について指摘することは、弁護士として必要です。

しかし、それらを指摘する際にも、冷たい口調で、「ダメです」などと言ってはいけないのです。「But＝しかし」を使用することなく、穏やかな口調で、相談者に対し、「あなたは不利な状況にいるが、その状況をきちんと直視しなければ、その後の解決策を考えることはできないので、あなたの利益のために、あなたにとって耳に痛い説明をすることを理解してもらいたい」という気持ちを込めて法的説明をしていただきたいと考えています。

弁護士のこのような態度に接すると、大抵の相談者は、その後の弁護士の話に真摯に耳を傾けてくれますし、もちろん弁護士は相談者の「心」を鷲掴みにしたこととなるのです。

ウ　類似の事例を先回りして説明する

相談者の「心」を鷲掴みにする手法として、類似の事例を先回りして説明する、という手法があります。例えば、モラハラ夫の言動に悩み、離婚の相談に来所した女性に対し、「ご主人は、常日頃、『誰のお陰で飯が食えているんだ！』とか『お前が仕事に出てもおれ以上には稼げないくせに、生意気なことを言うな！』とか言いませんか？」と聞いてみます。すると、ほとんど１００％に近い確率で、その相談者の女性は、「そうなんです。先生はなぜお分かりになるんですか？」と驚いたように反応します。このとき、この相談者は驚くと同時に、われわれ弁護士が事情をよく分かってくれると感じ、さらには自分の味方をしてくれるとまで感じてくれるのです。まさに、相談者の「心」を掴む瞬間なのです。

数多く同種の案件を手がけていくと、類似の出来事に数多く出会います。ですので、初めての相談者であっても、少し話を聞いただけで事情が推測できるようになりますし、解決策もすぐに頭に浮かぶようになります。さらには相談者にアドバイスや注意すべき事項も、数多く頭に浮かぶようになります。

これらの事柄を、相談者の話をあからさまに遮るようなことはせずに、さりげなく話の途中に織り交ぜていくことにより、相談者は、この弁護士は自分の話をよく分かってくれる、という気持ちになるわけです。

エ　相手の心にずけずけと入り込むような話し方をしてはいけない

１時間の初回相談を通じて注意していただきたいのは、必要以上に最初から馴れ馴れしい態度は慎んでほしいということです。敷居が高い弁護士というイメージを与えないために、フランクな話し方をしたほうがいいのではないかと勘違いをし、最初から馴れ馴れしい話し方をしようと考える方がいるかもしれませんが、そのような態度は、初回相談の場合であっても、相談の最後が近づき、相談者が心を開いてきたと感じるようになってからにしていただきたいと思っています。相談者の口調も多少くだけてきたな、と感じたら、こちらも少々くだけた口調にし、ときには冗談なども交えてもいいかもしれません。このような状況は、すでに相談者の「心」を掴んだ状況といえるでしょう。

しかし、くれぐれも初回相談の最初の段階からくだけた口調は控えたほうがよいと感じています。

3　相談者の「頭」を鷲掴み

（1）　法律相談におけるジレンマ

ア　弁護士のジレンマ

法律相談は、１時間という場合が多いと思われます。場合によっては、30分ということもあるでしょう。込み入った相談の場合はもちろんのこと、一般民事の通常の相談案件でも、１時間では短いことがあり得ます。したがって法律相談は１時間（場合によっては30分）以内に終えるという意識を常に持ち、相談に乗りながら時間配分を考えることが必要となります。

ところで、法律相談やカウンセリングにおいては、相談者の話を十分に聞くことが重要であるといわれています。「傾聴」という言葉を耳にすることも多いでしょう。

しかし、ここで弁護士は、ジレンマに陥ります。相談者の話を十分に聞くとなると時間がどんなにあっても足りない。１時間（場合によっては30分）以内に相談を終わらせようとすると、法的解決に必要な情報を得ることもできないばかりか、相談者に「話を十分に聞いてもらえなかった」という不満が残ってしまうかもしれない。どうしたら相談者から必要な情報を聞き出した上で、相談者に「十分に聞いてもらった」という満足感を持ってもらえるのか。どうしたら法律相談の目的を達することができるのか。

弁護士が法律相談に不慣れな場合には、このジレンマはより一層強く切実なものでしょう。

イ　相談者のジレンマ

法律相談にやって来た相談者にも、ジレンマはあります。彼らのジレンマは、何をどのように伝えたらいいのか分からないというジレンマです。

彼らとて、時間が限られていることは十分に理解しているのです。しかし、どのような情報を話したらいいのか分からないのです。加えて、相談者は、整理して話をするという経験を積んでいない方々が大半です。いきおい、話はあっちに飛び、こっちに飛び、さらには早口でまくしたてるという相談者も出てきます。相談員が、何をどう話していいのか分からない相談者の話に引きずられてしまうと、相談者はますます混乱し、口角泡を飛ばして話をするものの時間切れ、ということになりかねません。これでは相談者には不満が残るだけの結果となってしまいます。このような事態は絶対に避けなければなりません。

以下では、相談員・相談者双方のジレンマを解消し、相談者の「頭」を鷲掴みする方法を説明します。

（2）　ジレンマを解消し、相談者の「頭」を満足させる方法

ア　法律用語を（極力）使用しない

弁護士や司法書士などの相談員は、概ね法律の専門家ですが、相談者は法律の素人であることが多いものです。したがって、法律用語を連発したのでは、相談者にはまったく理解してもらえません。相談員は、法律を通訳するつもりで、平易な言葉で簡潔・明瞭な説明を心がけるべきです。

また、強調したい部分やよく理解してもらいたい部分については、声の調子や抑揚、ボディランゲージ等も利用し、話にメリハリをつけて理解を深めてもらう技術も必要だと考えています。

イ　聞き取り、説明のためのツールをあらかじめ用意する

（ア）　事前の相談票

当事務所では、「離婚」「交通事故」「相続」「債務整理」「貸金返還請求」「解雇・退職」「残業代請求」等と、類型別に相談票を作成し、ホームページに掲載してあります。そして、電話で法律相談の予約をいただく際に、相談者の方々に、相談票に必要事項を記入し、法律相談当日に持参していただくことをお願いしています。

当事務所の相談票は、いずれも原則として、質問内容が、Ａ４用紙１枚に収まるように作ってあります。これには理由があります。まず、①あまりに質問項目が

多いと相談者に負担となり、結局記入してもらえなくなる恐れがあることです。また、②記入することで、自分の法律問題について、どのような情報が必要となるのか、相談者に意識してもらうという効果があります。

③には、この相談票は、１時間の相談の際に使用するため、あまりに情報量が多いと、相談員がその内容を読むだけで時間を費やしてしまい、１時間の法律相談の妨げとなり、かえって逆効果だからです。④に、Ａ４用紙１枚に質問事項が収まっていると、一覧性があり、短時間の法律相談に適しているのです。

質問事項は、それぞれの相談類型の解決をにらみ、その上で必要なものに絞って載せてあります。

私の経験からすると、当事務所の「離婚」の相談票を一瞥しただけで、大抵の離婚案件は、５分以内に（ほぼ一瞬の場合もあります。）、相談者の問題点が把握でき、その後、相談者ごとの問題点にフォーカスして法的知識の説明をし、雑談も交えた上で、今後の方針までご相談することが、１時間で可能です。

この相談票は、受任してファイルを作成したら、最初のページにとじることをお勧めします。さらに２冊、３冊とファイルが増える度に、コピーをして最初のページにとじておくことをお勧めします。この相談票を一瞥するだけで、どのような事案であるかが、瞬時に分かるからです。

（イ）　全体の論点をＡ４用紙１枚にまとめ、「ロードマップ」を示す

相談票と並んで、当事務所が事前に用意しているツールは、手続きの流れや考えるべき法的論点をＡ４用紙１枚で一覧表にしたものです。私は、これを示すことで、相談者の頭が整理され、先行きが見えてくると考えており、「ロードマップ」と呼んでいます。

現在、当事務所では、「離婚」「交通事故」「遺産分割」のバージョンを作成してあります。特に「離婚」のロードマップについては、離婚を考える際、このロードマップに記載してあること以外には、ほとんど考えることはない、と相談者に示すことによって、相談者の注意・関心をその用紙に集中させることができ、法律相談のイニシアチブをとることに大いに効果をあげています。

相談者は、法律には疎い人が多いものです。初めて聞く法律用語ばかりで、十分な理解を得られない可能性もあります。その点、ロードマップの中に法律用語が載っていると、より相談者の理解が深まるのです。

当事務所では、このロードマップのコピーを相談者お一人ずつにお渡しし、当事務所での法律相談の後、分からないことがあったら、このロードマップを見直して、

心と頭を整理していただくようお伝えしています。

（ウ） 面談中の流れを仕切る

誤解を恐れずに言うならば、弁護士・司法書士などの相談員、相談者の双方のジレンマから脱却する秘訣は、相談員主導の面談を行うということです。初回法律相談においては、相談員が常にイニシアチブをとりながら話を進めていく、相談者が話し続けているような状況になった場合には、相談者の話をときには遮ることも恐れてはいけない、この点を忘れてはなりません。

たしかに法律相談は、英語では、「リーガルカウンセリング」といい、カウンセリングの一種であれば、相談者の話は十分に聞くべきだということになります。実際、カウンセリングにおいては、相談者の話を「傾聴」することが非常に重要だとされています。

しかしながら時間の限られた初回法律相談においては、弁護士が前述のようなジレンマを克服し、必要な情報を相談者に対する質問によって引き出し（ときには相談者の話を遮ることもあるでしょう。）、相談者の固有の問題点を早い時点で見つけ出し、その問題にフォーカスして相談を進めることが重要なのです。

では、どのようにしたら、弁護士が初回法律相談でイニシアチブをとることができるのでしょうか。

まず、自分がイニシアチブをとるのだ、という心構えが必要です。「何だ、単なる精神論か」と思ってはいけません。相談員としての経験が浅い場合には、この心構えがなっていないのです。相談員としての自信の欠如が、反対に相談者にイニシアチブを握られ、長々と、事案の解決のために必要ない話をされてしまう、ということになりかねないのです。そうなると１時間（場合によっては30分）で問題解決に必要な法的知識の説明や解決策を示すことなど、到底無理です。相談者に、「相談しても時間の無駄だった、話も十分に聞いてもらえなかった」という不満だけを抱かせることになりかねないのです。

では、相談の経験を積んで、慣れてくればイニシアチブをとることができるのでしょうか。そうです。ある程度はイニシアチブをとることができるようになります。

しかし、本書は、経験の浅い相談員、場合によっては初めて相談に臨む相談員であっても、ある程度の結果が出せることを企図しています。そのような場合にはどうしたらいいのでしょうか。

当事務所では、上記（ア）、（イ）で述べたツールを利用し、これらのツールを利用することによって、面談中の流れを仕切るようにしています。具体的には、例えば何度も自己の主張を繰り返す相談者に対し、やんわりと（イ）のツールを目の前に出し、「○○さんにとって最も重要な論点は、□□ですから、まずこちらの説明をさせてくださいね」と言って、相談者の注意を引きながら話の流れを引き寄せるなどするわけです。このツールは、新人弁護士が使用する場合に、法律相談の質を一定水準に保つことを可能とします。

面談の流れを仕切るためのその他の方法としては、ホワイトボードを使用する方法もあります。相談者が話をしている途中であっても、弁護士が席を立ち、ホワイトボードの前に立つと、（学校の授業の経験からくる条件反射のように）相談者が一旦話を中断し、弁護士のほうに目を向けるのです。弁護士としてはこの瞬間に流れを引き寄せ、説明したいと考えている事柄を即時に話し始める、というわけです。

（エ）　相談者に「依頼したい！」と思わせるメニュー表

初回相談も、45分から50分くらい過ぎると、相談者から事情も概ね聞き終わり、弁護士からの法的説明も大体終わりに近づいてきます。この頃までに相談者の「心」と「頭」を掴んでいる場合、相談者は頭の中で、「この弁護士に頼んだらいくらくらいの金額がかかるのかしら？」「弁護士に依頼すると、どんなことをしてくれるのかしら？」と考えるようになります。

ここで重要なことは、あらかじめ「メニュー表」を作成しておき、最後に、躊躇なくわれわれの事務所に依頼した場合には、どの程度の金額がかかるかを示し、目の前にいる相談者の場合には、どのメニューを依頼するといいのか、ということを具体的に提案することです。

例えば、すでに相手方から訴状が送られてきている相談者の場合、書面の作成などは到底素人には難しいということを説明し、弁護士に依頼することで、書類作成などは弁護士が行うこと、いつでも弁護士に相談できること、裁判所などに出向く必要はほとんどないことなど、弁護士に依頼するメリットを説明し、さらに金額も説明します。また協議段階で、相手方と協議をする自信のある依頼者には、安価ではあるが、いつでも弁護士に相談するメニューがあることを示し、安心感を持って望める「バックアッププラン」なるものがあるのでお勧めします、と説明し、相手方の顔も見たくないと思っている相談者には、われわれが間に入って協議し、今後の連絡もわれわれが行い、直接の連絡はしないように相手方に伝えるなど、ここでも弁護士に依頼するメリットを説明し、併せて弁護士報酬の金額を明示するのです。

ここまで行うことにより、当日その場で依頼をする相談者はさすがに少ないものの、「一旦家族と相談します」と言って持ち帰った場合であっても、高い確率で依頼をしてくるものなのです。さらに弁護士に依頼した場合、弁護士が最初にどのような行動を、どのようなスケジュール感で行うのか丁寧に説明することで、受任率はさらに上がってくると感じています。

メニュー表の作成のコツは、内容と金額及びそのバランスです。

内容については、事件類型ごとに様々なものが考えられますので、皆様でいろいろと工夫していただきたいと考えています。

金額については、地域ごとに金銭感覚の違いなどもあるでしょうから、この点についても皆様でいろいろと工夫していただきたいのですが、1点、重要なことは、「定額」にしたほうがより受任率が上がると思われることです。

多くの法律事務所の「弁護士報酬」は、例えば、「30万円～」と記載されています。しかし私は、このような記載では、数多くの「機会損失」が発生しているのではないか、と危惧しています。「この弁護士に依頼したい！」と思うのは、実は法律相談のその場、そのときの盛り上がった気分のときではないでしょうか。そのときに、いくらかかるのかはっきりと分かるほうが、相談者にとって判断がしやすいわけです。その時点で、「30万円～」となっていては、一体いくら用意していいか分からず、依頼しようという気持ち、動機に水を差してしまうと思われるわけです。

そのため、当事務所では、できる限り「定額制」のメニュー表を作成しています。

読者の方々も、事務所の特性や地域性などを考慮し、メニュー表を工夫して作っていただきたいと思っています。

4　初回相談での注意事項

（1）　清潔な身だしなみに注意する

最後に、初回相談でのその他の一般的な注意事項を説明します。

まずは、よい第一印象は、相談者を安心させるための第一歩となることを心得てほしいと考えています。

では、実際の法律相談では、具体的にはどのような点に注意を払ったらいいのでしょうか。

まずは身だしなみです。「当たり前のことではないか」と思う方も多いと思います。確かに当たり前のことです。しかし、よい第一印象は、相談者に安心感を与えるばかりではなく、信頼感も抱いてもらえます。

ところが多くの弁護士は、案外、自分の身だしなみが整っていないことには気がつかないものです。

例えば、頭髪がぼさぼさ、無精ひげ、メガネのレンズが脂ぎっている、手の爪に汚れがある、スーツがよれよれ、ワイシャツの襟口、袖口が汚れている、靴が泥だらけ、口臭がひどい、といったことは、ついつい仕事が忙しいと、まったくないとはいえません。

どんなに人格が立派であっても、相談者とは初対面です。相談者は不安を抱えているわけですから、目の前に現れた弁護士・司法書士の身だしなみが乱れていたら、法律相談の内容もいい加減かもしれない、という先入観を抱いてしまう恐れは十分にあるのです。

第一印象は、会って15秒で決まり、85％は視覚から感じるものといわれています。また、一旦植えつけられた第一印象を変えるチャンスは２度と訪れないともいわれています。

身だしなみに、油断は禁物と心得てください。

（2）　明るく、はっきりとした挨拶

相談者によい第一印象を与えるには、さらに明るい笑顔と相談者と目を合わせてはっきりとした挨拶をするといったことも効果的です。相談者は、初めての法律相談で緊張しているものです。そんなとき、心からの、思いやりのある明るい笑顔に出会えば、それだけで心の不安が少しは軽くなるというものです。

実際、私の事務所にいらした相談者の中には、私が、「こんにちは！」と明るく言ってドアを開けたその瞬間に、依頼することを決めたという方もいらっしゃいます。相手に心を開いてもらうために、自らの印象をオープンマインドに演出するよう、できるだけ心がけることをお勧めします。

（3）　立ち居振る舞いにも気を配る

清潔な身だしなみと明るくはっきりとした挨拶だけで、ほぼよい第一印象を与えることができると思いますが、さらにその後の立ち居振る舞いにも気を配ることをお勧めします。

例えば、相談者に対し、自己紹介をしてお辞儀をする、名刺を渡す、椅子を引いて席に着く、これらの一連の動作も、よい印象を与えるチャンスです。反対に、これらの一連の動作が乱暴だったり、粗野であったりしたならば、相談者は、不信感を抱いたり、不安感が増長したりしかねません。

マナー研修等を受けてみることもお勧めします。

5 感銘力、あるいは自分自身を偽らないということ

これまで法律相談の手法について、目的、心構え、事前準備、面前での立ち居振る舞いなど、技術的なことを述べてきました。

しかし、私が言いたいのは、単なる技術ではありません。相談員において、相談者に対し、真に親身になって相談に乗る、という気持ちがなければそれらの技術は空虚なものとなり、相談者に見透かされてしまう、ということなのです。

本当の意味で、相談者に満足してもらえる法律相談とは、相談員が親身になって相談に乗ろうとしている姿勢、あるいは自分の心に偽りなく謙虚な姿勢で相談に乗ろうとする態度が示されたものであると思っています。そのような態度なくして、相談者に対する感銘力なく、感銘力なくして相談者の理解や納得を得ることはできないと思っています。

本書を手に取られた読者の方々が、充実した法律相談をなさることが私の喜びです。

第２章
貸金返還請求相談のツボ

池田　佳謙

1　契約書がなくても請求できる場合がある

（1）　契約書があることに越したことはない

貸金返還請求事件と聞いたときに、そんなものは簡単だと思う方が多いかもしれません。それは、銀行等が融資の際に準備する金銭消費貸借契約書の存在をイメージしているからではないでしょうか。

銀行は、融資の際に金銭消費貸借契約書を準備し、連帯保証人を確保し、不動産には抵当権を設定するなどして万全の状態で融資をします。そして、当然、融資したお金が債務者の口座に振り込まれたことの証拠もきちんと残しておきます。銀行のように、適切な金銭消費貸借契約書等があれば、訴訟提起をして、債務者に対する判決を取得することは簡単でしょう。

このように、適切な金銭消費貸借契約書があるに越したことはありません。

ただ、適切な金銭消費貸借契約書を作成しているのは金融業者が多く、彼らは貸金返還請求訴訟を自分たちで追行したり、顧問弁護士に依頼したりするので、特段説明は必要ないかもしれません。

（2）　契約書がなくてもすぐに諦めない

もっとも、実際の個人間のお金の貸し借りは、金銭消費貸借契約書を作ったとしても不備があったり、金銭消費貸借契約書を作らず念書や領収書等で貸し借りをしたり、場合によっては何の書面も作らずにお金を貸したりする場合も少なくありません。

しかし、このように適切な金銭消費貸借契約書がない場合でも、その他の証拠によって契約の存在を立証して、貸金返還請求の認容判決を得ることができる場合もあります。ですので、金銭消費貸借契約書がないからといって、直ちに諦める必要はありません。

2　貸金返還請求が認められるための要件

（1）　金銭返還の合意と金銭の交付

貸金返還請求は、ご存じのとおり、金銭消費貸借契約に基づいて、貸したお金を返還してほしいということを求めるものです。そして、細かいことを省いて説明すれば、貸金返還請求が認められるための要件は、

➤法律相談票（貸金返還請求）

相談日：平成　　年　　月　　日

法律相談表（貸金返還請求）

【相談者の情報】	【相手方の情報】
氏名：	氏名：
住所：	住所：
電話（携帯）：	電話（携帯）：
電話（自宅）：	電話（自宅）：
Mail：	Mail：

【①金銭返還の合意について】
・契約日：
・書面（有・無）　→　書面の種類：
・弁済期（有・無）　→　　　年　　月　　日
・催告（有・無）　→　催告の方法：
・利息の定め（有・無）　→　利率：
・担保：
・保証人：
・貸付の理由：
・備考：

【②金銭の交付について】
・貸付の金額：
・金銭交付の方法：
・既に弁済を受けた金額：
・備考：

【保全処分の希望】
・借主名義の財産：
・借主の勤務先：
・供託金として準備できる金額：

①　**金銭返還の合意**（お金を返すという約束） ②　**金銭の交付**（お金を渡したこと）

の２つしかありません。①②が認められれば、貸金返還請求は、裁判上、認められます。

（２）　貸金返還請求はいつから請求できるのでしょうか

ア　弁済期の定めがある場合には弁済期の到来から

上記（１）において、「①金銭返還の合意」及び「②金銭の交付」が認められれば貸金返還請求自体は認められることを話しましたが、①金銭返還の合意の中で、返済期限（以下、「弁済期」といいます。）を定めた場合には、その時期が到来しなければ、借主に対する貸金返還請求はできません。

例えば、弁済期を平成28年１月10日に定めたにもかかわらず、同月１日に貸金を返してほしいと言っても、返してもらうことができないのは常識的に分かると思います。

ですので、金銭消費貸借契約書等において、弁済期を定めた場合には、弁済期が来た時点で貸金返還請求をすることができます。

イ　弁済期の定めがない場合には催告をして相当期間経過した後から

上記アのように、弁済期の定めがある場合には、弁済期が到来してから貸金返還請求ができるというのは分かりやすい話だと思います。では、例えば、念書と領収書等で金銭の貸し借りをして、弁済期の定めをしなかった場合などはどうなるのでしょうか。

弁済期の定めをしなかった場合には、催告（貸金を返還してほしいということを伝えることだと考えてください。）をしてから相当期間が経過した時点から、貸金返還請求をすることができます（民法412条３項）。

では、催告とはどのように行うものなのでしょうか。実務では、配達証明付内容証明郵便を使って、書面によって貸金返還請求の催告をします。配達証明付内容証明郵便は、書面の内容を日本郵便株式会社が保存してくれるというサービスのついた郵便ですので、これによって、裁判上も、貸主が催告したことを明らかにできるのです。

なお、弁済期の定めがない場合、催告したか否かは、貸金返還請求ができるか否かという点においても重要ですが、いつから遅延損害金を請求できるかという点においても重要です。すなわち、一般に、利息と遅延損害金の定めが異なる場合、遅延損害金の利率の方が高利率であることが多いことから、可及的速やかに催告して、高利率の遅延損害金を発生させることが重要となるのです。

次に、相当期間というのはどのくらいの期間なのでしょうか。貸金返還請求の場合には、１週間程度の猶予（支払うお金があることを前提に、支払手続にかかる時間程度というイメージを持っていただければよいと思います。催告を受けてから金策に走って、お金を用意するまでの期間ということではありません。）を定めれば、裁判上、相当期間と認められるでしょう。また、仮に、相当期間を定めずに催告をしたとしても、客観的に相当期間が経過していれば、貸金返還請求をすることができます。

ただし、金銭消費貸借契約は、ある一定の期間、借主がお金を使って、後日、同金額を返還するという性質の契約ですので、例えば、平成28年１月10日にお金を貸して、同日にお金を返してほしいということは言えませんので、ご注意ください。

ウ　期限の利益喪失条項がある場合には期限の利益を喪失した日から

消費貸借契約においては、期限の利益喪失条項が定められることが多いです。期限の利益喪失条項とは、例えば、借主が100万円を借りた場合に、平成28年１月から同年10月まで、毎月末日に10万円宛返済していくという分割払いの契約をしたとしましょう。そのような場合に、貸主としては、借主が分割払いの契約を守らなかったときには貸金の残額について全額を一遍に返してもらおうと考えて、借主が分割払いを怠った場合には元本からすでに支払った金額を差し引いた金額について一括で支払ってもらおうということを定めます。このような条項のことを期限の利益喪失条項と呼びます。

なぜ期限の利益喪失と呼ぶかといえば、借主としては、分割払いの契約をすることで、支払期限について猶予がもらえます。その猶予は借主にとって利益となりますが、その利益を喪失する内容の条項ですので、期限の利益喪失条項と呼ぶのです。

そして、期限の利益喪失条項が定められている場合には、借主が期限の利益を喪失した時、すなわち、分割払いのための各弁済期に分割払いを怠った時（各弁済期の翌日）に、貸金全額を請求できることとなります。なお、期限の利益喪失条項の場合、借主が分割払いを怠った回数や支払いを怠った金額について定めている場合や、貸主の請求によって期限の利益を喪失する旨の定めをする場合があるので、その点は注意してください。

エ　まとめ

以上のとおり、弁済期の定めのある消費貸借契約の場合には、弁済期が来た時点で貸金返還請求をすることができ、弁済期の定めのない消費貸借契約の場合には催告後、相当期間が経過した後に貸金返還請求をすることができます。さらに、期限の利益喪失条項の定めがある場合には、借主が期限の利益を喪失した時に残金全額の貸金返還請求をすることができます。

そして、遅延損害金は、弁済期の定めのある場合には弁済期の翌日から、弁済期の定めのない場合には催告後、相当期間が経過した日の翌日から発生します。したがって、消費貸借契約を締結する際に弁済期の定めをしなかった場合には、早めに催告をしておくほうがよいでしょう。

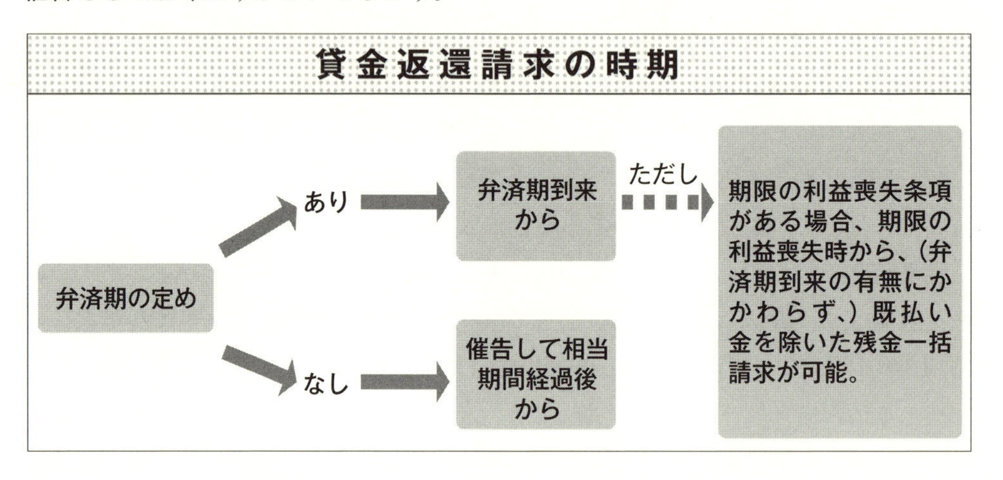

3　貸金返還請求に対して想定される反論

上記では、貸金返還請求が認められるための要件を述べました。上記を読むと、お金を貸したのだから返すのは当たり前、お金を渡したことは確実なのだから、争いになるはずがないと思う人がいるかもしれません。しかし、世の中そんなに素直でいい人ばかりではありません。

では、どのような争いが生じ得るのでしょうか。これから具体的にみていきましょう。

(1)　贈与の主張

まず、借主とされる側が、貸主と主張する側に対して、貸主と主張する側からお金を受け取ったが、それはもらったお金であると主張（贈与の主張）する場合が考えられます。すなわち、貸金返還請求が認められるための要件①を満たさないという主張です。仮に、このような贈与の主張が認められた場合、お金のやり取りがあったとしても、金銭返還の合意がなかったものとして扱われ、貸金返還請求は、裁判上、認められなくなります。

例えば、金融業者との間で、借主とされる側が、「お金を受け取ったが、それはもらったお金である。」と主張したとしても、これはまったく受け入れられないと思います。

しかし、親子間や夫婦間で贈与の主張をした場合はどうでしょうか。例えば、夫婦が夫名義でマンションを買う際に、妻の父が頭金として500万円出してくれたとしましょう。しかし、マンション購入から２年後に夫婦関係が破綻して離婚したことから、妻の父が夫に対して500万円を貸し付けたとして、貸金返還請求したとします。これに対して夫が、妻の父に対して、妻の父が拠出した500万円は贈与であると主張した場合、妻の父の主張は認められるのでしょうか。このようなケースはなかなか微妙なケースだと思います。証拠や事情によっては、妻の父の請求を認容できるかもしれませんし、できないかもしれません。

このように、貸主と主張する側と借主とされる側との間に特殊な関係（親族関係等）がある場合には、金銭返還の合意（お金を返すという約束）を否定する贈与の主張がなされる場合があるのです。

（2）　金銭の交付を受けていないとの主張

次に、借主とされる側が、貸主と主張する側に対して、貸主と主張する側からお金を受け取っていないと主張する場合が考えられます。すなわち、貸金返還請求が認められるための要件②を満たさないという主張です。仮に、金銭の交付を受けていないとの主張が認められた場合、お金のやり取り自体がなかったものとして扱われ、貸金返還請求は、裁判上、認められなくなります。

例えば、Aさんの銀行口座からBさんの銀行口座に100万円の振込があった場合、Bさんが100万円の金銭の交付を否定することはできないでしょう。しかし、AさんがCさんに頼んで、Cさんの銀行口座からBさんの銀行口座に100万円の振込をした場合に、Bさんが、Aさんからの金銭の交付を否定したらどうでしょうか。Bさんとしては、Cさんからお金を受け取ったことはあっても、Aさんからお金を受け取ったことはないという主張です。このようなケースは、Aさん、Bさん、Cさんの関係やどのような契約がなされていたかという事情や証拠で、Aさんの請求を認容できるかもしれませんし、できないかもしれない微妙なケースといえるでしょう。

また、そもそも、お金を交付した事実に関する証拠がない場合はどうでしょうか。例えば、金銭消費貸借契約書があったとしても、銀行振込もなされず、領収書もないときに、借主とされる側から契約書は交わしたがお金は受け取っていないと主張された場合です。

このように、金銭の交付について、借主とされる側は、金銭の交付を受けていないという主張をする場合があるのです。

（3） まとめ

以上のように、貸金返還請求が認められるためには、①金銭返還の合意、②金銭の交付という事実を主張・立証する必要があります。そして、①に対しては贈与の主張、②に対しては金銭の交付を受けていないという主張があり得るのです。

立証の対象	反　論
①　金銭返還の合意	贈与の主張
②　金銭の交付	金銭の交付を受けていない

4 利息の請求、遅延損害金の請求

（1） 利息の請求

ア 利息の発生について

個人間の金銭の貸し借りの場合、利息の発生に関する合意がない限りは、無利息の金銭消費貸借契約になると考えられています（無利息消費貸借の原則）。そのため、利息を請求するためには、利息を付する旨の合意をする必要があります。他方、金融業者等が一方当事者となる場合は商法が適用され、当然に利息が発生します（商法513条１項）。

イ 利率について

個人間の貸し借りの場合で、特に利率に関する合意がない場合、利率は年５％となります（民法404条。これを「法定利率」といいます。）。

仮に、年５％と異なる利息を請求する場合には、利率についての合意（これを「約定利率」といいます。）を主張・立証しなければなりません。口頭で合意をしたという場合もあるでしょうが、口頭での合意の場合、借主が合意をしなければ立証することはできないと思われます。結局は、年５％以上の利息を請求する場合には、金銭消費貸借契約書等の書面上に、「利息○％」と記載して合意するしかないのが現状です。

また、個人間の貸し借りだといっても、いくらでも利息を取れるわけではありません。利息制限法という法律があり、同法の１条において、利息の上限が定められています。その上限は、次の表のとおりです。

元　本	利息の上限
10万円未満	年20%
10万円以上100万円未満	年18%
100万円以上	年15%

ウ　改正後の民法について

改正後の民法では、法定利率は３％に引き下げられます。そして、市場金利の変動に応じて、３年ごとに１％単位で見直すという変動制が採用されますので、注意が必要です。

（2）　遅延損害金の請求

個人間の貸し借りの場合で、特に遅延損害金に関する定めがない場合には、民法419条１項ただし書に定めがあり、遅延損害金と利息は同じ利率になります。つまり、金銭消費貸借契約書に、利率についても遅延損害金についても定めがない場合には、結論として両方とも年５％になります（そのため、民法改正後の法定利率は、遅延損害金の利率にも準用されることとなります。）。

では、年５％を超える遅延損害金を請求する場合には、どうすればよいのでしょうか。利息の場合と同じく、遅延損害金の合意についての主張・立証をすることになります。そして、この点も利息と同じく、口頭の合意の場合には、借主に否定されればそれまでなので、金銭消費貸借契約書等において定めた遅延損害金の利率を主張することになります。

また、遅延損害金についても、いくらでも取れるわけではありません。利息と同様、利息制限法に遅延損害金の定めがあり、同法４条１項において、遅延損害金の上限が定められています。その上限は次の表のとおりです。

元　本	遅延損害金の上限
10万円未満	年29.2%
10万円以上100万円未満	年26.28%
100万円以上	年21.9%

上記２（２）イにおいても述べましたが、利息と遅延損害金は、弁済期（または、催告後相当期間経過した日）の前は利息、弁済期（または、催告後相当期間経過した日）の後は遅延損害金という関係にあります。ですので、利息よりも高利率の遅延損害金の合意をした場合で、弁済期の定めをしていない場合には、早めに配達証明付内容証明郵便によって催告をするのがよいでしょう。

5　貸金返還請求ができなくなる場合

（１）　弁済された場合

貸金を返してもらった場合、貸金返還請求ができなくなることは常識的なことだと思います。ですので、例えば、100万円を貸して100万円が弁済されたら、もう貸金返還請求はできません。また、100万円を貸して50万円が弁済されたら残額の50万円についてのみ、貸金返還請求ができます。

ただ、この点について、少しだけ法律的に説明を加えておきたいと思います。貸金返還請求に対する弁済は、一般的に弁済の抗弁と呼ばれ、弁済したことは、借主が主張・立証する責任を負います。そして、借主としては、例えば、銀行振込の場合の通帳や貸主の領収書といったもので、自分が貸金を弁済したことを証明するわけです。

また、弁済は、正確には、借主から貸主に対して金銭を交付するだけでは足りません。借主が、当該金銭消費貸借契約の債務の弁済として、金銭を交付したことも主張・立証しなければならないのです。よく、領収書に「～として」と記載することがあると思いますが、それは、何のために金銭を交付したのか明確にする目的があるのです。つまり、例えば、貸主と借主との間で、100万円の金銭消費貸借契約のほかに、自動車を100万円で売買する（貸主が売主で、借主が買主）契約がある場合に、借主は、100万円の金銭消費貸借契約の弁済として100万円を交付したことを明確にしなければならないのです。

（２）　消滅時効が成立する場合

ア　時効期間

金銭消費貸借契約の場合、民法167条１項の定める10年間の消滅時効の適用があります。なお、商法上は、５年間の消滅時効が定められています（商法522条）が、商法上の消滅時効の適用がある場合とは、①銀行取引といえる場合か、②当事者の一方が会社または商人で、かつ、その消費貸借契約が営業のためになされた場合です。一般的な個人間の消費貸借契約であれば、消滅時効は10年間と考えておくことになりますが、会社等が当事者になっている場合には、消滅時効が５年間である可能性を念頭においておいたほうがよいでしょう。

イ　消滅時効の起算点

上記アにおいて、消滅時効が10年間か５年間かという話をしましたが、では、その消滅時効はいつからスタートするのでしょうか（なお、スタートする時期を「起算点」といいます。）。平成23年１月10日から始まる10年間と平成28年１月10日から始まる10年間とではまったく異なるため、起算点を考えることが重要であることはお分かりいただけると思います。

抽象的な話をしますと、消滅時効は、「権利を行使することができる時」（民法166条１項）から進行します。それを具体的に考えていきますと、弁済期の定めのある場合には、弁済期から消滅時効が進行します。ただ、消滅時効の10年間を数える際には、初日は算入しませんので、例えば、弁済期が平成28年１月10日と定められている場合には、10年間の消滅時効の成立は、平成38年１月10日（平成28年１月11日から10年間）となります。

次に、弁済期の定めがない場合にはどのように考えるのでしょうか。上記２（２）イにおいて、弁済期の定めがない場合には、催告してから相当期間経過後に貸金返還請求ができるという話をしました。そうすると、催告してから相当期間経過後から消滅時効が進行すると考えてしまうかもしれません。しかし、催告自体は、貸主がいつでも任意の時にできますし、催告しておけば、その日から相当期間が経過すれば貸金返還請求ができるようになるのです。このことから、貸主としては、消費貸借契約が成立すれば、いつでも権利を行使できると考えられています。細かい部分を考えれば、消費貸借契約というのは、ある一定期間、借主にお金を使わせるということを前提としている契約ですから、消費貸借契約が成立してから一定期間は消滅時効が進行しないと考えることもできます。ただ、実務上は、弁済期の定めがない場合には、消費貸借契約が成立した日から消滅時効が進行し始めると考えておいたほうがよいでしょう。早めに消滅時効が成立すると考えておいて、それに対応すると考えておいたほうが無難ということです。

さらに、弁済期の定め方として、上記２（２）ウで話をした期限の利益喪失条項がある場合については、①借主が分割払いを怠った場合（分割払いを怠る回数や金額について定める場合があることはすでに話しました。）に当然に期限の利益を喪失すると定める場合と、②借主が分割払いを怠った場合に貸主の請求によって期限の利益を喪失すると定める場合とで結論が異なります。①の場合には、借主が分割払いを怠った時（弁済を怠った各弁済期の翌日になることが多いと思います。）から消滅時効が進行します。それに対し、②の場合には、最高裁判所の判例上、貸主が請求をした時、すなわち、借主が期限の利益を喪失した時から消滅時効が進行すると判断されています。なお、この場合、貸主が請求しない間に、借主が各弁済期に支払うべき弁済を怠った場合、当該支払うべき貸金に対する消滅時効は、各弁済期の弁済期が経過するごとに（各弁済期の翌日から）進行していきますので、その点は注意しておいてください。

ウ　まとめ

以上のとおり、消費貸借契約に何の問題がない場合においても、消滅時効が成立すると、貸金返還請求ができなくなりますので、その点については注意しておいてください。特に、弁済期の定めがない場合には、消費貸借契約の日から消滅時効が進行すると考えておくことになります。

エ　改正後の民法について

改正後の民法では、消滅時効の起算点について、主観的な起算点と客観的な起算点を観念して規定します。

主観的な起算点とは、債権者が、「権利を行使することができることを知った時」から時効期間を起算するもので、この場合、５年で消滅時効が成立すると規定されます。他方、客観的な起算点とは、債権者が、「権利を行使することができる時」から消滅時効を起算するもので、この場合は、現行民法と同様、10年で消滅時効が成立すると規定されます。

金銭消費貸借契約のような契約債権の場合、いつから自身の権利を行使できるのかを認識しているのが通常ですので、改正後の民法では消滅時効が５年になる可能性が高いという意識をもっておかれるのがよいと思います。

（３）　公序良俗に反する場合

金銭消費貸借契約の内容は、当事者間で特約を定める等、ある程度自由に定めることができますが、すべての定めが有効になるわけではありません。民法90条は、公序良俗に反する法律行為を無効としています。そして、公序良俗に反する法律行為とは、公の秩序（国家や社会などの一般的な秩序）や、善良の風俗（社会の一般的な道徳的観念や社会通念）に反するような法律行為のことをいいます。では、どのような場合、公序良俗に反して無効となるのでしょうか。金銭消費貸借契約においては、動機の不法（貸付の動機が公序良俗に反する場合）や暴利行為（利息が常識的範囲を超えて高すぎる場合）が挙げられます。

ア　動機の不法（違法な目的に基づく貸付）

動機の不法、つまり、貸付の動機の部分が公序良俗に反する場合の一つの例として、賭博のためにお金を貸すということが挙げられます。当然、賭博は犯罪（刑法185条など）ですから、賭博に使用するための金銭を貸し付けるのは、公序良俗に反するということになります。賭博の賭金のための貸金を認めてしまったら、賭博自体を助長してしまいかねないので、そのような貸金を無効にすることで、賭博を助長しないようにというところに理由があると思います。だからといって、賭け麻雀のために友達からお金を借りて、「あれは賭博の賭金のためのお金を借りたんだから無効だ」というのは止めておきましょう。なお、賭博に限らず、犯罪に関与するような形の消費貸借契約も同様に判断されると考えられます。

次に、古い表現ですが、妾契約維持のための金銭消費貸借契約というものを挙げることができます。妾契約は古い表現ですので、愛人契約といったほうが分かりやすいと思います。例えば、貸主が借主（愛人）に対してお金を貸し、愛人契約が終了した時に弁済期が到来すると契約した場合、愛人契約を維持するための金銭消費貸借契約（正確には、金銭消費貸借契約と愛人契約とが一体となった契約ともいえますが。）ですから、公序良俗に反して無効となります。

イ　暴利行為

公序良俗に反する消費貸借契約の一類型として、借主の無思慮や窮迫に乗じる暴利行為というのが挙げられます。暴利行為の代表的な例は、常識的な範囲を超えて高すぎる利息を定める場合です。

利息の話は、上記４（１）においても話をしました。その際、利息制限法という法律があって、利息の上限を定めているということも話をしました。そして、利息制限法を超える利息を定めた場合には、利息制限法を超えた分の利息は無効となります。ですので、利息制限法を少し超えた程度の利息を定めたとしても、利息制限法を超えた分の利息を無効とすれば足り、消費貸借契約本体（つまりは、元本部分）を無効とするという話は出てきません。

しかしながら、利息制限法を大幅に超えた利息を定めた場合、そのような異常な利息の定めを助長しないためにも（無効であることを知らずに、異常な利息を支払ってしまう借主がいるかもしれません。）、消費貸借契約本体を無効にする必要があります。下級審の判決ではありますが、貸金業法42条に定める年利109.5％を超える著しく高利の利息を定めた消費貸借契約自体を公序良俗に反すると判断したものがあります。いわゆるヤミ金業者の金利は、年利109.5％を大きく超えるものも多いので、多くの場合、公序良俗と判断されることが多いのではないでしょうか（ただ、いわゆるヤミ金業者が裁判所で貸金返還請求をするとは到底思えませんが。）。

ウ　まとめ

以上のとおり、公序良俗に反する内容の金銭消費貸借契約は、当該契約自体が無効とされる可能性があります。そして、その代表的な類型としては、犯罪である賭博の賭金のための消費貸借契約、愛人契約を維持するための消費貸借契約、常識的範囲を超えて高すぎる利息を定めた消費貸借契約といったものが挙げられます。

6　保全手続

（1）　保全手続の必要性

貸金返還請求訴訟が認容された場合に、借主が任意に判決どおりのお金を支払ってくれない場合には、強制執行手続をとることになります。この強制執行手続は、判決における被告、すなわち借主名義の財産に対して行うことになります。

しかし、訴訟中に、借主が財産を失っていたり、第三者に譲渡していた場合はどうなるでしょうか。強制執行は、その時点で借主が有している財産に対して行うため、訴訟中に借主が財産を失っていた場合等には、判決で得た権利が絵に描いた餅になってしまう可能性があります。

そのような状況に備えて、保全手続が用意されているのです。

（2）　仮差押え

貸金返還請求との関係でいえば、仮差押手続という保全手続が用意されています。仮差押えをすると、仮差押えを受けた財産を任意に処分できなくなります。そのため、仮差押えをしておけば、仮差押えをした財産が処分されることがなくなりますので、当該財産から貸金を回収することができるわけです。

ただ、仮差押えをする場合、仮差押えを受ける側に損害が発生する可能性があるので、担保金という形で裁判所にお金を積む必要があります。この担保金は、事案によって異なりますが、仮差押えをする財産の20～30％程度となることが多いようです。

（３） どの財産を仮差押えすべきか

仮差押えの対象財産は、民事保全法で仮差押えが禁止されている財産でなければ、不動産でも、自動車でも、預貯金でも何でも構いません。しかし、仮差押えは、あくまでも仮の手続きであることから（そのため、証明よりもその程度の低い疎明という方法で認められます。）、仮差押えを受ける側の経済的損害が少ない財産を優先的に対象にすべきとされています。

具体的には、預貯金よりも不動産を仮に差押えられる方が経済的損害が少ないとされています。これは、預貯金は流動性が高く、その日のうちに使うお金も含まれている可能性があることも考慮されているものと思われます。裁判所における手続きでは、預貯金を仮差押えしようとする場合には、仮差押えの対象者が不動産を所有していないか、所有している場合は、当該不動産に余剰価値がないかといった点を裁判官に対して疎明することになると思います。

第３章
土地・建物明渡請求相談のツボ

千屋　全由

1　土地・建物明渡請求のイメージを掴む

(1)　賃貸人の立退要求と賃借人の居住・使用の利益との衝突

賃貸人と賃借人が賃貸借契約を締結して、契約どおりの賃料を受け取ることを賃貸人が望み、賃借人が契約どおりの賃料等を支払っている場合、土地・建物明渡請求は問題となりません。

しかし、賃借人が賃料を支払わなかったり、賃貸人に無断で第三者に転貸してしまったりした場合、賃貸人としては、賃借人に土地や建物から出て行ってほしいと思うことがあると思います。また、賃貸している建物が老朽化して建替えをしたいから賃借人に出て行ってほしいと考える場合や土地をほかの用途に使用したいから賃借人に出て行ってほしいと考えることもあると思います。

それに対し、賃借人は、賃借している土地や建物から出て行きたくないと考えることが多いと思います。一般的に、土地や建物は、居住の場であったり、仕事場であったり、非常に重要な場所ですから、当然の行動といえば当然の行動かもしれません。

このように、賃貸人の賃借人に土地や建物から出て行ってほしいという要求と賃借人の土地や建物に居住・使用したいといった利益が衝突するのが、土地・建物明渡請求の場面です。なお、当該土地・建物に居住・使用する権原のことを「占有権原」といい、それには賃借権、借地権、地上権等といったものがありますが、通常、賃貸借契約が根拠となることが多いので、本章では、賃貸借契約を前提に話を進めていきたいと思います。

(2)　賃借人を強制的に立ち退かせるには費用がかかる

先ほど、土地・建物明渡請求は、賃貸人と賃借人との利益の衝突であることを説明しましたが、賃貸人が立ち退いてほしいと言えば、賃借人はすぐに立ち退いてくれるでしょうか。賃貸人が、例えば、賃料を支払っていない賃借人に対して、強く主張しさえすれば追い出すことができる、つまり、賃貸人が強い立場にいると考える人がいるかもしれません。

しかし、実際は、そのようなことはあまり多くはありません。賃貸人が賃借人にお願いをして、立ち退いてもらうことも結構多いのです。

前述のとおり、土地・建物は、住居・仕事場など、賃借人にとって非常に重要な場所ですから、当然、賃借人はそこを最後まで守りたいと考えます。そのため、賃

➤法律相談票（土地・建物明渡）

相談日：平成　　年　　月　　日

法律相談票（土地・建物明渡）

・お名前：　　　　　　　　　　　　電話：（携帯）　　　　　　　　　　（ご自宅）

・ご住所：〒

・E-mail：

・生年月日：（M・T・S・H）　　年　　月　　日

・ご職業：

・対象不動産（地番）①　　　　　　　　　　　　　　　　所有者：

・対象不動産（地番）②　　　　　　　　　　　　　　　　所有者：

・占有者の氏名　　　　　　　　　　　　　　　　電話

・占有者の住所　〒　　　　　　　　　　　　　　　　　　勤務先：

・占有態様（建物占有・建物所有土地占有・土地占有・その他＿＿＿＿＿＿＿＿＿＿＿＿＿＿＿）

・占有権原（賃貸借：賃貸借契約書（有・無）、期間　　　年　　月　　日～　　　年　　月　　日、賃料　　　円

　　　　転貸借、使用貸借、地上権、借地権、不法占有、その他＿＿＿＿＿＿＿＿＿＿＿＿＿＿＿）

・明渡理由

　□賃料不払（　　　　　　円（　　か月分）、　　　年　　月～　　　年　　月、　　　　　　）

　□無断譲渡・転貸（時期：　　　年　　月～、発覚：　　　年　　月、譲受・転借人：　　　　）

　□無断増改築特約違反（特約の内容：

　　　　　　　　態様：　　　　　　　　　　、無催告解除特約（有・無）　　　　　　　　）

　□期間満了（　　　年　　月　　日、催告（有・無）、催告時期　　　年　　月

　　　　　正当事由：　　　　　　　　　　　　　　　　　　　　　　　　　　　　　　）

　□合意解約（合意書　有・無）　□賃借権の放棄　□朽廃　□滅失

　□信頼関係破壊の事情（　　　　　　　　　　　　　　　　　　　　　　　　　　　　）

　□その他（　　　　　　　　　　　　　　　　　　　　　　　　　　　　　　　　　　）

・保全の希望（処分禁止の仮処分・占有移転禁止の仮処分）

・相手方が対象不動産を処分する理由：

・相手方が対象不動産の占有を移転する理由：

・供託金として準備可能な金額：　　　　　　円（準備できる時期：平成　　年　　月　　日ころ）

【特に相談したい事項】

借人にとっても、自ずと賃料（地代）の支払いの優先順位は高くなるはずです。しかし、土地建物明渡請求の相手方である賃借人は、そのような優先順位が高いはずの支出すらできなくなっているわけですから、経済的に非常に苦しい状況にいます。ですから、賃料等を支払ってほしいと言っても、素直に支払ってはくれません。

このような賃借人の状況などを完全に無視して、法律上、強制的に賃借人の立退きを実現しようとした場合、①判決を取得した上で、②強制執行の手続きを行うという手順を踏むことになります。

具体的には、まず、賃借人の占有権原（賃借権、借地権、地上権といった権原で、その土地・建物に居住したり、事務所として使ったりすることができる権原のことです。）を失わせる理由を整えて、訴訟を提起し、勝訴判決をもらいます。しかし、勝訴判決だけで、賃借人を立ち退かせることはできません。判決取得の後、強制執行手続を別途申立てし、賃借人を立ち退かせることになります（強制的な引越しをさせるというイメージです。）。その費用は、少なくとも一旦は賃貸人が負担することになります（最終的には、賃借人に対して損害として請求できますが、経済力のない賃借人が支払うことは難しいでしょう。）。

このように、法律上、強制的に賃借人の立退きを実現するためには、訴訟手続及び強制執行手続を経る必要があります。当然、訴訟も強制執行も費用がかかりますし、相応の時間も要します。さらに言えば、その間、土地・建物はほかの人に賃貸することもできず、賃料も入ってきません。賃貸人に生ずる時間的・経済的負担は決して少なくありません。

（3）　任意の明渡し交渉ができればそのほうがベター

では、どうするのがよいのでしょうか。このような場合、賃貸人は、賃借人の未払賃料等を餌にして、賃借人に明渡しを求めることがあります。例えば、賃借人の未払賃料の支払義務があることを前提に、任意に退去してくれれば、未払賃料を（一部）免除するということをするのです。土地・建物明渡請求は、賃借人に、いかに任意に立ち退いてもらえるかが大きな鍵を握るわけです。

ただ、この交渉に何らかの決まりがあるわけではありません。任意に立退きをしてくれない賃借人とだらだらと交渉を続けていても意味がありませんし、交渉が長引けばその分損害が拡大するだけです。どの時点で、ある程度の損をしてもよいから強制的に賃借人との関係を終わりにする（「損切り」する。）という判断をするかということも非常に重要となってきます。

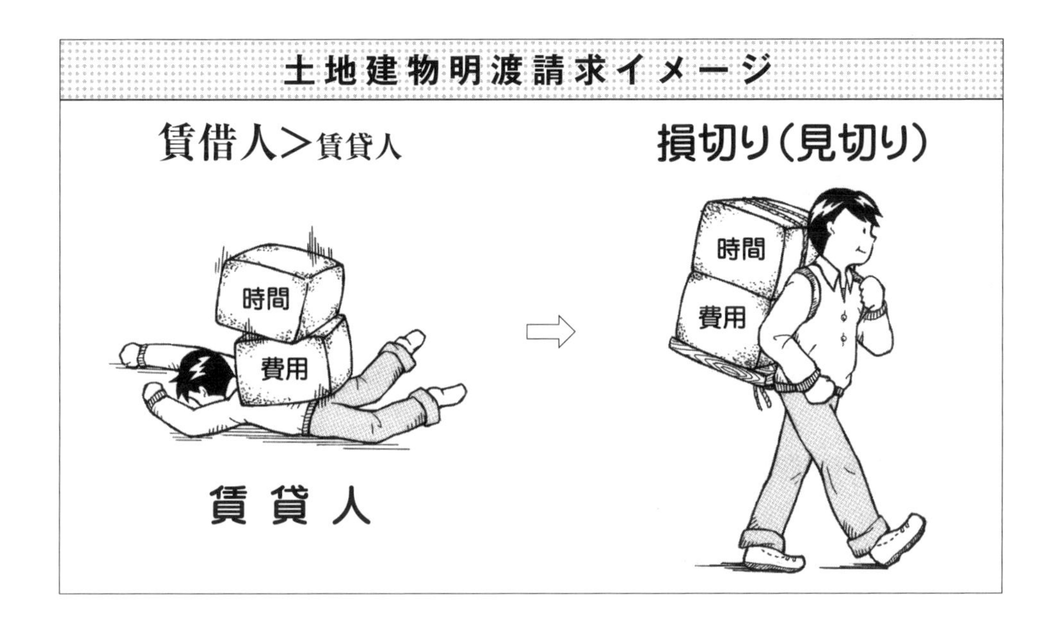

（4）　土地・建物明渡請求の法律的な構造の概略

そのような「損切り」の判断をする上でも、明渡請求が十分に成り立ち得るものなのか、法律論を意識して聞き取り・検討することが当然必要になってきます。

土地・建物明渡請求は、法律的な観点からいえば、当該土地・建物に居住・使用している人の権原を失わせて立ち退かせることといえます。

例えば、占有権原がある賃借人の場合、占有権原を失わせるというのは、賃貸借契約の終了原因（解除事由など）があるかどうかという問題になります。ですので、後記２では、賃借人に対する請求について、それが成立するかどうかの主なポイントである賃貸借契約の終了原因について説明します。

なお、占有権原のない人（土地や建物を使用する権利のない人のことで、不法占有者といいます。）に対する請求については、後記３において話をしますが、不法占有者に対しては、そもそも占有権原がないので、法律上、いつでも土地・建物明渡請求をすることができます。

2　賃借人に対する請求

（1）　占有権原を失わせることが必要

賃借人は、賃借権という占有権原に基づいて土地・建物に居住・使用できるのが当然のはずです。とすれば、賃貸人が、賃借人に対して、土地・建物の明渡しを求めるには、賃借人がその土地・建物に居住・使用できない、すなわち、占有権原を失っているといえるだけの理由が必要となります。

賃貸借契約の場合、賃借人は、賃貸借契約が終了すると、賃借していた土地・建物を元に戻して賃貸人に返還する義務（原状回復義務）を負うことになります。つまり、賃貸借契約が終了すれば、賃借人は、賃貸人に対して、土地・建物を明け渡さなければならないこととなるのです。（2）以下では、どのような場合に、賃貸人が賃貸借契約を終了させることができるのかを説明します。

（2） 賃貸借契約の終了原因① —— 期間の満了

土地や建物の賃貸借契約を締結するとき、一般的には期間が定められていると思います。しかし、その期間が満了しただけでは、賃貸借契約は終了しません。

ア 建物の場合（借地借家法26条、28条）

建物の賃貸借契約の期間の満了の場合に賃貸借契約を終了させるには、期間満了のほか、①賃貸借契約の期間満了の１年前から６か月前までの間に賃貸人が賃借人に更新をしない旨の通知、②更新をしないことについて「正当な事由」があることといった事情が必要となります。

借地借家法は、①賃貸借契約の期間満了の１年前から６か月前までの間に賃貸人が賃借人に更新をしない旨の通知が必要なことを定めています（同法26条１項）。この通知については、今後の訴訟等において、きちんと立証するために、配達証明付内容証明郵便によって通知をしておくほうがよいでしょう。

また、②更新をしないことについて「正当な事由」があることも要求されています（同法28条）。

なお、賃貸借契約の期間満了後に賃借人が建物を継続して使用している場合、賃貸人は、遅滞なく異議を述べなければ、賃貸借契約は、更新されてしまいます（同法26条２項）。つまり、賃貸借期間満了の１年前から６か月前までの間に更新しない旨の通知をして、正当事由があったとしても、賃貸借期間が満了した後に賃借人が建物を使用し続けているのを放っておいた場合には、賃貸借契約は継続したことになりますので、注意が必要です。

イ 土地の場合（借地借家法５条、６条）

建物所有を目的とする土地の賃貸借（借地）の期間満了の場合、期間満了時に土地上に建物が建っていなければ、賃貸借契約の更新ができません。つまり、賃貸借契約の期間満了時に建物がなければ、賃貸借契約は終了することになります。

期間満了時に土地上に建物がある場合に賃貸借契約を終了させるには、①期間満了時に賃貸人が賃借人に対して、遅滞なく異議を述べること、②更新をしないことについて「正当な事由」があることといった事情が必要となります。

借地借家法は、①期間満了時に賃貸人が賃借人に対して、遅滞なく異議を述べることが必要である旨定めています（同法５条）。この異議については、建物の場合と同様に、今後の訴訟等においてきちんと立証するために、配達証明付内容証明郵便によって通知をしておくほうがよいでしょう。

また、②更新をしないことについて「正当な事由」があることも要求されています（同法6条）。

ウ　正当な事由（借地借家法６条、28条）

「正当な事由」については、借地借家法上、下表の事情が考慮要素として定められており、これらを総合的に考慮することとなります。

項　目	内　容
賃貸人及び賃借人（転借人）が土地・建物の使用を必要とする事情	賃貸人が土地・建物を使用する必要性と賃貸人が土地・建物を使用する必要性を比較衡量します。
土地・建物の賃貸借に関する従前の経過	賃貸借期間の長短、賃貸借契約締結の際の事情、賃料額の相当性、賃料支払遅延の有無、用法違反の有無、信頼関係の状況等、賃貸借契約の経過全般についての事情を考慮します。
土地・建物の利用状況	建物の種類・用途・構造、面積や老朽化の有無、建築基準法等の法規違反の有無等の事情を考慮します。
土地・建物の現況	建物の建替えの要否等
土地・建物の賃貸人が建物の明渡しの条件として又は建物の明渡しと引換えに建物の賃借人に対して財産上の給付をする旨の申出をした場合におけるその申出	立退料 （ただし、立退料の提供は、訴訟の口頭弁論終結時までになされればよいとされています。）

（3） 賃貸借契約の終了原因② —— 解除

前記（2）は、賃貸借期間が満了した時に賃貸借契約を終了させられるかという話でしたが、賃貸借契約の解除は、賃貸借契約が継続している間に、契約を終わらせることができるかどうかという話です。

ア 賃貸借における法定解除は信頼関係の破壊が必要（総論）

民法541条ないし543条に、契約に定める債務を履行しない場合（履行が遅れているという意味で履行遅滞といいます。）や履行不能（債務を履行することが不可能になったこと）の場合に契約を解除することができる旨が規定されています。ただし、履行遅滞の場合には、相当期間を定めた催告をして、その相当期間内に債務の履行がなされないことが必要となります（この解除は法律で定められていることから、法定解除といいます。）。

例えば、賃貸借契約の場合、賃借人は、賃料を支払う債務を負っていますので、賃借人が賃料を支払わない場合、履行遅滞となります。では、民法541条に従って、賃料を支払わない賃借人に対して、相当期間を定めた催告（賃料の支払いがなければ賃貸借契約を解除する旨の通知）をして、その相当期間内に賃料の支払いがなければ、それだけで賃貸借契約を解除できるのでしょうか。前記1においても述べたとおり、土地や建物は、賃借人の住居や仕事場等の重要な場所であることが多く、賃貸借契約の解除は、賃借人の住居や仕事場を奪うことにほかなりませんから、ちょっとした賃料支払いの遅れ等によって賃貸借契約の解除を認めてしまうのは、賃借人にとって酷なこととなりかねません。

そのため、判例上は、賃貸借契約のような継続的な契約の場合には、軽微な債務不履行があったとしても直ちには解除ができない、債務不履行の程度が甚だしい場合や賃貸人と賃借人の信頼関係を破壊するほどの行為がなければ解除はできないと考えられています（いわゆる信頼関係破壊の法理）。この信頼関係破壊の法理は、賃貸人と賃借人との間の信頼関係破壊の程度が著しい場合には、賃貸借契約を解除しやすくなるという方向にも働きます。その点からいえば、賃借人のみを保護する考え方というよりは、賃貸人と賃借人の被る損害のバランスを図るための考え方ということができます。

なお、信頼関係破壊の法理は、その名のとおり、信頼関係が破壊されたかを問題としますので、契約上の債務から離れて、契約上の義務ではない行為（例えば、賃借人が賃貸人を脅したり、生活の妨害をしたりする場合等）であっても考慮される点に注意してください。

以下、典型的な解除事由について、具体的に説明していきます。

イ　賃料不払い

（ア）賃料不払い＋信頼関係の破壊

賃料不払いは、履行遅滞に分類されます。ですので、一般論としては、前記アで話したとおり、相当期間を定めた催告をして、その相当期間に賃料の支払いがなく、かつ、信頼関係を破壊するような事情がある場合には、賃貸借契約の解除が認められます。そして、賃料の支払いは、賃貸借契約における賃借人の中心的な義務ですので、ある程度の期間の賃料不払いが続けば、賃貸人と賃借人の信頼関係が破壊されたと考えてよいでしょう。

賃料不払いの場合、どの程度の賃料不払いがあれば賃貸借契約を解除できるのかと疑問に思う方もいらっしゃると思います。よく賃貸借契約書には、２か月以上賃料を支払わない場合には解除できるといった条項がありますが、純粋に２か月の賃料不払いのみで賃貸借契約を解除することは難しいと思います（ただし、実際には、訴訟に何か月かかかり、その間も賃料不払いが積み重なることにもなりますので、２か月ということは少ないとは思いますが。)。６か月分の賃料不払いがあれば、賃貸借契約の解除が認められる可能性は高いと思いますが、信頼関係破壊の法理で考慮される様々な事情がありますので、それもケース・バイ・ケースです。

他方、賃借人は、信頼関係が破壊されていないということを主張・立証すれば、賃貸借契約の解除を免れることができます。その内容としては、①不払賃料の金額、②不払いの期間、③契約及び不払いに至った事情、④賃借権の存否・範囲等についての争い、⑤賃借人の支払能力・支払の意思、⑥賃借人の過去における支払状況、⑦催告の有無・適否、⑧催告の到達後ないし解除の意思表示後の賃借人の対応・態度等といったことが考慮されます。例えば、賃料15万円のマンションで１万円の賃料の未払い（信頼関係の破壊が軽微な場合）で賃貸借契約を解除しようとする場合、賃貸人と賃借人の信頼関係の破壊はないといってよいでしょう。また、賃借人がきちんと毎月賃料を支払いに行っていたにもかかわらず、賃貸人が賃借人を追い出したいがために賃料を受け取ることを拒否したので、その後、賃料不払いになったという事情（ただし、このような場合には供託という方法があります。）や賃料の不払いをしていたが、催告や解除の通知が来てからすぐに不払い分を全額支払ったという事情がある場合なども、賃貸人と賃借人の信頼関係が破壊されていないといった方向に働くことになるでしょう。

（イ）無催告解除はしないほうがいい

無催告解除というのは、解除の要件として本来必要である催告（不払いの賃料を支払ってくださいと求めること）を行わないで契約を解除することです。前記アにおいて、信頼関係の破壊が著しい場合に賃貸借契約を解除しやすくなるという話をしましたが、具体的には、信頼関係の破壊が著しい場合に催告を不要とする（解除の要件が減る）という意味で、解除がしやすくなることとなります。

賃貸借契約書において、無催告解除を特約として規定する場合がありますが、実務上、賃料不払いの場合は、無催告解除特約があったとしても、ほぼ必ずといっていいほど催告をします（そもそも、賃料支払時期が定められているので、猶予も何もないと言われそうではありますが。）。催告は、賃借人にとってある程度の猶予を与えるものですので、その賃借人の猶予を奪って、賃貸人に有利な形での賃貸借契約の解除を認めようとする場合、その利益のバランス上、賃貸人と賃借人との間の相当程度の信頼関係の破壊が認められなければならなくなるからです。簡単にいえば、賃貸人が賃借人に対して、催告の上で解除をしている場合に比べて、無催告解除は賃貸借契約を解除できるハードルが上がるということです。ですので、賃貸借契約書に無催告解除特約があるからといって、賃料不払いの場合に、催告をせずに、賃貸借契約の解除を求めるのは差し控えるほうがよいと思います。

ウ　無断譲渡・転貸

（ア）賃借権の譲渡・転貸

よく、サブリースという言葉を聞くことがあると思います。サブリースは、例えば、土地を所有している所有者が不動産会社のアドバイス等をもとにオフィスビルや賃貸アパート等を建て、その土地及び建物を一括して不動産会社が借り上げて、第三者に賃貸するといった契約形態のことをいいます。この際、不動産会社は、土地及び建物の所有者に対し、一定の賃料を保証します。つまり、その実質は、転貸借（いわゆる又貸し）です。

では、賃借権の譲渡は、どのようなことをいうのでしょうか。典型例は、建物所有を目的として、ＡさんがＢさんに土地を貸して、Ｂさんが一戸建ての家を建てた後、その一戸建ての家をＣさんに売却してしまったという場合です。借地上の建物を譲渡した場合、特段の事情がない限り、敷地の賃借権も建物の譲渡に伴って譲渡されることになるからです。

（イ）無断譲渡・転貸は賃貸借契約の解除事由となる

さて、転貸借は、法律上どのように規定されているでしょうか。

民法612条には、賃借権を無断で譲渡したり、転貸したりしてはならず、それに反した場合には、契約を解除できると規定されています。賃貸借契約は継続的な契約であり、前記アでも話したとおり、信頼関係が重要視されます。とすれば、賃貸人が選んだ賃借人を、賃借人側で勝手に変更されると困るというのは理解できると思います。賃貸人は、同条に基づいて、賃借人に対し、契約の解除を主張できます。

これに対し、賃借人は、賃借権の譲渡や転貸借に賃貸人が合意したことを主張・立証することで賃貸借契約の解除を免れることができます。この点については、賃貸人の合意に関する書面があれば一番でしょうが、その他にも考え得るのが、賃貸人の黙示の合意（合意したと評価できる言動、その他の行動等によって合意したと考えること）です。例えば、賃貸人が転貸借のことを知っていて長年放置していたといった事情や転借人からの要請に対して賃貸人として対応していたといった事情がある場合、黙示の合意を考える余地があると思います。また、賃借人は、信頼関係が破壊されていないという主張をすることで賃貸借契約の解除を免れることができます。このような類型としては、親族に転貸した場合、個人事業主が法人成りして会社となったが実質的な経営主体に変化がない場合、軽微な転貸の場合（一時的な転貸や部分的な転貸）などが挙げられます。

このように、賃借権の譲渡や転貸借は、賃貸借契約の解除事由になり得ますので、賃借人としては、仮に、転貸をする場合には、確実に賃貸人の合意を書面で取っておくべきです。

なお、土地の賃借権の譲渡の場合には、借地借家法19条１項によって許可の裁判（賃貸人が承諾をしてくれない場合に、賃貸人の承諾に代わって、裁判所が許可をするという内容の裁判で、借地非訟という手続きで行います。）をすることができます。

エ　無断増改築禁止特約違反（元に戻すのが難しい）

建物所有目的の土地の賃貸借契約の場合、その土地上の建物について、無断増改築禁止特約が定められる場合があります。建物自体は、土地の賃借人の所有物ですから、なぜ建物の増改築を禁止するのかという疑問があるかもしれませんが、賃貸人からすれば、期間満了直前に新築の家を建てられてしまうと契約終了の際の正当事由を備えにくい、建物買取請求によって高価な建物を買わされてしまうといった可能性があることから、無断増改築禁止特約を定めることがあるのです。

無断増改築禁止特約違反の場合にも、相当期間を定めて、無断増改築違反の状態をなくすように（つまりは、元に戻すように）催告をして、解除をすることになりますが、大抵の場合、無断増改築部分を元に戻すことは難しいと思います。つまり、

解　除　事　由

信頼関係破壊の有無

契約違反
・賃料不払い
・無断転貸
・無断増改築禁止
　特約違反 etc.

＋

その他の事由
・賃貸人と賃借人の関係
・賃貸人と転貸人の関係
・過去の賃借人の態度 etc.

無断増改築は、一旦、違反をされるとその回復が難しく、その分、賃貸人の被る損害が大きいため、賃料不払い（後でも賃料を支払うことができます。）に比べて、賃貸人と賃借人との間の信頼関係を破壊する程度が大きいといえます。したがって、無断増改築の場合、賃料不払いに比べて、無催告解除特約がある場合に無催告解除が認められやすくなっています。

もっとも、賃借人は、増改築が無断ではないこと、つまり、賃貸人の承諾があるといったことを主張・立証すれば、賃貸借契約の解除を免れることができます。また、賃貸人と賃借人との間の信頼関係の破壊がないといった事情があれば、賃貸借契約の解除を免れることができます。例えば、自己居住用の建物の２階部分を賃貸用アパート専用にした場合や工場を店舗兼自宅にした場合などで、裁判上、賃貸人と賃借人との間の信頼関係の破壊はなく、賃貸借契約の解除が認められなかった例があります。

オ　まとめ

賃貸借契約の解除の場合、賃貸借契約上の義務違反の有無（賃料不払い、賃借権の無断譲渡・無断転貸、無断増改築禁止特約違反）といったものも重要ではありますが、それ以上に、賃貸人と賃借人の信頼関係の破壊があるかどうかといった点が重要となります。ですので、相談の際には、賃貸人と賃借人との間の信頼関係の破壊があるかどうかといった具体的な事情をきちんと聞くことが重要となります。

3　不法占有者への請求

（１）　占有権原のない者にはいつでも立退きを要求できる

前記２（１）（２）において、賃借権は土地・建物の占有権原（土地・建物に居住・使用できること）になること、そして、賃貸借契約を終わらせることはその占有権原を失わせることであると話しました。しかし、そもそも占有権原のない人（不法占有者）が、土地・建物に居住・使用していた場合、不法占有者は、法律上、当該土地・建物にいてはいけないのですから、これに対してはいつでも立退きを要求できます。

（２）　土地・建物の所有者が立退きを請求する

土地・建物の所有者は、その土地・建物の使用（例えば、自分で居住することです。）・収益（例えば、他人に賃貸して賃料を得ることです。）・処分（例えば、他人に売却して売買代金を得ることです。）をすることができます（民法206条）。それにもかかわらず、勝手に土地・建物に居住・使用されているのですから、所有者は、所有権の効力を回復するために、土地・建物明渡請求ができます。

誰を相手に土地・建物明渡請求するかといえば、占有権原がないのに占有をしている人、つまり、勝手に占有をしている不法占有者に対して、土地・建物明渡請求をすることができます。不法占有者との間に賃貸借契約はありませんから、賃貸借契約の解除の際に問題となっていた信頼関係破壊の法理は問題となりません。

（３）　転借人に対する請求については要検討

転貸借契約が締結されている場合、賃貸人と賃借人との間の賃貸借契約（以下、「原賃貸借契約」といいます。）と、賃借人と転借人との間の転貸借契約は、あくまで別個の契約ですので、転借人に対する土地建物明渡請求については一考を要します。

ア　転貸借について賃貸人の承諾がある場合

（ア）賃借人の債務不履行により賃貸人が法定解除をした場合

判例上、賃借人の債務不履行（賃料不払い等）を理由に賃貸人が原賃貸借契約を解除した場合、これを転借人に対抗することができるとされています。転貸借は、原賃貸借の存在を前提とする以上、解除によりその基礎を失うこととなるからです。したがって、この場合、賃貸人は、転借人に土地・建物明渡請求をすることができます。

（イ）賃貸人と賃借人が合意解除をした場合

前記（ア）とは異なり、判例上、賃貸人と賃借人（転貸人）が原賃貸借契約を合意解除した場合、賃貸人は、原則として転借人に解除を対抗することができないとされています。賃借人が自ら転貸借をしておきながら、その後に賃貸借契約の合意解除をした場合に、転貸借契約まで当然に終了してしまうとすると転借人の地位が極めて不安定となるからです。

したがって、この場合、賃貸人は、転貸借関係について別途、解除原因が認められるような場合を除いて、転借人に対して土地・建物明渡請求をすることができません。

イ　賃貸人の承諾がない場合

無断転貸（民法612条）にあたりますので、前記２（３）ウで話したように、原賃貸借契約は解除により終了する可能性が高いといえます。したがって、原賃貸借契約が解除された場合、前記ア（ア）と同様に、賃貸人は、転借人に対して土地・建物明渡請求をすることができます。

ウ　まとめ

このように、原賃貸借契約が債務不履行や無断譲渡・転貸により解除された場合には、転借人は占有権原を失い、不法占有者と同様の扱いとなりますが、合意解除の場合は、明渡請求ができない可能性が高いので注意が必要です。

4　保全手続

（1）　保全手続の必要性

土地・建物明渡請求訴訟が認容された場合に、占有者が、土地・建物から出て行かない場合には、強制執行手続をとることになります。この強制執行手続は、判決における被告、すなわち、占有者である賃借人や不法占有者に対して行うことができます。

しかし、訴訟中に、借地上の建物をほかの第三者に譲渡（賃借権の譲渡）したり、第三者に転貸をした場合、建物収去土地明渡請求をする相手や建物明渡請求をする相手が変わってしまい、仮に、訴訟で判決を得たとしても、まったく意味がなくなってしまいます。

そのような危険性がある場合に、当事者を確定させるための手続きが用意されているのです。それが保全手続のうち、処分禁止の仮処分や占有移転禁止の仮処分と

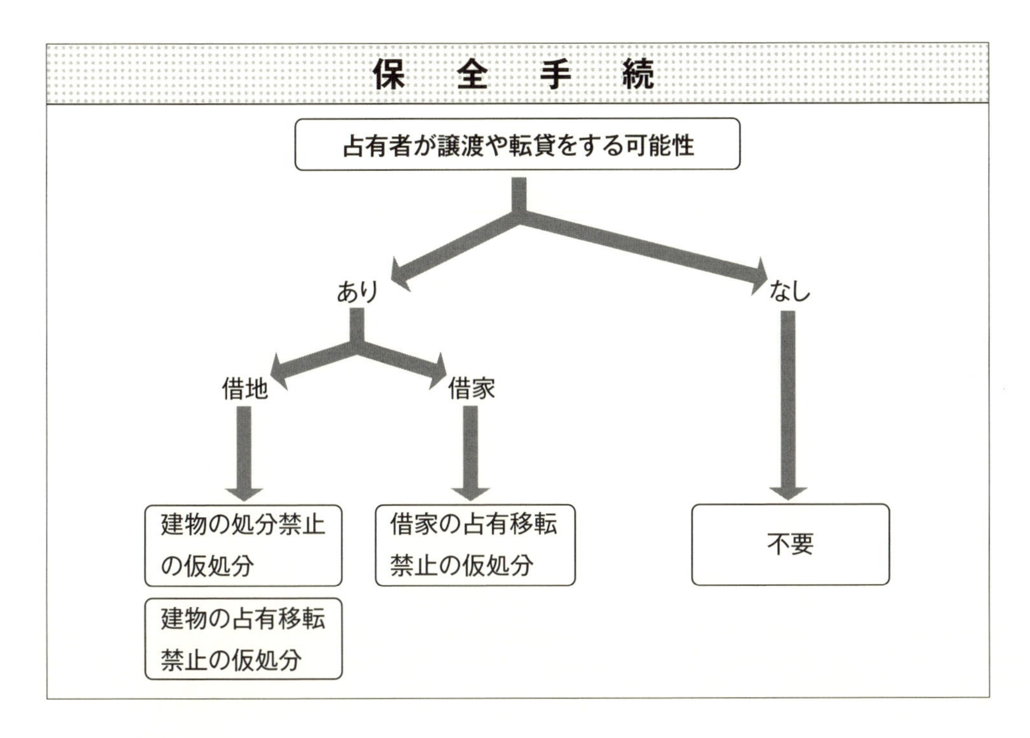

いった手続きです。

（2） 処分禁止の仮処分

建物所有目的の借地の場合、賃貸人が所有する土地上に賃借人の所有する建物が建つことになります。そして、当該建物を賃借人がまったくの赤の他人である第三者に無断譲渡した場合、この場合無断の譲受人は、土地の不法占有者ということを前提にします。

その場合、土地を占有している無断の譲受人に対して、所有権に基づいて、建物収去土地明渡請求（建物を壊して、土地を明け渡すように求める請求です。）をすることになるのですが、無断の譲受人がさらに異なる第三者に対して当該建物を譲り渡した場合には、さらに当該建物を譲り受けた第三者に対して、建物収去土地明渡請求をしなければなりません。

このようなことを防ぐために、当該建物の処分を禁止することを求めるのが、処分禁止の仮処分です。処分禁止の仮処分が認められると、その当時の建物の所有名義人に対して、処分を禁止する旨の決定が通知され、さらに、譲渡、質権、抵当権、賃借権等の設定が禁止される旨の登記がなされて、最終的に勝訴判決を得れば、処分禁止の仮処分の登記後の登記を否定することができます。

（3） 占有移転禁止の仮処分

建物収去土地明渡請求でも、建物明渡請求でも、占有者の占有を排除する必要があります。典型的な賃貸借で賃借人に対して、建物明渡請求をする場合、賃借人は賃貸借契約の当事者であるとともに占有者であり、賃借人に立ち退いてもらえれば何の問題もありません。しかし、すでに話したように、転貸借が行われるなどして、実際の占有者がころころと変わったりすることもあります。

そのような場合に、占有移転禁止の仮処分を行うことで、ころころと変わった後の占有者に対しても、土地・建物の明渡をすることができます。なお、占有者が不明な場合でも、占有者を不特定として占有移転禁止の仮処分が認められます。

第４章
交通事故相談のツボ

阿部　栄一郎

1　相談者は相当なストレスを抱えていることを意識する

（1）　刑事事件の被害者であること

交通事故は、運転者や同乗者、場合によっては自動車の運転とまったく関係のない歩行者等を怪我させることが多いと思います。その怪我は、頸椎捻挫・腰椎捻挫等の場合もあれば、骨折等の重傷、果ては、意識不明・死亡といった重大なものまで様々です。

そして、多くの相談者は、相談に来るまでの間に、加害者の過失運転致死傷罪（自動車運転死傷行為処罰法５条）の被害者として、警察や検察に出頭したり、長時間の取り調べをされていることが多いと思われます。

このように、相談に来るまでの間、相談者は、怪我を負わされ、さらに自分にとって必要のない警察や検察への出頭によって時間をとられてストレスを溜めていることが多いのです。

（2）　保険会社の担当者との手探りのやり取り

刑事事件の被害者であることに加え、相談者の中には、保険会社の担当者とのやり取りを始めている場合もあり、保険会社の担当者とのやり取りに不満を抱えている場合も少なくありません。保険会社の担当者は、交通事故のプロですから、一般的な交通事故の賠償の手順に従って賠償の交渉を行っている場合が多いのですが、相談者にとっては不慣れなやり取りであるため、「保険会社（加害者）のペースに乗せられてしまっているのではないか」、「自分に不利な状況になっているのではないか」と思い、ストレスを溜めていることが多いと思われます。

ただ、実際には、賠償額の交渉を除いて（保険会社側は賠償額を低く抑えようとしますし、それに対して、被害者側は適正かつできるだけ多額の賠償額を得ようとしますので、仕方ないとは思いますが。）、被害者にとって明らかに不利な扱いをしているという保険会社の担当者はあまりいません。

（3）　まとめ

以上のように、相談者は、①怪我をしていること、②刑事事件の被害者としての負担を負っていること、③保険会社の担当者との手探りの交渉をしていること等によって、多くのストレスを抱えていることが多いと思われます。もちろん、個別の事情によって、さらなるストレスを抱えていることもあるでしょう。

➤ロードマップ（交通事故）①

交通事故損害賠償の仕組み

1．請求できる損害ってなんですか？

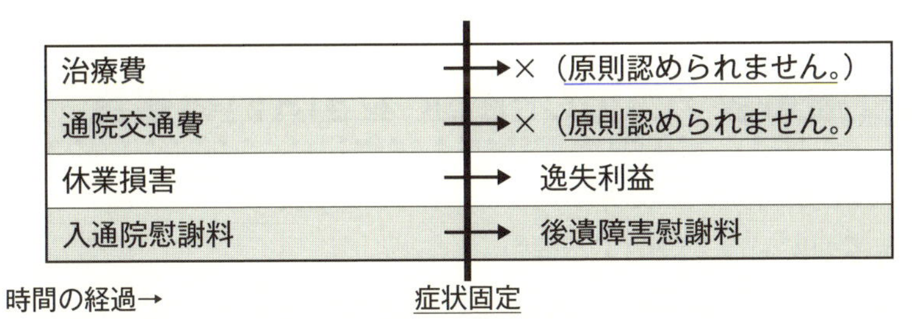

症状固定を境に、原則として、治療関係の損害が認められなくなります。
なお、上記の損害は、主な損害を挙げただけで、その他の損害も認められる可能性がありますので、ご相談下さい。

2．損害賠償の計算方法には３つあります

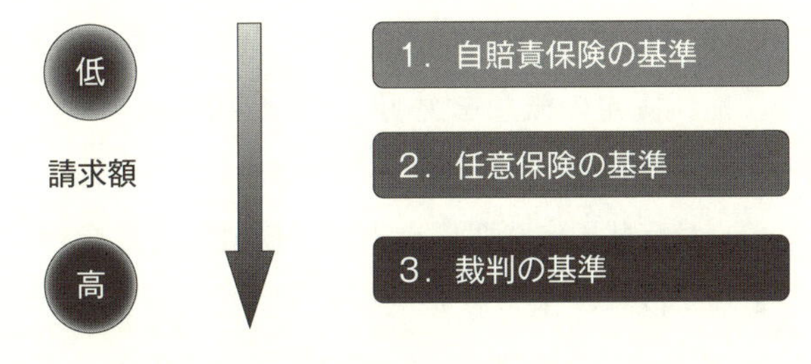

弁護士に依頼していない場合には、損保会社は最も低額の自賠責保険の基準に従った損害額を提示する可能性があります。
そこで、弁護士に依頼された上で損保会社と交渉しますと増額になる可能性があります。

3．症状固定ってなんですか？

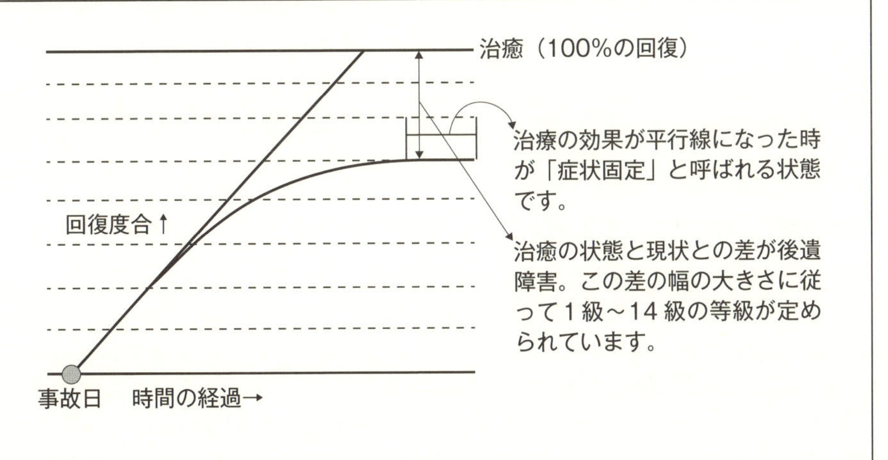

相談を受ける側としては、相談者が上記のようなストレスを抱えていることを意識した上で、相談に乗り、かつ、できればストレスを軽減させるように努力することが重要だと思います。

この点を意識するだけでも、相談者に対して与える印象は大分変わるものだと思います。

2 「交通事故7つのCheck Point」の解説

（1） 時系列に沿った説明

ア 時系列に沿って説明する理由

「交通事故7つのCheck Point」は、主に時系列に沿った形で記載しています。なぜ、時系列で説明するのかといえば、相談者の多くが、「いつになったら、交通事故の賠償が終わるのか。いつになったら解放されるのか」ということを気にしていることが多いからです。

このような相談者には、相談者が今どの段階にいるかを示し、どの段階までいけば交通事故の賠償が終わるのかを説明しておくことが重要かと思います。例えば、まだ治療中の相談者が来た場合、症状固定の概念を説明し（「交通事故損害賠償の仕組み」に記載のあるグラフを使って説明すると分かりやすいと思います。）、主治医とも相談の上で治療の終了時期（あるいは症状固定時期）を決め、後遺障害等級認定手続（事前認定または被害者請求）を経た後に、損害を算定して交渉がまとまれば示談となる（交渉がまとまらなければ、交通事故紛争処理センターないしは訴訟提起）といった説明ができると思います。ただし、交通事故の賠償の解決までの時間や時期については、加害者側の対応もあることなので、軽々に伝えることは避けたほうがよいと思います。

イ 相談票におけるポイント

（ア）相談票の役割

相談票の役割は、「相談を受ける側が相談者に対して一定のアドバイスをするために、その前提となる相談者からの情報提供をまとめる」ということになるかと思います。

もちろん、相談の段階ですべてを記載できるとは限りません（治療中の相談者に症状固定日を記載してほしいといっても、それは無理な話です。）。しかしながら、例えば、休業損害がどのくらいになるのか、交通事故における自分の過失割合はどれく

➤ロードマップ（交通事故）②

交 通 事 故 ７ つ の　Check　Point

１．交通事故は「人身事故」（交通事故証明書）になっていますか？

人身事故は、その名のとおり、人が怪我をした場合の交通事故のことです。警察署に診断書を提出する必要があります。ただし、警察が人身事故と扱っていなくとも、保険会社で人身事故として扱っていれば、大きな問題はありません。

２．事故態様（過失割合）について把握していますか？

事故状況によって、損害の負担の割合（過失割合）を定めます。事故状況を説明していただければ、赤い本を参考（なお、必ずしも、赤い本のとおりの過失割合になるとは限りません。）に過失割合について説明させていただきます。

３．事故直後から定期的に病院に通っていますか？

一般的に、交通事故直後の通院の頻度は高く、ケガが治っていくに従って、通院の頻度は低くなります。ケガが治っていないのにもかかわらず、通院を止めてしまうと、ケガが治ったのだと勘違いされる可能性がありますので、治療中は、ケガが治るまできちんと通院することをお勧めします。

４．治療は終了（症状固定）していますか？

一般的には、医師が治癒又は症状固定と判断した日が治療終了日です。後遺障害が残存する可能性のある場合には、後遺障害診断書を作成してもらう必要があります。

５．後遺障害の等級は出ていますか？後遺障害の等級認定手続きをしましたか？

後遺障害診断書やレントゲン・MRI 等の資料を提出して後遺障害の等級を定めてもらう手続ができます。後遺障害の等級は、１級～ 14 級（１級が一番重症です。）まであります。

６．相手の保険会社から賠償の提示がありましたか？

保険会社の提示額は、適正な金額ではない可能性があります。ご希望であれば、保険会社の提示額が適正かどうかについて、簡易な査定（10 分程度）をすることもできます。

７．弁護士費用特約に入っていますか？

弁護士費用特約は、弁護士費用が保険金で賄われる特約です。この特約を付けているか、ご確認下さい。

らいになるのか（治療終了後において）、入通院慰謝料がいくらになるか、予想される後遺障害は何か、できるだけ早めに受任通知（代理人弁護士就いたことを知らせる通知です。）を出してほしいといった、相談者の要望等にできる限り応えるために、相談者に対するアドバイスのための情報をまとめる相談票は必要なものです。

以下、相談票のポイントを簡潔に説明します。なお、ポイントの順番は、相談票の上部から順に付けています。

（イ）事故発生前年の年収及び事故発生前３か月の平均月収【法律相談票❶】

相談票の❶としては、事故発生前年の年収及び事故発生前３か月の平均月収を挙げます。相談者からすれば、年収なんて聞いて、弁護士が自分を値踏みしているんじゃないか、または、年収なんて公開するものではない（実際に、相談の際に年収部分を空欄にしている方もいらっしゃいます。）と思われるかもしれません。

しかしながら、事故発生前年の年収は逸失利益の算定に必要（基礎収入）となりますし、事故発生前３か月の平均月収は休業損害の算定のために必要（休業損害の日額の算定のために必要）となります。相談を受ける側からすれば、事情を話し（弁護士であれば守秘義務を負っていることも話し）、きちんと聞き取ることが重要なことであると思います。

なお、事故発生前年の年収は源泉徴収票があれば確認できます。また、事故発生前３か月の平均月収は勤務先に作成してもらった休業損害証明書で確認できることも多いですが、休業損害証明書は、休業日数と金額（休業日数と金額は勤務先が適切に把握していると思われます。）以外の休業損害算定に関わる記載の部分（勤務先が交通事故に慣れているとは限りませんので、記載が誤っていることもあります。）はきちんと確認する必要があるかと思います。

（ウ）事故状況の説明【法律相談票❷】

相談票の❷としては、事故状況の説明を挙げます。事故状況の重要性はそれほど語る必要はないかもしれませんが、当事者の過失割合を検討する上で非常に重要なものとなります。仮に、交通事故で重傷を負っていたとしても、過失割合が大きい場合には、事件の方針も変わることになると思います（過失が大きい場合には自賠責保険からの回収を重視することになるでしょうし、過失が小さければ加害者や加害者の付保している任意保険会社に対する請求を重視することになるでしょう。）。

後述しますが、判例タイムズ社から出版されている『民事交通訴訟における過失相殺率の認定基準［全訂５版］』（別冊判例タイムズ38号、2014年。以下、『別冊判タ38号』といいます。）や日弁連交通事故相談センター東京支部の『民事交通事故訴訟損害

➤法律相談票（交通事故）

相談日：平成　年　月　日

法律相談票（交通事故）

・お名前　　電話（携帯）　　（ご自宅）
・ご住所　〒
・e-mail
・生年月日：（ＭＴＳＨ）　年　月　日
・ご職業　　年収（事故発生の前年）　万円　月収（事故発生前３か月の平均額）　万円　**1**
・事故発生日時　年　月　日　午前・午後　時　分ころ
・事故発生場所
・事故状況

事故状況の説明（図での説明）	事故状況の説明（言葉での簡潔な説明）
１人対車両　２正面衝突　３側面衝突　４出合い頭衝突　５接触 ６追突　７その他	

2

・受傷の部位・程度（診断名）
・治療開始日　年　月　日　医療機関名：
・治療終了日（治癒・症状固定）　年　月　日　医療機関名：
・通院の手段　１自家用車　２公共交通機関　３タクシー　４自転車　５その他（　）
・入院の有無　入院した（　年　月　日～　年　月　日）・入院していない
・休業の有無　休業した（　年　月　日～　年　月　日）・休業していない
・後遺障害の程度（後遺障害等級認定票の記載）　級　号

3

・相手方（加害者）の名前　電話
・相手方（加害者）の住所　〒
・相手方（加害者）の勤務先
・相手方（加害者）の自賠責保険会社
・相手方（加害者）の任意保険会社　担当者：
・その他の関与者

4

・特に相談したい事項

・資料
１交通事故証明書　２診断書・診療報酬明細書　３後遺障害等級認定表　４休業損害証明書
５源泉徴収票・確定申告書　６保険会社からの賠償額の提示　７その他（　）

賠償額算定基準上巻（基準編）』（以下、『赤い本（上巻）』といいます。）を参考にして検討することが多いです。

なお、すでに実況見分調書を取得している場合には、実況見分調書を確認することで足ります。

（エ）受傷状況・治療状況【法律相談票❸】

相談票の❸としては、受傷状況・治療状況を挙げます。治療中に相談される方、治療が終了した後に相談される方、いずれもいらっしゃるかと思いますが、どちらの場合でも、受傷状況・治療状況は重要です。

どの部位にどの程度の怪我を負ったのかによって、後遺障害の等級を予想・検討することもありますし、治療の期間や治療日数によって入通院慰謝料や休業損害を予想・検討することもあります。最終的には、医療機関が発行する診断書・診療報酬明細書等で確認をすることができますが、相談の段階である程度把握をしておいて、大まかな方針を立てるということは重要なことであると思います。

なお、治療終了後の段階で診断書・診療報酬明細書が揃っている場合にはそれで確認できることが多いです。ちなみに、治療終了後の段階であれば、任意保険会社が診断書・診療報酬明細書を保管している場合が多いです。ただし、治療終了後の段階でも、任意保険会社による治療費の一括払い（任意保険会社が医療機関等に被害者の医療費等を直接払いするものとお考えください。）が止まっている場合には、全部の診断書・診療報酬明細書が揃っているとは限りません。

（オ）関係者の情報【法律相談票❹】

相談票の❹としては、交通事故に関わる関係者の情報を挙げます。現在、相談者は、加害者とどのような形で交渉をしているのか（任意保険の担当者が示談代行サービスをしているのか、代理人弁護士が就いているのか、はたまた、無保険で加害者本人と交渉しているのか等）を把握しておくことは、意外と重要です。委任契約書を交わし、委任状をもらった後、受任通知を出そうと思ったら、どこに出せばいいのか分からないというのでは少し恥ずかしいです。相談票でまとめておくといいと思います。

なお、関係者の情報は、関係者が相談者に宛てて出した通知等の写しで連絡先を確認することができます。

（２）　交通事故は「人身事故」（交通事故証明書）になっていますか？【ロードマップ②１】

ア　交通事故証明書

交通事故証明書は、その名のとおり、交通事故があったことを証明する文書です。交通事故が発生し、交通事故の当事者等が警察に連絡をして、交通事故の届出をすると、自動車安全運転センターが発行してくれます。交通事故証明書には、事故照会番号、発生日時、発生場所、当事者の氏名・住所、車両番号等の当事者を特定する情報、事故類型等の記載があります。

訴訟等においては、交通事故証明書を証拠として提出することによって、交通事故の存在を立証します。なお、交通事故証明書にも記載がありますが、交通事故証明書の記載は、「損害の種別とその程度、事故の原因、過失の有無とその程度」を証明するものではありませんので、注意をしておいたほうがよいと思います。

イ　人身事故

交通事故証明書の右下欄に「照合記録簿の種別」として、物損事故または人身事故との記載があります。交通事故証明書に物損事故と記載されるか、人身事故と記載されるかは、警察に被害者が診断書を提出したか否かで決まります。交通事故証明書は、「損害の種別」を証明するものではないとはいえ、交通事故によって怪我をした場合には、被害者としては、できるだけ速やかに診断書を警察に提出するほうがよいです。なお、交通事故発生日からある程度期間の経過した診断書は、警察が受け取らないことがある（警察としては、交通事故が発生した日から期間が経過してしまうと、本当に交通事故によって怪我をしたのかどうかが分からなくなってしまうからだと思われます。）ので、注意しておいてください。

そして、警察において、人身事故として扱われた場合、加害者は、過失運転致死傷罪（自動車運転死傷行為処罰法５条。被害者に怪我がなく、物損事故として扱われた場合には、過失運転致死傷罪とはなりません。）の被疑者となる可能性がありますので、実況見分（警察官が交通事故の状況等を調べて、調書という書面にまとめます。）が行われます。実況見分の内容が記載された実況見分調書は、交通事故の状況を確認する証拠としては、有力なものとなります。

ただ、診断書を警察に出し忘れた場合等（交通事故証明書の記載が物損事故と記載されている場合）においても、多くの場合、保険会社に対して、「人身事故証明書入手不能理由書」（交通事故において、人身事故として扱われなかった理由等を記載するものです。）を提出することによって、人身事故として扱ってもらうことができます。

端的にいえば、怪我に対する賠償をしてもらうことができます。

ウ　まとめ

以上のように、交通事故証明書は、交通事故自体の基本情報が記載されている重要な書面ですし、警察が人身事故として扱っているか否かを確認できる書面ですので、早めに入手するに越したことはありません。そして、交通事故証明書に人身事故との記載がなければ、早めに診断書を警察に提出して、人身事故として扱ってもらうようにしたほうがよいです。

（3）　事故態様（過失割合）について把握していますか？【ロードマップ②2】

ア　過失割合

過失割合という言葉を聞いても、交通事故の経験がない方にはピンとこないかもしれません。しかし、過失割合は、交通事故の賠償においては、大きな争点となることが多いのです。過失割合という言葉は、簡単に言ってしまえば、「交通事故を発生させた責任の割合を、Ａさん○％、Ｂさん△％」という形で定めるという意味です。これを聞くと、どうやって過失割合を決めるのだろうかと疑問に思う方もいらっしゃるかもしれませんが、実務においては、前述の『別冊判タ38号』や『赤い本（上巻)』を参考にします。これらに、事故類型ごとに過失割合の基本割合や修正要素の記載があり、基本割合に修正を施した過失割合を参考に考えます。ただ、交通事故は、似たような事故類型はありますが、事情が個々に異なりますので、『別冊判タ38号』や『赤い本（上巻)』は、参考（さらなる修正があり得るもの）としておいてください。

そして、実務上、過失割合は、判決等で定められる（裁判所等の公権力で一刀両断に決められる）場合のほか、『別冊判タ38号』や『赤い本（上巻)』を参考にして、交通事故の当事者の合意によって決めます。

イ　過失割合は賠償の際にどう考慮されるのでしょうか

過失割合が決まったとしても、それは一体どういう意味があるのでしょうか。結論からいいますと、過失割合をＡさん70％、Ｂさん30％と合意した場合、Ａさんは、Ｂさんの損害の70％及びＡさんの損害の70％を負担し、Ｂさんは、Ａさんの損害の30％及びＢさんの損害の30％を負担するということになります。少し分かりにくいので、簡単な例を挙げて説明します。

［具体例］
- ＡさんとＢさんは、交通事故の過失割合をＡさん70％、Ｂさん30％としました。
- 交通事故によって、Ａさんは100万円の損害を被り、Ｂさんは1000万円の損害を被りました。
- この交通事故において、Ａさんは、Ｂさんの損害の70％である700万円及びＡさんの損害の70％である70万円の合計770万円を負担し、Ｂさんは、Ａさんの損害の30％である30万円及びＢさんの損害の30％である300万円を負担することになります。

このように、被害者（過失割合の低い当事者）であっても、過失がある場合には、その過失割合に応じて、損害を負担しなければならないのです。このことから考えても、過失割合が交通事故における重要な要素であることがご理解いただけると思います。

ウ　事故状況はどのように定めるのでしょうか（どういった証拠があるのでしょうか）

上記アにおいて、『別冊判タ38号』や『赤い本（上巻）』を参考に過失割合を定めるということを述べましたが、それらの本には、事故類型ごとの過失割合しか記載されていません。では、事故類型に当てはまるような事故状況はどのように定めるのでしょうか。

まず、交通事故の当事者の認識に争いがない場合には、事故状況に争いは生じません。例えば、赤信号待ちで停車していた車両に後ろから追突した場合などは、争いがないことが多いでしょう。

しかし、交通事故の当事者の認識に争いがある場合にはどうしたらよいでしょうか。例えば、交通事故の両当事者双方が青信号で進行していたと主張している場合はどうしたらよいでしょうか。当然、交差点において交差する道路の双方が青信号を灯火しているわけはありません（仮にあったとしたら、信号の故障となり、国家賠償の話にでもなるのでしょうが。）。このような場合、上記（２）イでも述べたとおり、実況見分調書が有力な証拠となります。そして、実況見分調書には、交通事故が発生する大分前の地点から進行状況やどの地点でどの信号を見て、その色は何だったのかといったことが詳細に記載している場合があります（もちろん、記載のない場合もあります。)。そのような詳細な実況見分調書と信号サイクル(交差点ごとに、青何秒、赤何秒、黄何秒といった形でまとめたサイクルがあります。弁護士会照会によって取得することができます。)等を照らし合わせて、交通事故の当事者のどちらが青信号で進行していて、どちらが赤信号で進行していたのかを検討することになります。事故状況についても、判決等で定められる場合のほか、交通事故の当事者の合意によって決めます。

先ほど、事故状況を把握する際の証拠として、実況見分調書と信号サイクルを挙げましたが、その他にも、物件事故の場合(物件事故の場合には、実況見分は行われません。)には、物件事故報告書(実況見分に比べると簡易なものですが、事故状況について警察官が作成する報告書です。)や調査事務所が作成する調査報告書(保険会社等から依頼を受けた調査会社が、交通事故の当事者から事情を聞き取り、さらに現場の写真等を撮影して、事故状況を報告書にまとめたものです。)といったものが事故状況を把握する上で参考になります。さらに、交通事故の目撃者がいる場合には、当然、目撃者の供述等も参考になります。特に、信号の色に争いがある場合には、目撃者がいると、非常に有力な証拠となる場合があります。ただ、目撃者が、いつ、どこで、何を見たのかといったことをよく検討する必要があります(交通事故が発生した前なのか後なのか、遠くで見たのか近くで見たのか、問題となっている信号を見たのか交差する信号を見たのか、車両用信号を見たのか歩行者用信号を見たのか等)。

エ まとめ

以上のように、過失割合は、交通事故の当事者双方の損害の負担(特に、自分の損害だけでなく、相手方の損害も負担することを忘れないでおいてください。)を決める重要な要素です。そして、過失割合を合意する際に参考にする『別冊判タ38号』や『赤い本(上巻)』に記載のある事故類型を把握するためには、実況見分調書等によってきちんと事故状況を把握しておく必要があるのです。

(4) 事故直後から定期的に病院に通っていますか?【ロードマップ②3】

ア 通院の頻度

交通事故によって怪我を負った場合、当初は当然、怪我が重く、治療を続けるうちに怪我が改善していきます。ですので、一般的には、交通事故当初は通院の頻度が高く、治療が進むにつれて通院の頻度が低くなります。

そして、仮に、怪我が治っていないにもかかわらず、通院を止めてしまったり、通院期間を空けてしまうと、通院を一旦止めた時点で治療の必要がないのではないかとの疑問が生じます。保険会社からすれば、通院と通院の間が空いていたとしたら、本当に治療が必要なのかとの疑問を持ち、必要ではない治療であるとすれば治療費の支払いを拒否したいと考えるでしょう。このような状況にならないためにも、怪我が治っていない場合には、きちんと通院をしたほうがよいでしょう。ただし、すでに怪我が治っている（または症状固定）のであれば、主治医と相談の上、適切な治療期間で治療を終了してください。怪我が治っている（または症状固定）にもかかわらず、定期的に通院していれば、その期間の治療費や慰謝料を支払ってもらえると考えるのは、間違った考えです。結局は、交通事故の解決が長引いた上に、怪我が治った後の治療費を自分で負担することになります。

次に、上記の一般的な話とは逆に、交通事故の当初の通院頻度が低く、しばらく時間が経過してから通院頻度が高くなるという方がいます。このような場合、転院先の医師の指導等もあるのでしょうが、保険会社からすれば、精神的な病のせいで通院が長引いているのではないかということを疑いがちです。交通事故の当初よりも通院頻度が高くなる場合には、なぜそうなったのかといった明確な理由を説明できるようにする必要があるでしょう。

イ　症状は明確に伝えましょう

交通事故の被害者の方の診断書を見ていると、時間の経過に従って診断名が変わったり、増えたりしている場合があります。同じ症状をもとに医師がそれぞれ異なった診断名を付けていたり、診断名を増やすといった場合ならば、それは構わないのですが、時にはまったく異なる部位を治療していることがあります。極端な話でいえば、交通事故の日から右肩の脱臼の治療をしていたにもかかわらず、交通事故の３か月後から左肩の治療をしていたといった場合です。

保険会社からすれば、交通事故からある程度の期間が経過した後に初めて出てきた診断名は、交通事故と関係がないのではないかといったことを疑います。一般人からしても、診断書を見ただけでは、右肩の脱臼を治療していたのに、なぜ、しばらくしてから左肩の治療を始めるんだといったという疑問を持つでしょう。３か月後に別の部位の治療を始めるのは少し極端ですが、もう少し短い期間で治療部位が増えるということはままあります。被害者の方からすると、交通事故で元々、右肩も左肩も痛かったが、右肩が脱臼していたから左肩は後回しにしたとか、左肩の痛みも医師に訴えていたが、診断書に記載がなかったということを聞きます。このようなことにならないように、細かい症状についても、できるだけ医師に明確に伝え、診断書に記載しもらうようにしましょう。後から、交通事故で怪我をした部位の治療について、自分で治療費を負担しないといけなくなるのはおかしいと怒っても仕方がありません。

ウ　まとめ

以上のように、治療の必要がある間は定期的に通院をすること、自分の症状は細かいことについてもできるだけ医師に伝えて診断書を作成してもらうことが重要です。

（5）　治療は終了（症状固定）していますか？【ロードマップ②4】

ア　症状固定

症状固定とは何でしょうか。聞き慣れない言葉ですが、症状固定とは、現代の医療水準ではこれ以上症状が改善しない、対症療法を繰り返して症状が一進一退になった状態のことをいいます。

簡単な具体例を挙げていうと、交通事故で右手の親指を切断してしまった場合（親指を綺麗な形で回収できなかった場合）、現代の医療水準では、右手の親指の復元はできないと思います。交通事故の前の状態（右手の親指があって、動いていた状態）までは戻りませんが、傷口がふさがって皮膚が表面を覆うようになって感染症等の危険性がなくなれば、それ以上の治療による改善は見込めなくなるのではないでしょうか（医学の専門家ではないので、不正確な表現だとは思いますが。）。

症状固定の概念をグラフで表すと、「交通事故損害賠償の仕組み」の「3．症状固定ってなんですか？」に記載のあるグラフをイメージすると分かりやすいと思います。時間の経過に従って、回復度合も上がってきたが、ある一定の時期以降、大きな改善が見られないといった状態が症状固定です。

イ　症状固定にはどんな意味があるのですか

症状固定の概念はイメージできたかと思いますが、症状固定は何のためにあるのでしょうか。症状固定時期は、交通事故の損害賠償における治療の終了を意味します。加害者は、症状固定時期以降は、治療費や通院交通費といった治療関係の費用を原則として負担しなくてもよくなります。ただし、あくまでも交通事故の損害賠償における治療の終了ですので、症状固定時期以降の治療（治療費は自己負担になります。）が禁止されるというわけではありません。

このような症状固定時期を巡って、後々トラブルになることがあります。被害者としては、保険会社から後遺障害診断書が送られたので主治医に同診断書を書いてもらっただけなのに、保険会社としては、後遺障害診断書に記載のある症状固定日で治療は終了だと主張するということがあります。このようなトラブルにならないためにも、主治医とよく相談の上、この日以降は加害者や保険会社に治療費等を負担してもらわなくても構わないと考えた上で、症状固定について決めるようにしてください。なお、上記（４）でも述べたとおり、医学的に症状固定と判断される時期以降、定期的に通院していれば症状固定時期がずっと先になる（その期間の治療費や慰謝料を支払ってもらえる）と考えるのは、間違った考えですので、注意してください。

ウ　後遺障害

現代の医療水準で治療ができない（症状固定に至った）といっても、上記アの具体例のように親指がないままで治療終了とされ、親指がないことについての賠償がないのではたまったものではありません。

交通事故の損害賠償においても、症状固定の段階でも症状が残ることが予定されており、その残存症状を後遺障害としてきちんと賠償の対象にしています。なお、中には、交通事故の賠償問題が解決した後に何らかの症状が出てきて、その症状のことを後遺障害と考えている人がいますが、交通事故の損害賠償における後遺障害は、一般的に上記のような残存症状のことをいいます。後遺障害の概念をグラフで表すと、「交通事故損害賠償の仕組み」の「３．症状固定ってなんですか？」に記載のあるグラフの「↕」部分を見てもらえると分かりやすいと思います。100％の回復までには至らない場合に、その100％の回復との差を後遺障害と考えてもらえばよいと思います。

そして、後遺障害は、労災に準じて１級から14級に区分けされており、１級が最も重く、14級が最も軽い等級となっています。そして、後遺障害の等級に該当しない場合を非該当といいます。実務上、後遺障害については、後に述べる後遺障害等級認定手続において、認定を受ける必要があります。

エ　まとめ

以上のように、怪我によって交通事故の前の状態に戻らなかったとしても、交通事故の損害賠償においては症状固定という概念があること、症状固定時期以降は原則として加害者に治療費等を負担してもらうことができないので慎重に判断すること、症状固定後に症状が残ったとしても後遺障害として損害賠償の対象となり得ること（そして、場合によっては非該当として後遺障害の等級に該当しない場合があること）をきちんと理解しておいてください。

（6） 後遺障害の等級は出ていますか？ 後遺障害の等級認定手続きをしましたか？【ロードマップ②5】

ア 事前認定と被害者請求

上記（5）ウにおいて、後遺障害や後遺障害の賠償を受けるには等級認定を受ける必要があるといった話をしましたが、その等級はどうやって認定してもらうのでしょうか。

後遺障害の等級認定手続には、大きく分けて２通りあります。１つは加害者の任意保険会社を通して行う事前認定と呼ばれる方法、そして、もう１つは被害者が自賠責保険会社を窓口にして行う被害者請求と呼ばれる方法です。いずれも、最終的には、損害保険料率算出機構の自賠責調査事務所において調査をした上で、後遺障害の等級を判断しています。後遺障害の認定結果は、後遺障害等級認定票（保険会社によってフォーマットが少し異なります。）に記載されて送られてきます。なお、事前認定の場合は、後遺障害等級認定票は加害者の任意保険会社の名義で送られてきますが、後遺障害の等級認定に関する事務手続や認定のための調査手続は、加害者の任意保険会社が行うわけではありません。

そして、事前認定と被害者請求の等級認定結果（非該当も含みます。）に対しては、異議申立てができます。

イ 事前認定と被害者請求の違い

第１に、事前認定と被害者請求とでは、何が異なるのでしょうか。一番大きな点は、後遺障害の等級が認定された場合、事前認定だと自賠責保険から保険金の支払いがありませんが、被害者請求だと自賠責保険から保険金が支払われることです。

第２に異なる点を挙げるとすれば、事前認定の場合には加害者の保険会社が書類を準備し、被害者請求の場合には被害者が書類を準備するという点が挙げられます。書類の準備は、主に病院から診断書・診療報酬明細書やレントゲン・ＭＲＩといった画像資料の取寄せ作業になりますが、被害者請求をやってみると、案外手間のかかる作業です。病院によっては、患者本人でないと渡すことができないという扱いをしているところもあります。

第３に異なる点を挙げるとすれば、事前認定の場合には加害者の保険会社から意見書等の資料を提出できる（加害者の意見も主張することができる）のに対して、被害者請求の場合には加害者の意見は加味されないという点です。保険会社の担当者ごとに異なるようですが、実際に事前認定の際に、後遺障害の等級を下げたり、非該当とするために意見書等を提出する保険会社の担当者もいるようです。ただ、この点については、おそらく、保険会社の担当者としても、事案や費用対効果を考えて（事前認定の全てに意見書等を付したら、業務が適切に回るとは思えません。）、意見書等を付するのだと思います。ですので、事案ごとに検討したほうがよいように思います。

では、事前認定と被害者請求のどちらが良いかという点ですが、結論としてはケース・バイ・ケースだと思います。自賠責保険金を先に受け取りたいと考えるならば被害者請求が良いと思いますし、被害者請求の手間を省きたいと考える（なお、弁護士等の代理人に依頼するのであれば、被害者請求をするとしても、書類を集める手間等をある程度省くことができるでしょう。）のであれば事前認定でしょうし、後遺障害の等級が争われそうな場合には被害者請求を選択するほうがよいと思います。

ウ　まとめ

以上のように、実務上、後遺障害の賠償を受け取るためには、後遺障害の等級認定手続を受ける必要があること、後遺障害の等級認定手続には大きく分けると加害者の任意保険会社が関与する事前認定と被害者が行う被害者請求があること、事案ごとに事前認定と被害者請求のどちらが良いと考えられるかを検討することをきちんと押さえておいてください。

（７）　相手の保険会社から賠償の提示がありましたか？【ロードマップ②６】

ア　損害賠償額の提示はどの段階でできるのでしょうか？

相談を受けていると、治療中の段階の相談者から、「保険会社の担当者に○万円支払ってくれれば示談すると言ったんだけど、応じてもらえない。」といった話を聞くことがあります。しかし、仮に、保険会社に有利だとしても、このような話を保険会社が了承することはあり得ません。被害者の損害が確定していないからです。では、被害者の損害が確定し、損害賠償額の提示をすることできるのはどの段階でしょうか。

結論としては、被害者の症状が固定し（加害者から見れば、症状固定時期以降は、治療費等が増えることがなくなります。）、後遺障害の等級が確定した時点（これ以上異議申立て等を行わず、等級認定結果に納得した時点。仮に、等級が変わった場合には、賠償金も変更になります。）で被害者の損害が確定し、損害賠償額の提示をすることができます。その時期以前の段階では、損害額が確定せず、損害額を算定することはできないと考えておいてください（ただ、後遺障害等級認定中の段階で、後遺障害以外の損害や後遺障害の等級を仮定して損害を算定することはできます。)。被害者の方の中には、治療中の段階で、これくらいの交通事故や怪我だといくらくらいになるかを聞く方がいらっしゃいますが、専門家から何らかの回答を得られたとしても、それは何の参考にもなりませんので、その点は気を付けておいてください。

イ　損害の算定は基準によって変わります

損害が確定したとしても、その損害の算定の基準が異なれば、損害額は異なります。では、損害の算定の基準にはどのようなものがあるのでしょうか。大きく分けると３つあります。１つは自賠責の基準、もう１つは任意保険の基準、最後の１つは裁判基準(『赤い本(上巻)』を参考にした基準です。)です。この３つの基準は、概ね、「自賠責の基準＜任意保険の基準＜裁判基準」と理解してよいと思います。

この３つの基準で異なる点は、入通院慰謝料と後遺障害慰謝料です。例えば、頸椎捻挫で通院期間３か月（入院なし)、実通院日数30日という場合、自賠責の基準では入通院慰謝料は25万2000円（日額4200円として、実通院日数30日分）であるのに対して、裁判基準であれば53万円（別表Ⅱの通院３か月で算出）となります。そして、任意保険の基準は公表されてはいないので、明らかではありませんが、概ね、裁判基準の70％とされています。ですので、上記の例では、37～38万円といったところでしょうか。このように、同じように通院をしたとしても、どのような基準を用いるかで損害額が異なってくるのです。

実務的にいえば、弁護士が加害者の任意保険会社と示談交渉した場合、入通院慰謝料と後遺障害慰謝料は、訴訟や紛争処理センター外であれば任意保険基準から裁判基準の間で決まることが多いと思います。そして、訴訟や紛争処理センターで争った場合には、入通院慰謝料と後遺障害慰謝料は、裁判基準となります。この点も、時間をとるか賠償額をとるかといったバランス感覚で決めていくことになるかと思います。

ウ　他に争いが生じる損害

（ア）休業損害と逸失利益

損害項目は、多々ありますが、その中でも争いになることが多い項目は、休業損害と逸失利益です。休業損害は、その名のとおり、交通事故の怪我によって仕事を休まざるを得なくなったために被った損害です。そして、逸失利益は、後遺障害が残存したがために将来的に失うであろう収入額のことです。逸失利益については、収入額に労働能力喪失率（等級によって参考となる労働能力喪失率が定められています。）を乗じ、さらに症状固定時の年齢から67歳までの年数のライプニッツ係数（将来の収入を現在もらうことになりますので、その調整のための係数と考えておいていただければ構いません。）を乗じた金額で求めることができます。

（イ）休業損害に争いが生じる理由

休業損害について、なぜ争いが生じるのかを説明したいと思います。被害者の中には、交通事故で怪我をして会社を休めば休んだ分だけ休業損害がもらえるはずだから、争いなんて生じるわけがないと思う方もいらっしゃるかもしれません。

しかし、実際はそうではありません。実際に休んだとしても、休業の必要性がなかったということで休業損害が認められない場合があるのです。裁判においても、安直に全休業日について休業損害を認めるわけではなく、休業日数の何％というように考えたり、逓減（最初の○か月は100％、次の△か月は75％、最後の□か月は50％といった形で休業損害を認める割合を段々と下げていく考え方）させて考えるという方法をとっています。

では、どうすればいいのかという話になりますが、この点についてはいろいろと考えがあると思います。私の個人的な見解からすれば、ある程度働けるようになったら（無理は禁物です。）、働き始めるほうがよいと思っています。交通事故によって怪我をし、会社を休んで社会から断絶してしまった方が社会復帰するには、早期に働き始めるほうがよいからです。そして、会社を休めば保険会社が保険金を支払ってくれるといった考えでは社会復帰から遠ざかってしまう可能性もあります。ただし、無理をして社会復帰をして、再び休職をした場合に、保険会社から「出勤したんだからこの時期から働けたんだろう」と言われることもありますので、復帰の日については慎重に考えたほうがよいことは言うまでもありません。

（ウ）逸失利益に争いが生じる理由

逸失利益について、なぜ争いが生じるのかを説明したいと思います。先ほど、逸失利益の計算方法について述べましたが、収入額は一般的に源泉徴収票、確定申告書または課税証明書等によって定め、労働能力喪失率は14級から１級にかけて５％から100％という形で参考の数値が定められており、ライプニッツ係数は年数さえ分かれば決まった一定の数字が算出されます。ここまで聞くと、全部決まっている数字なのに、どうして争いが生じるのかという疑問を持つ方もいらっしゃると思いますが、上記の計算方法は、すべての後遺障害に当てはまるわけではないのです。

例えば、「３歯以上に歯科的補綴を加えたもの」は、14級と定められ、労働能力喪失率の目安ついては５％と定められています。しかし、交通事故で歯３本を治療したからといって、将来的に収入を失うのでしょうか。私は過去に歯を抜いたこともありますし、歯の治療をしたこともあります。だからといって、歯を抜く前と抜いた後の私とで、収入に差があるとは思えません。逆に、歯の専門のタレントで、歯ブラシのＣＭ等に出ているような人が交通事故で前歯を折ってしまったり、歯の治療をした場合はどうでしょうか。明らかに収入が減ることは皆さんお分かりになると思います。このように、労働能力喪失率の目安が定められているといっても個別の事情によって、変動することがあり得るわけです。このような場合に、労働能力喪失率はどの程度となるのかといったことが争いになるのです。

次の例は、いわゆる神経症状（別表第２の14級９号「局部に神経症状を残すもの」、12級13号「局部に頑固な神経症状を残すもの」で代表されます。）と呼ばれるもので、簡単な言い方をしてしまえば、痛みが残っているといった症状が残存している場合です。神経症状の場合、労働能力を喪失する期間を限定されることがあります。その理由としては、痛みは慣れたり将来的に軽減することがあるからといったことや代替動作を獲得するからといったことが挙げられます。ここでも、労働能力を喪失する期間は限定するのかしないのか、仮に限定する場合には期間はどの程度にするのかといったことが争いになるのです。

被害者は怪我を選べませんので、逸失利益に争いが生じる場合には、被害者としては如何ともしがたいことが多いでしょう。個別の事情を主張して、戦っていくしかありません。

エ　まとめ

以上のように、被害者の治療が終了し、後遺障害の等級が確定した段階で初めて被害者の損害を確定できること、損害の算定は基準によって異なったり、争いが生じる部分があることを理解しておいてください。そして、そのような争いを解決するためにいるのが弁護士です。

(8)　弁護士費用特約に入っていますか？【ロードマップ②７】

弁護士費用特約は、弁護士に依頼するときの報酬等を保険金で支払ってもらうことができるという特約（保険契約の主たるものではないので、特約となります。）です。保険会社各社によって異なると思いますが、300万円までの弁護士費用を保険金で賄ってくれる内容になっていることが多いようです。では、どんな時に使えるのでしょうか。

交通事故の加害者となった場合、示談代行サービス付の任意保険に入っていれば、任意保険会社の担当者が被害者との間の示談交渉をしてくれます。さて、被害者はというと、交通事故の怪我を抱えながら、加害者の任意保険会社の担当者と手探りの交渉をしていくことになります。被害者も任意保険に入っていたとしても、被害者の任意保険会社の担当者は、被害者の損害を請求してくれません。被害者の損害を誰か代わりに請求してほしいというときに使えるのが､弁護士費用特約なのです。

弁護士費用特約があれば､大抵の交通事故の損害は自腹を切らずに請求できます。仮に、弁護士報酬が300万円の保険金を超えてしまう場合でも、弁護士が代理人になったことで、300万円を超える部分以上の賠償額を手にすることができるのではないでしょうか。

第５章
個人の債務整理相談のツボ

中村　重樹

1　初回相談の到達点

（1）　相談者の不安を緩和する――受任通知の役割

債務整理の相談に来る方の多くは、債権者からの支払督促により、不安を抱いています。弁護士が正式に事件を依頼して、弁護士が各債権者に「受任通知」を送れば、通常支払いの督促は止みます。このことを説明するだけで、相談者は随分と気持ちが落ち着きますので、はじめにこの点を相談者に伝えるのがよいでしょう。

（2）　相談者に見合った債務整理方法を提案する

債務整理の方法には、裁判所を介入させずに直接債権者と交渉する「任意整理」と、裁判所を利用して行う「特定調停」「自己破産」「個人再生」があります。

個人の債務整理相談は、何といっても、この４つの方法のうちいずれを採用するのが相談者の意にかなうかを判断することが大事です。そして、当該方法を相談者に説明して、債務整理がいつ頃完了するのかについて、可能な限度で見通しを説明してあげましょう。

これができないと、債務整理の相談に来た方は、結局、何がどうなるのかぼんやりとしたまま帰ることになり、「せっかく来たのに……」とガッカリさせてしまいます。

2　４つの方法の比較

その相談者にとって４つの方法のいずれが適切かを判断するためには、弁護士がそれぞれのメリット・デメリットを知っておく必要があります。

（1）　任意整理

任意整理とは、債務者が債権者と直接交渉して、債務の総額を確定させ、支払方法の合意をして、当該合意に基づき返済していくというものです。

ア　任意整理のメリット

- 将来分の利息のカットが期待できる（元本のカットは難しい。）。
- 自己破産のような資格制限がない。
- 裁判所を介さず行うので最も簡易・迅速であり、柔軟な解決ができる可能性がある。

イ　任意整理のデメリット

- 債権者が合意しない場合には利用できない（借金額が多大である場合など）。
- 本人自身が行うことは困難。

（2）　特定調停

特定調停とは、簡易裁判所を介して債権者と債務者が債務の支払いについて合意をする制度です。この制度では、裁判所は、債権者と債務者の仲介役となって、債権者・債務者間の合意形成に協力してくれます。そして、債権者と債務者の間で合意が成立して調書が作成されれば、債務者は、その調書記載の合意内容に基づき返済をすればよいことになります。

ア　特定調停のメリット

- 将来分の利息のカットが期待できる（元本のカットは難しい。）。
- 自己破産のような資格制限がない。
- 裁判所が仲介役を行うので、本人自身が行うことが可能であり、弁護士費用等がかからないなど、経済的な負担は比較的軽い。

イ　特定調停のデメリット

- 債権者が合意しないと成立しない（借金額が多大である場合など）。
- 調停成立後、決められた支払いが滞ると、直ちに債権者に差押えをされる可能性がある。

（3）　個人再生

個人再生は、定期的な収入がある債務者が、裁判所の認可した再生計画案に従い、負債のうち一定の金額を各債権者に支払えば、残債の支払いを免除してもらえる制度です。

ア　個人再生のメリット

- 負債が相当程度カットされた上、一定金額を分割払いすればよいこととなる（基本的には、100万円または債務総額の５分の１）。
- 自己破産のような資格制限がない。
- 一定の金額さえ払えれば、価値のある財産（不動産、自動車等）を処分しないでよい。

イ　個人再生のデメリット

- 手続きが複雑で、時間がかかる。個人で行うことは困難。

• 自己破産の場合と比べて、債権者に多額の金額を払うことになる（自己破産をした場合と同程度の場合もある。）。

（4） 自己破産（個人破産）

自己破産は、債務者の財産のうち債務者の生活のために必要な一定の財産を除いた財産を、各債権者に公平に分配して、残りの債務については返済を免除してもらう制度です。

ア 自己破産のメリット

• 税金滞納分等の一部の種類の債権を除き、借金の支払義務がなくなる。

イ 自己破産のデメリット

• 価値のある財産（不動産、自動車等）が処分される。
• ギャンブル等、借金を発生させた原因によっては認められないことがある。
• 一定の業種の場合、資格制限がある。

3 債務総額の把握

（1） 債務整理方法選択の第一歩

債務整理相談の場合、おおよその数字で構いませんので、債務総額がいくらかを確認しましょう。これが分からないことには、いずれの方法を選択すべきか、まったく判断のしようがないからです。

そこで、相談票では、負債に関する項目を先に立て、第一に債務者の負債総額を把握できるようにしています。初回相談の際に、相談者が資料を持って来てくれていれば、その場で資料も確認しましょう。

（2） 債務総額把握の際の注意点

ア 過払金の有無

債務総額を把握する際に注意しなければならないことは、相談者に過払金があるかどうかです。

かつて、消費者金融業者は、利息制限法に定められた利率を超えた利率で貸付を行っていたため、今でも払わなくてもよい利息を支払っている方が多々いらっしゃるのです。そのような方の場合、利息制限法所定の利率できちんと計算した場合（これを引直計算といいます。）、本人が把握している債務総額が実はとても少なく、それどころか、逆に業者に払いすぎの利息分を返還してもらうことができることがあります（これがいわゆる「過払金」です。）。

そのため、正確な債務金額を把握するにあたっては、消費者金融からの借入残高がないか、消費者金融に完済した借入金がないかを調査して、制限利率を超えた貸付があれば引直計算をして正確な債務額を把握しましょう。過払金が生じていたら、よほど小さい金額でない限り、速やかに過払金返還請求をしましょう。この点は、法律相談票❶の負債欄の「消費者金融からの借入れ」と、「過去に消費者金融から借入れをした経験」で把握できます。

相談者が整理しようとしている債務の多くが消費者金融からの借入れであり、しかも利息制限法所定の利率を大きく超える約定であった場合などには、業者から取引履歴を取り寄せて引直計算を行わなければ、結果的に債務整理の方針がまったく定まりません。そのため、初回の相談も、結果として、「引直計算をする必要がありますね」で終わってしまいます。ですが、引直計算により債務総額が減るかもしれない、場合によっては返還されるお金があるかもしれないということを丁寧に説明すれば、相談者は、「では、引直計算をお願いしたいのですが」と言ってくれるでしょう。

イ　消滅時効の援用、相続放棄などのほかの制度で解決できないか検討してみる

債務整理の法律相談では、まれに、債務について消滅時効が完成しており、時効を援用する旨の内容証明郵便を送れば終了してしまう事案に出会います。

長年音信が途絶えていた親が亡くなり、親の債権者から請求書が届いたことで、初めて親の借金の存在を知り、慌てて相談にいらっしゃった方もいました。この場合には相続放棄の手続きを紹介しただけでこと足りました。

このように、上記の４つの方法を利用するまでもなく、債務の問題が解決する場合もありますので、視野を広くもって相談に臨むことが大切です。

4　方法選択の検討フロー

４つの債務整理方法につき、その相談者がとることができる方法は何か、その中でその相談者にとって最も適切な方法は何かを検討するにあたっては、方法の簡易迅速性の観点から、①任意整理・特定調停の可能性を検討した後、②自己破産・個人再生の検討に移るのがよいでしょう。

➤法律相談票（債務整理（個人））

平成　　年　　月　　日

債務整理相談票（個人）

基本情報

氏名　　　　　　　　　　　　　　　　　生年月日　　　　年　　月　　日（　　歳）

住所　〒　　　　　　　　　　　　　　　　　　　　　　　職業 【3】

E-mail　　　　　　　電話　　　　　　　ＦＡＸ　　　　　　携帯

年収　　　万円（手取り月収　　　万円）　　　　　　住居費　　　万円／月 【2】

同居家族の構成：　　　　　　　　　　生活保護受給（有・無）

負債

【1】消費者金融からの借入れ（　　　年　　月頃）　　　　合計約　　　　万円
過去に消費者金融からの借入れをした経験（有・無）

住宅ローン（有・無）（　　年　　月頃）　　　　合計約　　　　万円

親族・知人からの借入れ（有・無）（　　年　　月頃）　　　　合計約　　　　万円

勤務先からの借入れ（有・無）（　　年　　月頃）　　　　合計約　　　　万円

公租公課の滞納（有・無）（　　年　　月頃）　　　　合計約　　　　万円

その他（具体的に　　　　　　）（　　年　　月頃）　　　　合計約　　　　万円

負債合計約　　　　万円 【2】

借金を始めた時期　　　　年　　　月頃

借金の理由（簡単にご記入下さい） 【3】【4】

□事業の失敗　□ギャンブル　□風俗　□金融取引　□保証　□生活費

□その他（具体的に：　　　　　　　　　　　　　　　）

資産 【3】【4】

① 現金　　　　　　　　　　　　　　　　　　　　　　　　円

② 預金（口座数：　　　口）　　　　　　　合計：　　　　円

③ 不動産（有・無）　　　　　　　　　　　評価額：約　　　円

④ 自動車（有（　　台・車種　　年式　　）・無）　評価額：約　　　円

⑤ 生命保険（有（契約数　　口）・無）　　解約返戻金額：　　　円

⑥ 社内積立・財形貯蓄　　　　　　　　　　金額：　　　円

⑦ 有価証券（有（種類　　　　）・無）　　評価額：約　　　円

⑧ 退職金（有・無）　　　　　　　　　　　見込額：約　　　円

⑨ その他の資産（具体的に　　　　　　　）　評価額：約　　　円

資産合計額：　　　　円

【4】同時に整理する法人の有無（有・無）

（1）　任意整理・特定調停の可能性の検討

ア　現実的な返済可能性の検討――ヒントとなる不等式

任意整理･特定調停の可能性を判断する際は、相談票❷の「負債合計」「手取り月収」「住居費」の３点を確認した上で、次の不等式が成り立っているかどうか確認してみましょう。

（手取り月収入－住居費）÷　3　≧　負債合計　÷　36

この不等式が成り立つのであれば、任意整理・特定調整の可能性がグッと上がります。その理由は次のとおりです。

まず、不等式の右辺ですが、月々の返済額を示すものです。「36」は36か月（3年）の意味であり、債務総額を３年間で返済することを意図していいます。

実は、任意整理や特定調停は、利息を除いた債務総額を３年間（36か月）で分割して完済できる見込みがなければ、利用することは困難です。ここで期間が３年なのは、一般に、業者が任意整理に応じてくれる分割弁済の期間や、裁判所が特定調停で提案してくれる弁済案の期間は、３年が基本だからです。現実的に考えても、弁済期間が長くなればなるほど、リストラ、病気、出産、子供の進学等々の理由により、家計を取り巻く諸事情が変動する可能性が高まり、当初の弁済計画が実現困難になるおそれも増大します。その意味では、継続して３年間、毎月の返済を継続し続けることは、決して容易ではありません。

次に不等式の左辺ですが、これは、月々の返済原資を示しています。一般に、家計のうち返済に充てられる金額は、手取りの収入から住居費を除いた額の３分の１であるといわれていることから、手取り収入から住居費を控除した額を３で割っています。

これらのことから分かるように、上記不等式は、毎月の支払い原資が、返済期間を３年間とした場合の毎月の返済額を上回っているかどうかを判断するものといえます。

もっとも、業者によっては４年、５年の分割に応じてくれるところもあります。特に、債務者が公務員であるなど安定した収入が見込める場合には、その可能性は高くなります。また、債権者によっては元本の一部カットにも応じてくれる場合もあり（親族、知人からの借入れなど）、このような場合には、上の不等式が成立していなくても、任意整理・特定調停が可能な場合があります。

反対に、上の不等式が成立していても、毎月の返済原資を捻出できず、任意整理･特定調停が困難な場合もあります。例えば高額の医療費を負担しなければならないなどの事情がある場合です。

ですので、上の不等式は、あくまで目安であることをご理解ください。

イ　任意整理・特定調停に反対しそうな債権者がいないかの確認

上の不等式により、債務総額と返済資金のバランス上、任意整理又は特定調停が可能と見られる場合には、任意整理・特定調停に反対しそうな債権者がいないかを確認しましょう。任意整理・特定調停は、破産・個人再生と異なり、債権者の合意がなければなし得ないからです。

とはいえ、任意整理・特定調停に反対する債権者がいても、当該債権者の債権額が小さく、ほかの債権者との間で新たな返済ペースに合意すれば問題がないようなケースならば、任意整理・特定調停が可能です。ですが、任意整理に反対しそうな債権者の合意がなければ、相談者が月々の返済を継続していくことが可能な返済計画を作れないような場合には、任意整理や特定調停を利用することはできません。このような場合には、自己破産・個人再生の道を探ることとなります。

もっとも、相談者が、任意整理･特定調停に債権者が応じてくれないだろうと思っていても、実際に弁護士から事情を説明してお願いすると、案外と容易に承諾してくれることが多々あります。ですので、この点の相談者の説明を鵜呑みにせず、任意整理の交渉をしてみるのがよいでしょう。

ウ　任意整理・特定調停が見込める場合

（ア）それでも自己破産・個人再生を活用したほうがよいか

ア・イの検討の結果、任意整理・特定調停が見込めるケースでも、自己破産や個人再生を積極的に活用したほうがよい場合もあります。そのほうが債務を圧縮できる可能性があるからです。

例えば、自己破産は、租税滞納分など一部の債権を除いて手続終了後の支払いが必要なくなりますので、任意整理を行うよりも、債務者が経済的に楽になる場合が多々あります。

また、債務者が住宅ローン付の居住用住宅を所有しており、自宅を手放したくない意向が強い場合には、念のため、個人再生を検討してみましょう（もっとも、明らかにオーバーローンの住宅であれば、むしろ自由財産の拡張を用いた上で自己破産をしたほうがよいでしょう。）。

ただし、個人再生を行う場合の支払総額は、自己破産をする場合の配当額を上回らなければなりませんので（これを清算価値保証原則といいます。）、自宅の評価額から住宅ローンを差し引いた額がある程度の大きさになる場合には、その差額分も３

年ないし5年の間に返済しなければならないので、個人再生を用いることは困難でしょう。

（イ）任意整理と特定調停のどちらを選ぶべきか

この判断のポイントは、過払金の有無と弁護士費用です。

特定調停の制度内では、過払金の返還を求めることはできません。ですので、過払金が発生している見込みがある場合には、任意整理がお勧めです。そして、個人で過払金請求を行うのは不可能ではありませんが、専門家に委任したほうが無難でしょうから、過払金請求が必要な事案であれば、弁護士に依頼し、そのまま任意整理を進めるのがよいでしょう。特に、任意整理では、債権者との直接交渉が必要になるところ、債務者本人が債権者と自ら交渉するのは困難でしょうから、専門家である弁護士に任せるほうが相談者の安心にも繋がります。

他方で、特定調停は債務者本人で行うことが予定されている手続きであり、弁護士等に委任せずとも十分に利用できるので、特定調停には、弁護士費用をかけなくて済むというメリットがあります。ですので、相談者が、弁護士費用を気にされているのであれば、特定調停を勧めることになるでしょう。

なお、過払金請求後に特定調停を行うことは可能ですが、特定調停のメリットは、上記のとおり弁護士費用をかけないという点にあります。そうすると、過払金請求の段階で専門家の援助を得ている場合には、過払金請求後にあえて特定調停を行うメリットは小さいといえます。

（2）　任意整理・特定調停が見込めない場合――自己破産あるいは個人再生の選択

ア　自己破産を行うことに問題があるかを検討しましょう

任意整理や特定調停が見込めない場合には、個人再生を行うか、自己破産を行うかの検討をすることとなります。この際には、自己破産を行うことに何か問題があるか、という視点で考えると、思考が整理されやすいです。

個人再生より自己破産を優先的に考える理由は簡単です。自己破産をすれば、その後の支払いの必要がなくなるからです。このメリットは、借金を整理して新たに生活を再建したいと考えている人にとって、極めて大きいものといえるでしょう。これに対し、個人再生の場合には弁済計画案で定められたとおり、原則として3年（場合によっては5年）にわたって債務を支払い続けなければなりません。

イ　自己破産が適さないケース

自己破産を行うことに問題がある場合としては、次のような場合が考えられます。相談者に、これらの事情がないかについて、相談票❸の「職業」「借金の理由」「資産」を手がかりに確認することとなります。任意整理・特定調停による解決が見込めず、以下に掲げる問題がある相談者の場合には、個人再生を検討することとなるでしょう。

①　資格制限が生じる場合

弁護士、公認会計士、税理士、司法書士、後見人、保険外交員、証券会社外務員、警備員等の職業に、免責されるまでの間なれなくなります。また、相談者が株式会社の取締役である場合、退任させられることになります。

②　一定の財産（自宅や自動車等）を手放さなければならない場合

破産する場合、原則として自宅や自動車など、財産的価値のあるもののほとんどを手放さなければならなくなります。ここに強い抵抗感を示される方も多いです。

もっとも、明らかにオーバーローンの不動産や、価値の低い自動車等、一定の財産については、自己破産する場合でも、自由財産の拡張により保持することが可能です。自由財産の拡張に関する詳しい範囲・基準は、各裁判所で微妙に異なるところがありますので、管轄裁判所の自由財産に関する扱いについて事前に情報収集しておきましょう。

③　免責不許可事由があり、かつ、裁量免責も見込めない場合

破産法252条には、免責不許可事由が定められています。免責とは「借金が免除される」という意味です。裁判所は、破産者が免責不許可事由のいずれにも該当しない場合には、免責許可決定、つまり、借金の免除を許可します。免責不許可事由は以下のとおりです。

A　債権者を害する目的で、破産財団に属し、又は属すべき財産の隠匿、損壊、債権者に不利益な処分その他の破産財団の価値を不当に減少させる行為をしたこと。

B　破産手続の開始を遅延させる目的で、著しく不利益な条件で債務を負担し、又は信用取引により商品を買い入れてこれを著しく不利益な条件で処分したこと。

C　特定の債権者に対する債務について、当該債権者に特別の利益を与える目的又は他の債権者を害する目的で、担保の供与又は債務の消滅に関する行為

であって、債務者の義務に属せず、又はその方法若しくは時期が債務者の義務に属しないものをしたこと。

D　浪費又は賭博その他の射幸行為をしたことによって著しく財産を減少させ、又は過大な債務を負担したこと。

E　破産手続開始の申立てがあった日の一年前の日から破産手続開始の決定があった日までの間に、破産手続開始の原因となる事実があることを知りながら、当該事実がないと信じさせるため、詐術を用いて信用取引により財産を取得したこと。

F　業務及び財産の状況に関する帳簿、書類その他の物件を隠滅し、偽造し、又は変造したこと。

G　虚偽の債権者名簿を提出したこと。

H　破産手続において裁判所が行う調査において、説明を拒み、又は虚偽の説明をしたこと。

I　不正の手段により、破産管財人、保全管理人、破産管財人代理又は保全管理人代理の職務を妨害したこと。

J　次のaからcまでに掲げる事由のいずれかがある場合において、それぞれaからcまでに定める日から7年以内に免責許可の申立てがあったこと。

a　免責許可の決定が確定した場合　当該免責許可の決定の確定の日

b　給与所得者等再生における再生計画が遂行された場合　当該再生計画認可の決定の確定の日

c　いわゆるハードシップ免責（※）の決定が確定した場合　当該免責の決定に係る再生計画認可の決定の確定の日

K　破産者の説明義務、重要財産の開示義務、免責不許可事由の有無について裁判所や破産管財人の調査に協力する義務、その他破産法に定める義務に違反したこと。

※　ハードシップ免責とは

個人再生の再生債務者の責めに帰すことができない事由によって再生計画を遂行することが極めて困難となり、かつ、計画弁済総額の一定部分の弁済を終えていることなどを条件として、裁判所は、再生債務者の申立てにより、免責の決定を得ることができます（民事再生法235条）。これを「ハードシップ免責」といいます。

もっとも、免責不許可事由がある場合でも、破産手続開始の決定に至った経緯、その他一切の事情を考慮して免責を許可することが相当であると認められるときは、裁判所の裁量により免責許可の決定がなされます。これを「裁量免責」といいますが、平成28年7月時点では、実務上、裁量免責の適用は案外と緩やかに運用されていますので、免責不許可事由がある場合でも、よほどの事情がない限り、免責が許可されないケースは多くないといってよいでしょう。

ウ　自己破産に対する誤解を解きましょう

自己破産を行うことに問題がないにもかかわらず、自己破産をすることには激しい心理的な抵抗をもっている方がいらっしゃいます。

巷には、自己破産についての誤解が残っており、代表的なものは以下のとおりです。ですので、自己破産をすることに抵抗感がありそうな方に対しては、自己破産をしても、以下のような不利益を被ることはないことを説明するとよいでしょう。

【自己破産に対する誤解】
・自己破産すると住民票や戸籍に記載される。
・自己破産すると選挙権が無くなる。
・自己破産すると家族の者が代わりに債務を払わなければならなくなる。
（家族が保証債務を負っている場合には、その人が支払わなければなりません。）
・自己破産すると相続権が無くなる。
・自己破産すると会社や近所に知られてしまう。
・自己破産すると解雇される。
・自己破産をすると、家財道具一式を手放さなければならない。

エ　自己破産を行える場合（必要な費用を検討する）

以上の思考を経て、自己破産を行うことが適当と見込まれる事案の場合には、自己破産手続がどのような形で進むかについて検討しましょう。

自己破産を申し立てた債務者にさしたる資産がなく、破産手続に必要な費用を支弁することができない場合には、破産手続開始決定と同時に破産手続自体を終了させることとなります。これを「同時廃止」といいます。

これに対し、債務者に一定の財産がある場合や免責不許可事由があり裁量免責をしてよいか調査すべき場合などには、破産手続開始決定の後、裁判所が破産管財人を選任します。管財人が選任される場合を「管財事件」といいます。

破産をする人にとって「同時廃止」と「管財事件」の大きな違いは、管財人費用の負担にあるといってよいでしょう。管財事件の場合、管財人の報酬となるお金を裁判所に予納しなければなりません。

なお、同時廃止になるか管財事件になるかの振り分けは、裁判所によって異なるところがあります。例えば、東京地方裁判所では、管財費用の予納が低廉な額（20万円）で済む少額管財事件が広く適用されるため、同時廃止になる事案が少ないという印象があります。

自己破産を申し立てるのが適当と思われる事案の場合には、同時廃止になりそうか、管財事件になりそうかの見込みを判断した上で、管財費用になりそうな場合には、予納金としてどの程度の金額が必要かについて相談者に説明してあげられるとよいでしょう。

同時廃止になる見込みか、管財事件になる見込みかについては、相談票❹の「借金の理由」「資産」「同時に債務整理する法人の有無」などを確認しつつ相談者に事情を聴取すれば、ある程度推測がつくはずです。

オ　任意整理・特定調停が見込めず、自己破産が適さない場合

任意整理・特定調停を用いられる見込みがなく、自己破産が適さない場合には、個人再生を検討してみることとなります。

一般に、個人再生をよく利用するケースとしては、相談者が住宅ローンの残っている自宅を手放したくない場合、資格制限を避けたい場合があります。

（ア）個人再生制度の概要

個人再生とは、担保の付いていない部分の債権額が5,000万円以下の負債を抱える個人で、将来、継続的に又は反復して収入を得る見込みのある個人が行える手続きです。個人再生手続を用いれば、再生計画案に従って一定の債務を継続的に支払えば、残りの債務の支払いは免れることができます。

住宅ローンについては、住宅資金特別条項という制度を利用することにより、住宅ローン以外の債務についてのみ一部免除を受け、これとは別に住宅ローンを返済することにより自宅を維持することができます（ただし、住宅ローン以外の会社からの借入れにより住宅に抵当権が付いている場合には、住宅資金特別条項を用いることはできません。）。

個人再生には、「小規模個人再生」と「給与所得者等再生」の２種類があります。概要は以下のとおりですが、給与所得者等再生の方が、小規模個人再生に比べて再生計画案の要件が厳しく、総支払額が高くなる可能性があります。

他方で、給与所得者等再生の場合、債権者の決議が不要なのですが、小規模個人再生によっても、債権者が再生計画案に不同意として、不可決となる場合は極めてまれです。そのため、あえて給与所得者等再生を用いる実益は乏しいといってよいでしょう。

① 小規模個人再生

小規模個人再生は次の条件を備えている人が用いることができます。

(ⅰ) 将来において継続的に又は反復して収入を得る見込みがある者であること (ⅱ) 再生債権の総額が5,000万円を越えない個人債務者であること

小規模個人再生の場合、再生計画は、清算価値（自己破産を行った場合に配当される金額）を下回ることはできず、かつ、以下の金額を下回ることはできません。

(ⅰ) 基準債権の総額が100万円未満の場合――その全額 (ⅱ) 基準債権の総額が100万円以上500万円未満の場合――100万円 (ⅲ) 基準債権の総額が500万円以上1,500万円未満の場合――基準債権額の5分の1 (ⅳ) 基準債権の総額が1,500万円以上の場合――300万円

再生計画案の返済ペースは、3年間にわたり、3か月に1度以上の分割弁済を行うことになります。

小規模個人再生は、裁判所の定める期限までに上記の条件を満たした再生計画案を作成し、裁判所が各債権者に再生計画案を送った上で、書面による債権者の決議をとります。債権者の頭数で2分の1以上又は債権額で2分の1を超える不同意がない限りは、再生計画案は可決とみなされます。

② 給与所得者等再生

給与所得者等再生は、以下の条件を備えている人が用いることができます。

(ⅰ) 給与又はこれに類する定期的な収入を得る見込みがある者であること (ⅱ) 当該収入の変動の幅が小さいと見込まれる者であること

給与所得者等再生の場合、再生計画は、小規模個人再生の場合の要件に加えて、

(ⅲ) 1年当たりの可処分所得額の2倍

でなければならないという要件（可処分所得要件といいます。）が加わります。

可処分所得要件は、以下の計算により算出しますが、実務上は「可処分所得算出シート」を用いるのが通常です。

{(再生計画案の提出前２年間の再生債務者の収入
－所得税・住民税・社会保険料）÷２
－再生債務者及びその扶養を受けるべき者の最低限度の
生活を維持するために必要な１年分の費用} ×２

なお、給与所得者等再生の場合、再生計画案について債権者の決議は不要です。

（イ）住宅資金特別条項の検討

個人再生を行う場合の最大のメリットは、住宅ローンが残っていても自宅を維持することができることです。すなわち、住宅資金特別条項を用いれば、再生計画案とは別個に住宅ローンを払い続けることにより、住宅ローン会社に抵当権を実行される心配がありません。

ですが、住宅ローン以外の会社からの借入れにより住宅に抵当権が付いている場合には、住宅資金特別条項を用いることはできませんので、この点は注意が必要です。

住宅ローン以外の会社からの借入れにより住宅に抵当権が付いているかどうかは、当該建物及び土地の全部事項証明書を見て確認しましょう。

カ　任意整理・特定調停が見込めず、自己破産が適さず、かつ個人再生もできない場合

返済原資が足りないために任意整理・特定調停ができず、自宅を維持したいから破産は望まないものの住宅資金特別条項が適用できない場合には、個人再生を用いても住宅を維持できません。どうせ自宅を維持することができないのであれば、基本的にはむしろ自己破産をしてしまったほうがよいでしょう。

また、任意整理・特定調停でまとまる見込みがなく、自宅を維持したいという希望があるものの、継続収入がなく個人再生も難しい場合には、残念ながら自宅維持は諦めてもらうほかないものと思われます。この場合にも自己破産によって債務を整理せざるを得ないでしょう。

（3）　まとめのフローチャート

以上のとおり、（1）で任意整理・特定調停の可能性を検討し、その見込みがない場合として（2）で自己破産・個人再生の検討を行いました。この検討フローを「4

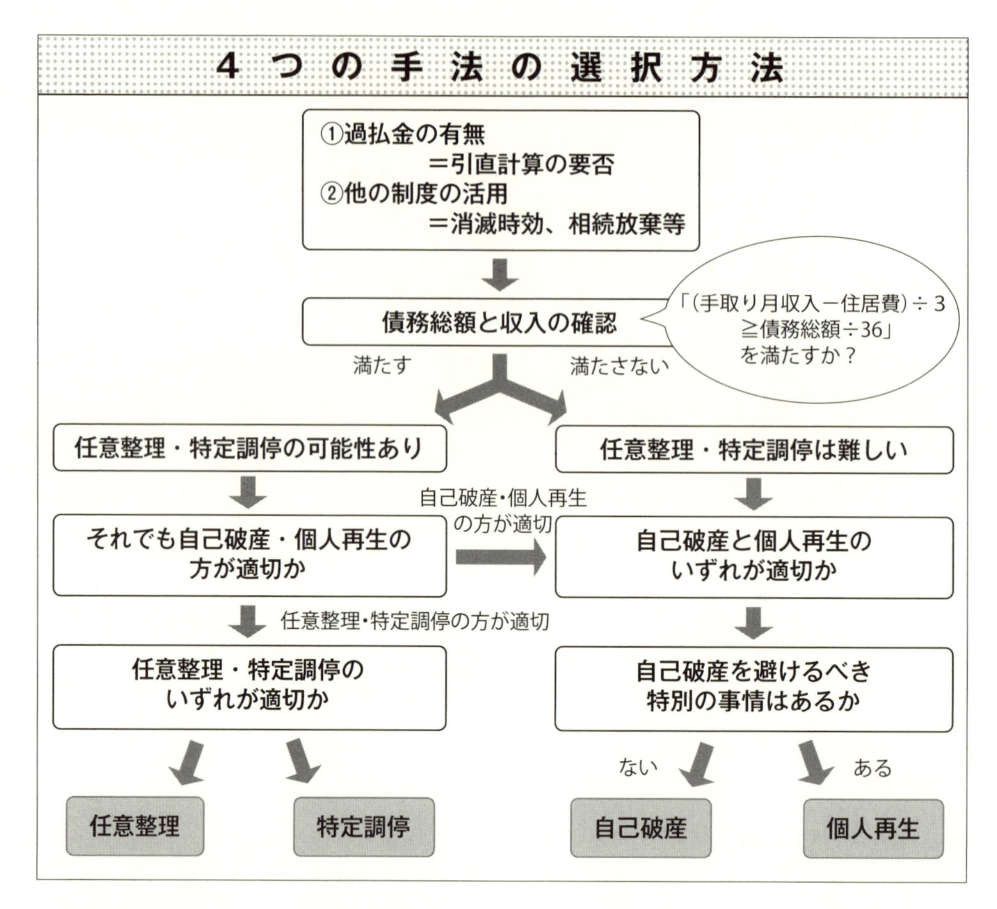

つの手法の選択方法」としてまとめましたので、参考にしていただければと思います。

5　検討結果を相談者に伝える

債務整理に関する法律相談では、以上の検討を行い、相談者にとって最善と思われる制度を提案しましょう。そして、その制度の流れについて概略を説明し、手続きが完了する見込み時期も伝えてあげるとよいでしょう。

また、自己破産（特に同時廃止ではない事件）や個人再生を利用する場合には、裁判所にある程度の金額を予納しなければなりません。相談者の手元にこれらの費用がない場合には、毎月数万円ずつ積み立ててもらい、その後に自己破産や個人再生の申立てを行うことになりますので、その旨、あらかじめ説明しておきましょう。その際には、申立てまでに多少の期間が必要となることから、将来自己破産手続や個人再生手続を利用するにあたって、不利あるいは障害となる事情が発生しないよう相談者に注意しておくとよいでしょう。

さらに、自己破産や個人再生を利用する場合、裁判所に所定の資料を提出しなければならないので、相談者に準備してもらう資料を指示しておきましょう。

第６章
離婚相談のツボ

中里　妃沙子

CHAPTER 6

1　1時間の離婚相談ですべきこと・注意すべきこと

離婚を考えている人、離婚を切り出された人を問わず、離婚問題に直面した方々は、いずれも初めての経験に不安で一杯になっています。そもそも離婚を考えるくらいですから、相手との感情的亀裂は相当に大きく、そのことだけで大きな精神的ストレスを抱えていることは間違いありません。その上、実際に離婚するとなると子供と別れて暮らすことにもなりかねず、他方、「離婚後の経済面はどうなるのだろう……」と考えることが次々と頭をよぎり、どのように頭と心を整理したらよいのか、分からなくなっている相談者は非常に多いと思われます。

また、ほかの法律相談と比べ、特に離婚の場合には、夫あるいは妻との感情的あつれきやストレスが最高潮に達しているときに法律相談に来ることが多く、そのような場合には、配偶者とのやり取りの愚痴ばかり言い続ける、という相談者も少なくありません。

失礼ながら、相談者の言いたいことをそのまま聞いていたら、30分や1時間はすぐ経ってしまいます。それくらい、離婚の相談に際して、相談者の気持ちは興奮しているわけです。しかも離婚事件ほど、相談者が一方的に話す内容と、相談員が聞きたい情報とが乖離している法律相談はありません。

しかし、これでは、初回1時間の法律相談の目的、すなわち相談者から必要な情報（要件事実であることが多いでしょう。）を聞き取った上で、相談者に対して、相談者が今後の方向性、見通しを立てることができるようにする、という目的を達することはできません。

離婚事件の法律相談においては、ほかの類型の法律相談に比しても、相談員がイニシアチブをとって相談を進める必要が高いといえましょう。反面、注意すべきことは、相談者の愚痴を無制限にだらだらと聞いてしまうこと、ということになります。

2　事前準備のツールを具体的にどのように利用するか

第1章3で、離婚法律相談でイニシアチブを握るための事前準備のためのツールを2つご紹介しました。法律相談票とロードマップです。

では、離婚の法律相談の際、この2つのツールをどのように利用するのか、どのようにイニシアチブをとって相談を進めるか、具体的にご説明しましょう。

（１）　法律相談票の内容を確認する

相談室のドアを開けたら、相談者ににこやかに挨拶し、自己紹介をします。名刺を渡して席についたら、相談者から法律相談票を受け取り、ざっと目を通します。Ａ４用紙１枚ですから、内容を把握するのに５分もかかりません。しかし、この相談票には、離婚の法律相談に必要な情報がすべて詰まっています。つまり、最初の５分で、目の前にいる相談者の問題点の把握ができるのです。

以下では、法律相談票の各質問事項についてご説明します。92ページをご覧ください。

ア　相談者の家族関係【法律相談票❶】

相談票の❶は、相談者の家族関係を示しています。

夫婦の家族関係からは、若い夫婦か熟年夫婦か、夫婦の年齢層が分かります。さらに夫婦の年齢層からは、財産分与が問題となるかどうかが推測できます。というのも、若い夫婦の場合、財産の蓄積があまりないことが通例ですので、財産分与が多額になる事例はあまりないのです。これに対し、中年夫婦、熟年夫婦の場合には、財産の蓄積がなされている場合がよく見受けられますので、財産分与が離婚問題の中心となることが多いのです。

「お子様の数」という欄では、未成年の子があるかどうかをチェックします。未成年の子、特に年齢が小さい子どもがある場合には、夫婦の間で子どもの親権を巡って争いが発生する可能性を考える必要が出てくるのです。その際、未成年の子が、父母のどちらと暮らしているかを確認します。

また、子どもが大学生以下の場合には、私立か国公立かを確認します。婚姻費用、養育費の算定の際、私学加算が問題となるからです。

イ　結婚日、別居日【法律相談票❷】

相談票の❷は、結婚日、別居日です。ここで重要なのは、別居日の確認です。

この相談票の中で、最も重要な情報が、この別居日です。別居日は、離婚の法律相談において、最も重要な情報といえます。というのも、別居後相当期間が経過していれば、仮に民法770条１項１号から４号までの法的離婚原因が備わっていなくとも、同条同項５号を満たす可能性があり、離婚が容易となるからなのです。特に相手が離婚に同意していない場合に、別居期間が長ければ、相手の同意なくして離婚できることになります。相談者の中には、相手がなかなか離婚に同意してくれないため、別居期間が相当長期にわたっていても、永遠に離婚できないのではないか、と焦燥感にかられている人もいます。このような相談者に対しては、「相手と交渉

➤法律相談票（離婚）

相談日：平成　年　月　日

法律相談票（離婚）

お名前　　電話（携帯）　　（ご自宅）
ご住所　〒
e-mail

相談者の生年月日：（MTSH）　年　月　日（　歳）
夫（妻）の生年月日：（MTSH）　年　月　日（　歳）
お子様の数：　人　（年齢　　）
1

ご結婚日：　年　月　日　別居開始日：　年　月　日
2

ご職業　　収入
相談者　：　　相談者：年収　万円　月収　万円
夫（妻）：　　夫（妻）：年収　万円　月収　万円
3

離婚したい理由
□夫（妻）の不倫　□自分に恋人がいる　□暴力　□精神的虐待　□夫（妻）の病気（病名　　）
□夫（妻）の浪費　□夫（妻）の借金　□生活費を渡さない　□夫（妻）の両親との不和
□夫（妻）が離婚を求めている　□性的不調和　□性格の不一致（具体的に　　）
□その他（　　）
4

所有不動産の有無（ 有・無 ）　　自分管理の預貯金　円
所有不動産の取得価格　万円　　夫（妻）管理の預貯金　円
所有不動産の現在価値　万円
ローン残額　万円（毎月のローン支払額：　万円／ボーナス時のローン支払額　万円）
（年　回）
生命保険の有無　（有・無）　　年金の種類（自分：　　夫（妻）：　　）
その他の財産（　　）
特に相談したい事項：
5

（人物関係図）　ご家族のお名前、ご年齢等をご記入下さい。

㊵（　歳）　㊛（　歳）

㊷　㊷　㊷

（男／女：　歳）　（男／女：　歳）　（男／女：　歳）

する必要もなく、淡々と手続きを進めることで離婚できますよ」と伝えて、相談者を安心させることができます。

ウ　夫婦の職業、年収【法律相談票❸】

相談票の❸は、夫婦の職業、年収です。

これらは、婚姻費用分担金の額、養育費の額を計算する際に使用する情報です。

さらに、年収の多寡によって生活水準などが判明しますし、それによって依頼者がどの程度の解決を望んでいるかの推測もできます。

エ　離婚の動機【法律相談票❹】

相談票の❹は、離婚の動機です。

まず、夫婦のどちらが離婚したいと切り出しているのか、相談者は離婚したいと考えているのか、離婚意思を確認します。

また、ここでは、法律上の離婚原因を満たしているか否かを判断します。しかし、ほとんどの離婚相談に、民法770条１項に該当するような明確な法的離婚原因にあてはまるものはありません。

ところが、多くの相談者は、単なる離婚の動機と法律上の離婚原因の区別ができません。例えば、うつ病の妻を持つ夫から離婚請求の場合、夫は「妻が民法770条１項４号に該当する」と主張し、妻がその気になってしまい、おろおろして相談に来る、というケースが見受けられます。

このようなケースに接した場合、相談者が妻である場合には、単なるうつ病は、民法770条１項４号には該当しないこと、多くの人々が、日常用語として使用している「離婚原因」と「法律上の離婚原因」とは異なっており、「法律上の離婚原因」が最初から備わっているケースは極めてまれであることなどの説明をし、その上で、妻に対しては、「今すぐに離婚となることはないので、安心していいですよ」と伝えることができれば、相談者である妻の心を掴むことができるでしょう。

このように、法律上の離婚原因に該当するケースがまれである以上、離婚できるかどうかは、やはり別居期間との総合判断とならざるを得ません。その意味でも、別居日は重要となってくるのです。

相手方の不貞にチェックマークがある場合には、証拠を持っているかどうかを確認します。証拠がなければ、不貞がないことと同じであることを相談者に説明する必要があります。証拠がある場合、相手方は有責配偶者となります。その場合には、相手方の離婚請求は、裁判所において非常に認められにくくなることを説明します。

オ　財産分与【法律相談票❺】

相談票の❺は、財産分与に必要な情報です。

不動産についてはオーバーローンになるかどうかをチェックすることが重要です。そのためには、不動産の現在価値を知る必要があります。多くの相談者は、所有不動産の現在価値を把握していませんので、最寄りの不動産会社で無料査定してくれることをお伝えします。

財産分与については、相談票に記載のある預貯金、生命保険の解約返戻金、投資信託などの金融商品、株などの有価証券の存在及び評価額も聞き取る必要があります。

さらに、中年以上の夫婦の場合には、退職金も問題となることを伝えます。退職金については、離婚の当事者が若い場合には問題となるケースは少ないのですが、40歳を超えた夫婦の場合には、相談者が財産分与を請求する側の場合には、退職金も財産分与として請求することを忘れないようにすべきです。

会社員の場合には、財形貯蓄などの存在も見落としてはいけません。

また、特有財産と共有財産の区別も重要です。相談者は、ともすれば特有財産と共有財産の区別なく所有財産を記載している場合もあります。ですので、記載されている財産の取得原因・取得時期についても聞き取りをすることが重要です。

ここまで目を通すと、相談者の問題点は、相談者から一言も聞かないうちに、ある程度、予想がつくのです。

問題点について予想がつくということは非常に重要です。というのは、法律相談において、相談員に余裕が生まれるからです。

（2）　一見離婚とは関係のないような、相談票にない質問もしてみる

ここまでで、おおよそ問題点の予想もつき、慣れてくると、当該案件の行き着く先も見えてきます。

とはいえ、実は、依頼者を深く知ることは問題解決に非常に有用です。そこで、依頼者のバックボーンに関する情報についても質問してみます。

例えば、夫婦それぞれの出身地、それぞれの両親の職業、両親は現役か否か、夫婦の最終学歴は何か、出身校はどこか、学部が何か、兄弟姉妹はいるか、なども聞き取ると、一層相談者の人となりを深く理解することができ、さらにはどの程度の経済的要求をしたいかどうかも推測できるようになります。

例えば、これまでお嬢様として育ってきた専業主婦の女性がいきなり離婚に直面した場合、実家の援助があれば離婚後の生活もある程度余裕を持ってできると予想されます。その場合には、本人も心に余裕を持っているでしょうし、こちらも余裕を持って対処することができます。しかし、実家の両親の会社がすでに倒産して今はなく、両親も死亡しているなどの境遇の場合には、当然、実家の援助は期待できず、本人にも経済力がないため、相談者は、離婚に直面して不安感を多く持っています。

しかもえてしてそのような相談者は、そのような状況を受け入れることができずこれまでの生活水準を落としたくないと思い、法律上請求できる金額以上の金額を請求したがります。

そのような相談者に対しては、まず彼女の不安を共有しつつ、法律的には彼女の請求が通ることは難しいこと、とはいえ夫が離婚したいというのであれば、明確な離婚原因がない場合には、こちらの合意なくして離婚できないのであるから、現状のパワーバランスを利用し、交渉でできるだけ多くの金額を得るようにしましょう、などと提案して励ますわけです。

ここまでできると、一般的な弁護士以上の提案をしたことになりますので、相談者の「心」も「頭」も鷲掴みをすることが可能となるわけです。

（3） ロードマップを示して離婚事件の法的問題点を説明する

法律相談票の内容を把握したら、さっそくロードマップを示して離婚事件の法的問題点を説明します。当事務所では、このロードマップを、「離婚を考えたとき、押さえるべき３つの視点」と名付けています。

離婚事件において押さえるべき重要ポイントは、実は、「同意の有無」と、「子供に関すること」と、「お金に関すること」の３つしかありません。当事務所では、これを「３つの視点」と名付けています。これをもう少しだけ具体的に示すために、「８つのポイント」があります。当事務所ではこの「３つの視点と８つのポイント」を、Ａ４用紙に簡潔にまとめラミネート加工（俗に「パウチッコ」といいますね）しています。ラミネート加工してあると耐久性があり、頻繁な使用に耐えられますし、見栄えがいいからです。

ラミネート加工した「３つの視点と８つのポイント」を示しながら、離婚問題についての法的論点を一気に説明してしまいます。これがスムーズにいけば、容易にイニシアチブを握ることができたといえます。

しかし、実際にはそう簡単にはいきません。

➤ロードマップ（離婚）

離婚を考えたとき、押さえるべき３つの視点

１．同意の有無

ポイント１．相手方が離婚に同意していますか？

相手方が離婚に応じない場合にはどうしたらよいのか。離婚原因があれば、相手方が離婚に応じていない場合でも、離婚できます。

２．子供に関すること

ポイント２．未成年の子がいる場合、親権者を夫と妻のどちらにしますか？

夫婦間に未成年の子がいる場合には、離婚に際して、夫婦の一方を親権者と定める必要があります。

ポイント３．養育費はいくらになるでしょうか？

算定表を基準にして計算されます。いったん決めても、増額請求、減額請求が可能です。

ポイント４．面接交渉の方法を決めます

監護親とならなかった親と未成年の子供との面会の方法を定めます。

３．お金に関すること

ポイント５．財産分与

婚姻後に形成された夫婦の共有財産（たとえば、預貯金や共有不動産です）は名義にかかわりなく１／２ずつ分けます。

ポイント６．慰謝料

代表的なケースとして、相手方に不貞があった場合があります。

ポイント７．年金分割

合意によって、婚姻期間中の厚生年金の払込保険料を最大０．５の割合で分割することができます。

ポイント８．婚姻費用分担請求

夫婦には、婚姻費用の分担義務がありますので、別居中は、夫（妻）に対して生活費の請求ができます。算定表を基に計算されます。

大抵、こちらが「３つの視点と８つのポイント」の説明をしようとすると、相談者が自ら言いたいことを話し出すのです。

この場合、無理に「３つの視点と８つポイント」の話をしようとしてはいけません。最初の段階で無理にこちらの話を進めようとすると、話を聞いてもらえない、という不満を抱き、相談者との間に、信頼関係を構築することができなくなるのです。

そこでひとしきり、相談者に話をしてもらいます。なんといっても、最初の５分で問題点は把握していますので、焦る必要はないのです。10分あるいは15分程度話をしてもらっても大丈夫でしょう。その後、第１章３（２）イ（ウ）でご説明したような方法で、相談者の話に割って入り、「３つの視点と８つのポイント」の話を始めるのです。相談者は、10分か15分の間、自分が最も気になっている問題について話し続けています。しかも、その問題点は、相談票に目を通した最初の５分で予想した問題点であることが多いのです。

そこで、「あなたが一番心配している問題は、この点になります。このシートを見てください。」と言って、「３つの視点と８つのポイント」のシートを示し、続けて「では、まず離婚についての法的な説明をしますね」と言って、説明を始めるのです。「あなたが一番心配している問題は、この点ですね」と指摘することで、相談者は、相談員が自分の言っていることをきちんと聞いている、と感じ、相談員を信頼するようになっていきます。こうなると、相談員がスムーズにイニシアチブを握って説明を進めることができるのです。

さらに続けて、離婚については、このシートに書いてあることだけを考えれば足りると説明し、相談者の頭を整理することを目指します。というのも、相談者の中には、自分が問題点と考えている点が、些細なものであることを理解せず、単に感情的になっているだけの方もいるからです。

例えば、相談者が性格の不一致が離婚の動機だと考えている場合を例に挙げましょう。

このような場合、相談者は、性格の不一致を示すエピソードを延々と語りがちです。相談者の心理からすると、性格の不一致は、第三者には理解しがたいと思っており、また自己の配偶者がいかにおかしな人間かを理解してもらおうと、必死になって相談員に説明しようとします。

そんなとき、相談員は、一通り相談者の説明を聞いた後、「３つの視点と８つのポイント」のシートを指し示し、「性格の不一致」はこのシートの中のいずれの要件にも直ちに該当するものではない。したがって、いくら言葉を尽くしても、「性格の不一致」だけで離婚することはできないと、はっきりと言ってしまうのです。さらに続けて、ロードマップの「ポイント１．相手方が離婚に同意していますか？」を指し示し、「しかし、別居期間が相当期間経過すれば、法律上の離婚原因を判断され離婚できますから、安心してください」と説明するのです。このような説明をすることで、その後、相談者が延々と話をし続ける、ということはなくなります。

その後は、相談員がまさにイニシアチブをもって説明し、解決策を示していくことができるのです。このとき、ホワイトボードを利用しての説明も効果的です。

3　8つのポイントの概略

以下に、８つのポイントの概要を載せておきます。１時間の相談では、この程度を話すことで、方向性まで示すことができるでしょう。

（1）　相手方の同意の有無あるいは法律上の離婚原因を備えていること

まず、相談者が離婚意思を持っているかどうかを確認します。

民法763条は、「夫婦は、その協議で、離婚をすることができる。」と定めています。これを協議離婚といいます。したがって、96ページのポイント１から７までについて合意が成立し、離婚届を提出すれば、協議離婚が成立します。

もっとも、ポイント１から７までのすべてについて合意を成立させなければ離婚できないわけではありません。夫婦の間に未成年の子がある場合には、離婚するためには、父母のどちらが親権者となるのか決める必要がありますので、ポイント１及び２について必ず合意が必要となりますが、それ以外の場合には、ポイント１だけで協議離婚は可能です（もっとも、財産分与や慰謝料などについてもきちんと決めておいた方が望ましいのは言うまでもありません。）。

しかし、相手方が、離婚に同意しなければ、協議離婚はできません。

では、相手方が離婚に同意しない場合、絶対に離婚することはできないのでしょうか？　あるいは、相手から離婚を切り出された場合、離婚したくない、と言い続けていたら、離婚しないで済むのでしょうか？

ここで問題となるのが、民法770条が定める「離婚原因」です。民法770条は、「夫婦の一方は、次に掲げる場合に限り、離婚の訴えを提起することができる」と規定しています。簡単に言うと、民法770条の「離婚原因」があれば、相手方が離婚に同意せず、協議離婚ができない場合であっても、裁判によって、離婚することが可能となるということです。

離婚原因について多くの場合、問題となるのが「性格の不一致」です。性格の不一致は、770条に規定されていません。したがって、性格の不一致だけでは離婚することはできません。しかし相当期間の別居がある場合には、「性格の不一致」と相まって、770条１項５号の「婚姻を継続し難い重大な事由」があると判断され、裁判において離婚判決を得ることは可能となります。

ところで、協議が調わない場合に、すぐさま離婚裁判を提起できるかというと、そうではありません。離婚裁判の前に、調停を申し立てなければならないのです。これを調停前置主義といいます。

調停は、家庭裁判所における話し合いです。したがって、相手方が離婚に応じなければ、やはり離婚することはできず、離婚するためには、裁判を起こさなければならないわけです。すなわち、裁判離婚は、離婚をするための最終手段ということになります。

しかし、裁判離婚となると、数年はかかることもあります。相手方に婚姻費用を支払っている場合には、婚姻費用がかさんでいきます。離婚を考えている場合には、相手方の同意を早期に得ることは、一日も早い新しい人生の再出発を可能とし、さらに経済的なメリットもある、といえるでしょう。

相談票では、❷の情報を確認しましょう。別居期間が数年であれば、直ちに調停を起こしましょう。相手方の同意がない場合には、いたずらに調停期日を重ねず、離婚訴訟を提起したほうが早く離婚することができるでしょう。別居期間が長い場合には、淡々と手続きを進めることです。

（2）　未成年の子の親権者を決める

相談者が親権者となることを希望しているかどうか確認します。

民法819条は、「父母が協議上の離婚をするときは、その協議で、その一方を親権者と定めなければならない」（１項）、「裁判上の離婚の場合には、裁判所は、父母の一方を親権者と定める」（２項）と規定しています。すなわち、夫婦の間に未成年の子がある場合には、夫婦のどちらか一方を親権者と定めなければ離婚できないことになっているのです。

親権者を父母のどちらにするかについては、子供の年齢、現状などを考慮して決められています。

相談票の❶の情報を確認しましょう。また未成年者が父母のどちらと同居しているかの情報を確認する必要もあります。裁判所は、未成年の子どもの環境を変えることには消極的なので、子どもが乳幼児である、同居親の監護状況が極端に劣悪などの場合を除き、同居の親を親権者と指定する傾向があります。

一般的には妻が親権者となるケースが多いのですが、夫が妻以上に育児に従事している場合などでは、乳児の場合はともかく、最近では夫が親権者となるケースも増えています。

また、相談者が女性の場合、経済的に夫のほうが有利であるから、自分は親権者になれないのではないか、と悩んでいる人が多くいます。しかし、経済力は親権者の判断において重視されていませんので、その点は明確に伝えてあげましょう。

（3） 養育費の額を決める

養育費とは、民法766条1項規定の「子の監護に必要な事項」として、裁判所が、子を監護していない親から監護している親に支払いを命ずる未成熟子の養育に要する費用のことをいいます。支払い期間については、一般的には未成年の子が成年に達するまでとされています。その金額については、協議離婚の場合には双方の協議で定まります。調停、審判の場合には、東京家庭裁判所、大阪家庭裁判所の裁判官調査官が共同作成し、平成15年4月に発表した「養育費・婚姻費用算定表」（104頁参照）に父母の年収をあてはめ、適切な額が決められるようになっています。

養育費の額は、調停や審判で算定表が用いられることが常態となっていますので、協議の場合も、こちらの算定表に基づいて決まるようになってきています。

もっとも養育費は、一旦決めても、事情の変化に応じて、増額請求も減額請求も可能です。相談票の❸の情報を確認し、算定表にあてはめます。

（4） 面会交流の方法を決める

面会交流権とは、離婚後、親権者あるいは監護者とならなかった方の親が、別れて暮らしている子供と会う権利のことをいいます。面会交流権は、民法766条の「子の監護に関する処分」として裁判所も認めるものですが、その実現は、実際にはなかなか難しいといわざるを得ません。

面会交流には、抽象的には、子の福祉が優先される、といわれていますが、具体的な方法を様々に工夫することによって面会交流が実現するよう、粘り強く働きかけることがよいでしょう。

また、最近では調停・審判で決定された面会交流が実施されない場合、間接強制を認めた審判例が出ています。審判で間接強制が認められた面会交流は、①面会交流の日時又は頻度、②各回の面会交流時間の長さ、③子の引渡し方法等が具体的に定められているなど、監護者がすべき給付の特定に欠けるところがない場合とされています。面会交流を確実にしたい場合には、上記①～③の条件に留意した条項案を作成することが必要です。

（5）　財産分与の金額を決める

民法768条は、「協議上の離婚をした者の一方は、相手方に対して財産の分与を請求することができる」と規定しています。この条文は、民法771条で裁判離婚において準用されていますので、財産分与は、離婚に際していつでも問題となります。

分与の対象となる財産を「共有財産」といいます。これは婚姻中に夫婦の協力によって形成、蓄積された財産をいいます。婚姻前から各自の所有であった財産、婚姻後であっても、相続や遺贈で得た財産は、「特有財産」といい、共有財産に入らず、財産分与の対象とはなりません。

財産分与は、近年では原則として２分の１ずつ分けるようになってきています。これを「２分の１ルール」といいます。

また、相手方に故意、過失がない場合であっても請求することができます。その点が次の慰謝料と異なるところです。

相談票の❺の情報を確認します。

（6）　慰謝料

慰謝料とは、相手の不法行為によって受けた心の苦痛を和らげ回復するために支払われる金銭のことです。相手の不法行為の代表例は、相手の不貞行為やＤＶ（家庭内暴力）です。

婚姻関係にある一方に不貞行為があった場合、他方は大いに傷つきます。しかし、その慰謝料は、実際の裁判においては、思っている以上に低額です。しかも、相手方の不貞行為を立証しなければなりません。

したがって、慰謝料にばかり気を取られてしまうのは得策ではない場合もあります。全体を見据えながら、冷静に考えてみましょう。

相談票の❹の情報、特に不貞が問題となっている場合には、証拠の有無をチェックします。

（7） 年金分割

年金分割には、いろいろと誤解している方も多いようです。まず第1に、年金分割制度は、将来夫の受け取る年金額の半分を妻が受け取ることのできる制度ではありません。婚姻期間中の厚生年金（あるいは共済年金）の夫婦の保険料納付記録（払込保険料の総額のことです。）を当事者間で分割する制度なのです。

したがって、夫の年金額が半分になるわけではなく、また夫婦双方が国民年金の場合には、年金分割は問題となりません。この点を相談者にはっきりと示すことが必要です。

平成20年4月以降は、自動的に夫婦の保険料納付記録は2分の1ずつに分割されますが、平成20年3月までの分については合意で分割する必要があります。しかし合意が成立しない場合であっても、離婚当事者の一方が年金分割の審判を申し立てた場合、裁判所は、多くの場合、2分の1の割合で按分を決定します。したがって、年金分割を争う実益はほとんどないといっていいでしょう。

しかし、受け取る年金額が半分になるわけではないことを知ると、年金分割を争おうと考えていた相談者（夫）も、納得する場合が多いようです。反対に、妻は、自分が期待していたほど年金額が増えないことが分かり、がっかりする人もいます。

（8） 婚姻費用分担請求

民法760条は、「夫婦は、その資産、収入その他一切の事情を考慮して、婚姻から生ずる費用を分担する」と規定しています。この婚姻費用分担義務は、別居、同居を問わず認められているものです。したがって、別居している夫婦間であっても、夫のほうに主な収入がある場合、夫は妻に対し、離婚が成立するまで婚姻費用を渡さなければならないのです。

同居しながら離婚する夫婦は、私の見ている限りほとんどありません。多くの場合には、別居が先行しています。つまり、多くの夫婦は別居しながら離婚協議や調停、さらには裁判を続けているのです。となると、婚姻費用は、とりわけそれまで専業主婦であった場合には、別居期間中の生活費として非常に重要なものです。婚姻費用の調停を起こせば、仮に夫が婚姻費用を支払わない、あるいは支払うとしても、算定表以下の金額なら払うといった主張をする場合には、審判官が算定表に基づいて審判手続きにおいて婚姻費用額を決定してくれるからです。

ただ、注意すべきは、審判で婚姻費用の支払いが認められるのは、さかのぼるとしても調停申立時までということです。したがって、別居した後、婚姻費用の支払いが滞ったら即時に婚姻費用の調停を申し立てることが重要です。

また、夫からの離婚請求の場合、いわゆる「兵糧攻め」をし、別居中に生活費を支払わず、離婚したらある程度まとまった金額を渡す、と主張してくる場合がよくあります。このような場合、生活費に困った妻は、ある程度まとまった金額であれば離婚してもいいと判断し、財産分与で本来であれば1,000万円もらえるところ、500万円で離婚に応じてしまう、という結末を迎えることもあり得ます。

しかし、婚姻費用を請求は、このように夫から「兵糧攻め」に遭っている妻が冷静に離婚条件を判断する際の大きな助けになります。相談者が別居している場合には、まず婚姻費用をもらっているか、支払っているかを確認し、もらっていないのであれば、調停申立を検討し、過大な婚姻費用を支払っている場合には適正額をお伝えし、減額請求をできることをアドバイスします。

婚姻費用の額については、夫婦間の協議で定めればよいのですが、前述の「養育費・婚姻費用算定表」の婚姻費用の表を用いる方法もあります。ちなみに、養育費の額に比べ、婚姻費用の額の方が、金額が高くなっています。これは、婚姻費用は子供だけではなく、配偶者の生活費も含んでいるため、すなわち一人分が多くなっているためです。

相談票の❸の情報を算定表にあてはめ、相談者が相手方よりも年収が低く、婚姻費用を受け取ることができるような場合には、婚姻費用の分担を求める調停を早めに申し立てるよう勧めます。

養育費・婚姻費用算定表

○　この算定表は，東京・大阪の裁判官の共同研究の結果，作成されたものです。

○　現在，東京・大阪家庭裁判所では，この算定表が，参考資料として，広く活用されています。

○　使い方は，次のとおりです。

【算定表の使い方】

1　算定表の種類

〈養育費〉

子の人数（１～３人）と年齢（０～１４歳と１５～１９歳の２区分）に応じて表１～９に分かれています。

〈婚姻費用〉

夫婦のみの場合並びに子の人数（１～３人）及び年齢（０～１４歳と１５～１９歳の２区分）に応じて表１０～１９に分かれています。

2　算定表の使用手順

ア　どの表も，縦軸は養育費又は婚姻費用を支払う側（義務者）の年収，横軸は支払を受ける側（権利者：未成年の子がいる場合には，子を引き取って育てている親）の年収を示しています。縦軸の左欄と横軸の下欄の年収は，給与所得者の年収を，縦軸の右欄と横軸の上欄の年収は，自営業者の年収を示しています。

イ　年収の求め方

義務者と権利者の年収を求めます。

①　給与所得者の場合

源泉徴収票の「支払金額」（控除されていない金額）が年収に当たります。なお，給与明細書による場合には，それが月額にすぎず，歩合給が多い場合などにはその変動が大きく，賞与・一時金が含まれていないことに留意する必要があります。

他に確定申告していない収入がある場合には，その収入額を支払金額に加算して給与所得として計算してください.

②　自営業者の場合

確定申告書の「課税される所得金額」が年収に当たります。なお「課税される所得金額」は，税法上，種々の観点から控除がされた結果であり，実際に支出されていない費用（例えば，基礎控除，青色申告控除，支払がされていない専従者給与など）を「課税される所得金額」に加算して年収を定めることになります。

③　児童扶養手当等について

児童扶養手当や児童手当は子のための社会保障給付ですから，権利者の年収に含める必要はありません。

ウ　子の人数と年齢に従って使用する表を選択し，その表の権利者及び義務者の収入欄を給与所得者か自営業者かの区別に従って選び出します。縦軸で義務者の年収額を探し，そこから右方向に線をのばし，横軸で権利者の年収額を探して上に線をのばします。この二つの線が交差する欄の金額が，義務者が負担すべき養育費の標準的な月額を示しています。

養育費の表は，養育費の額を養育費を支払う親の年収額が少ない場合は１万円，それ以外の場合は２万円の幅をもたせてあります。婚姻費用の表は，分担額を１万円から２万円の幅をもたせてあります。

3　子１人当たりの額の求め方

子が複数の場合，それぞれの子ごとに養育費額を求めることができます。それは，算定表上の養育費額を，子の指数(親を１００とした場合の子に充てられるべき生活費の割合で，統計数値等から標準化したものです。子の指数は０～１４歳の場合には５５，１５～１９歳の場合には９０となっております。)で按分することで求められます。例えば，子が２人おり，１人の子が１０歳，もう１人の子が１５歳の場合において，養育費の全額が５万円の場合には，１０歳の子について２万円（５万円　×５５÷（５５＋９０）），１５歳の子について３万円　（５万円×９０÷（５５＋９０））となります。

4　注意事項

ア　この算定表は，あくまで標準的な養育費及び婚姻費用を簡易迅速に算定することを目的としています。最終的な金額については，いろいろな事情を考慮して当事者の合意で自由に定めることができます。しかし，いろいろな事情といっても，通常の範囲のものは標準化するに当たって算定表の金額の幅の中で既に考慮されていますので，この幅を超えるような金額の算定を要するのは，算定表によることが著しく不公平となるような，特別な事情がある場合に限られます。

イ　また，この算定表の金額は，裁判所が標準的なケースについて養育費及び婚姻費用を試算する場合の金額とも一致すると考えられますが，特別な事情の有無等により，裁判所の判断が算定表に示された金額と常に一致するわけではありません。

5　使用例

〈養育費〉

権利者が７歳と１０歳の子を養育しており，単身の義務者に対して子の養育費を求める場合の例について説明します。

・　権利者は給与所得者であり，前年度の源泉徴収票上の支払金額は，２０２万８０００円でした。

・　義務者は給与所得者であり，前年度の源泉徴収票上の支払金額は，７１５万２０００円でした。

ア　権利者の子は，２人で７歳と１０歳ですから，養育費の９枚の表の中から，表３「子２人表（第１子及び第２子０～１４歳）」を選択します。

イ　権利者の年収。表の横軸上の「給与」の欄には「２００」と「２２５」 がありますが，権利者の年収が「２００」に近いことから，「２００」を基準にします。

ウ　義務者の年収。表の縦軸上の「給与」の欄には「７００」と「７２５」 がありますが，義務者の年収が「７２５」に近いことから，「７２５」を基準にします。

エ　横軸の「２００」の欄を上にのばした線と，縦軸の「７２５」の欄を右にのばした線の交差する欄は「８～１０万円」の枠内となっています。

オ　標準的な養育費はこの額の枠内にあり，当事者の協議では，その間の額で定めることになります。

カ　仮に８万円とした場合には，子１人当たりの額は，子２人の年齢がいずれも0から１４歳であるので，指数は５５であり同じですから，２分の１の各４万円となります。

〈婚姻費用〉

権利者が，別居した義務者に対して婚姻費用を求める場合の例について説明します。

・　権利者は給与所得者であり，前年度の源泉徴収票上の支払金額は，２４３万３４５２円でした。

・　義務者は給与所得者であり，前年度の源泉徴収票上の支払金額は，７３９万４９５８円でした。

ア　権利者には子がいないので，婚姻費用の表の中から，表１０「婚姻費用・夫婦のみの表」を選択します。

イ　権利者の年収。表の横軸上の「給与」の欄には「２２５」と「２５０」がありますが，「２５０」に近いことから，「２５０」を基準にします。

ウ　義務者の年収。表の縦軸上の「給与」の欄には「７２５」と「７５０」がありますが，「７５０」に近いことから，「７５０」を基準にします。

エ　横軸の「２５０」の欄を上にのばした線と，縦軸の「７５０」の欄を右横にのばした線の交点は，「６～８万円」の枠内となっています。

オ　標準的な婚姻費用はこの額の枠内であり，当事者の協議では，その間の額で定めることになります。

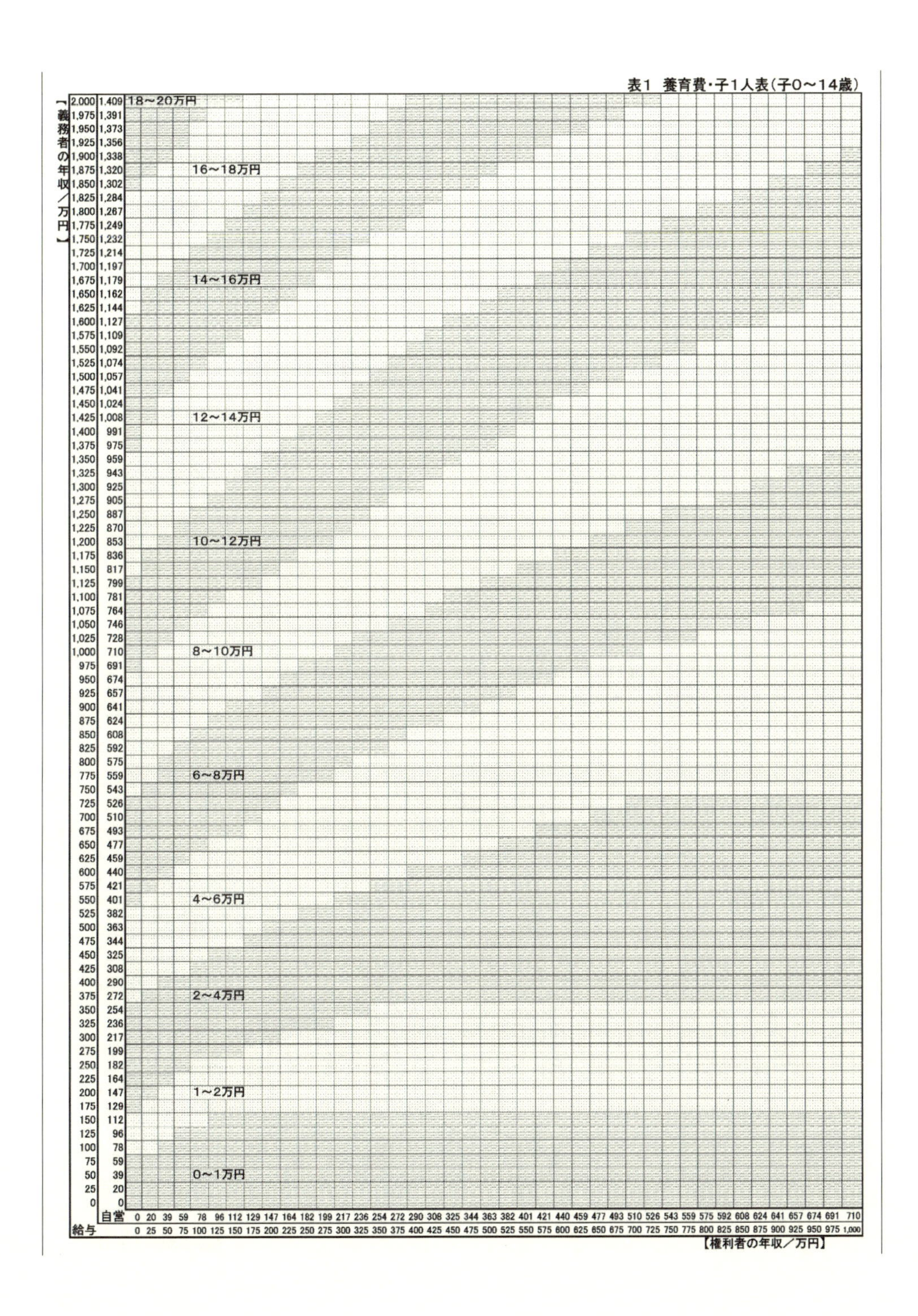
表1　養育費・子1人表（子0～14歳）
【義務者の年収／万円】
18～20万円
16～18万円
14～16万円
12～14万円
10～12万円
8～10万円
6～8万円
4～6万円
2～4万円
1～2万円
0～1万円
給与
2,000 1,975 1,950 1,925 1,900 1,875 1,850 1,825 1,800 1,775 1,750 1,725 1,700 1,675 1,650 1,625 1,600 1,575 1,550 1,525 1,500 1,475 1,450 1,425 1,400 1,375 1,350 1,325 1,300 1,275 1,250 1,225 1,200 1,175 1,150 1,125 1,100 1,075 1,050 1,025 1,000 975 950 925 900 875 850 825 800 775 750 725 700 675 650 625 600 575 550 525 500 475 450 425 400 375 350 325 300 275 250 225 200 175 150 125 100 75 50 25 0
自営
1,409 1,391 1,373 1,356 1,338 1,320 1,302 1,284 1,267 1,249 1,232 1,214 1,197 1,179 1,162 1,144 1,127 1,109 1,092 1,074 1,057 1,041 1,024 1,008 991 975 959 943 925 905 887 870 853 836 817 799 781 764 746 728 710 691 674 657 641 624 608 592 575 559 543 526 510 493 477 459 440 421 401 382 363 344 325 308 290 272 254 236 217 199 182 164 147 129 112 96 78 59 39 20 0
自営
0 20 39 59 78 96 112 129 147 164 182 199 217 236 254 272 290 308 325 344 363 382 401 421 440 459 477 493 510 526 543 559 575 592 608 624 641 657 674 691 710
給与
0 25 50 75 100 125 150 175 200 225 250 275 300 325 350 375 400 425 450 475 500 525 550 575 600 625 650 675 700 725 750 775 800 825 850 875 900 925 950 975 1,000
【権利者の年収／万円】

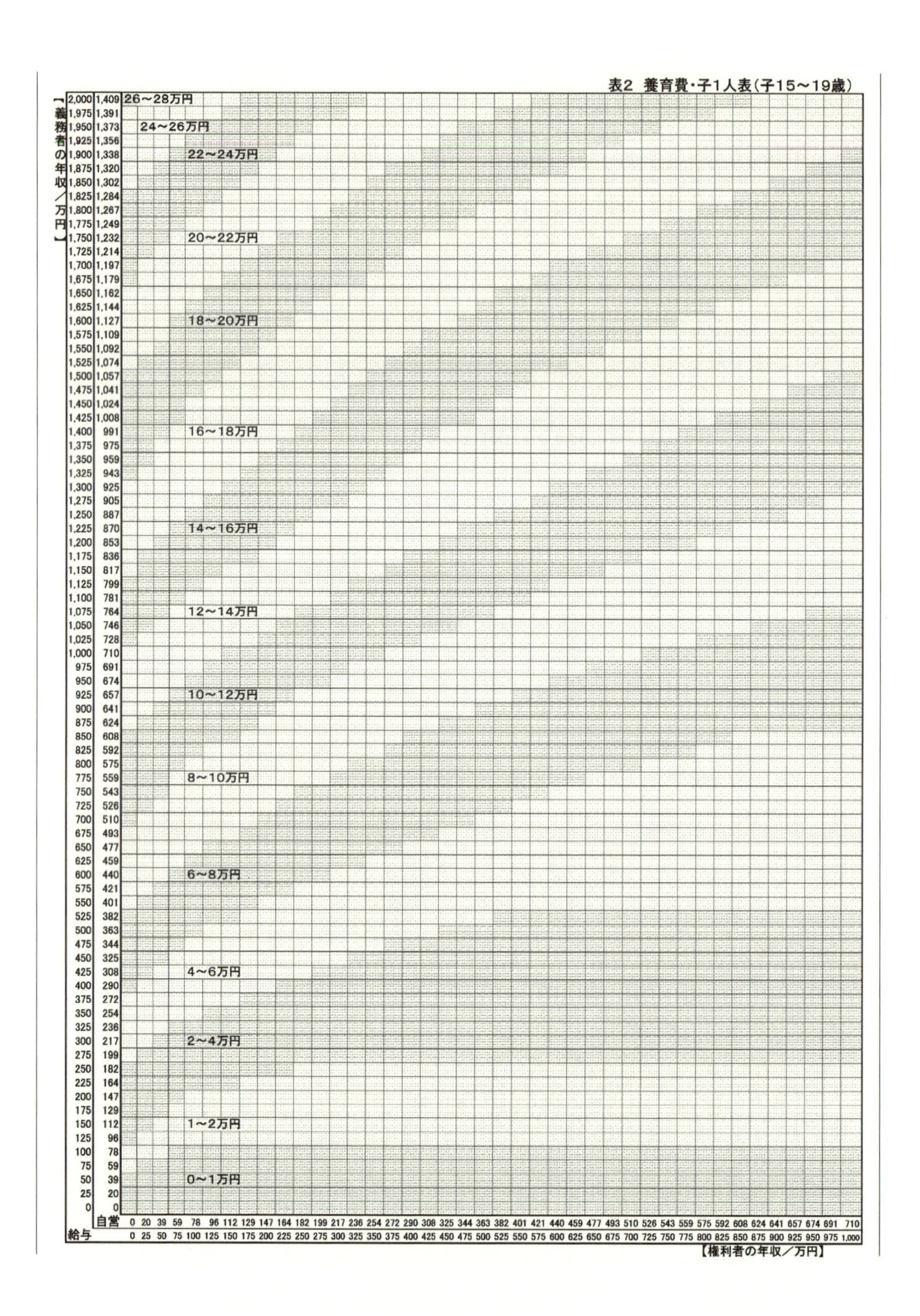
表2　養育費・子1人表（子15～19歳）
26～28万円
24～26万円
22～24万円
20～22万円
18～20万円
16～18万円
14～16万円
12～14万円
10～12万円
8～10万円
6～8万円
4～6万円
2～4万円
1～2万円
0～1万円
【義務者の年収／万円】
給与
2,000 1,975 1,950 1,925 1,900 1,875 1,850 1,825 1,800 1,775 1,750 1,725 1,700 1,675 1,650 1,625 1,600 1,575 1,550 1,525 1,500 1,475 1,450 1,425 1,400 1,375 1,350 1,325 1,300 1,275 1,250 1,225 1,200 1,175 1,150 1,125 1,100 1,075 1,050 1,025 1,000 975 950 925 900 875 850 825 800 775 750 725 700 675 650 625 600 575 550 525 500 475 450 425 400 375 350 325 300 275 250 225 200 175 150 125 100 75 50 25 0
自営
1,409 1,391 1,373 1,356 1,338 1,320 1,302 1,284 1,267 1,249 1,232 1,214 1,197 1,179 1,162 1,144 1,127 1,109 1,092 1,074 1,057 1,041 1,024 1,008 991 975 959 943 925 905 887 870 853 836 817 799 781 764 746 728 710 691 674 657 641 624 608 592 575 559 543 526 510 493 477 459 440 421 401 382 363 344 325 308 290 272 254 236 217 199 182 164 147 129 112 96 78 59 39 20 0
自営
0 20 39 59 78 96 112 129 147 164 182 199 217 236 254 272 290 308 325 344 363 382 401 421 440 459 477 493 510 526 543 559 575 592 608 624 641 657 674 691 710
給与
0 25 50 75 100 125 150 175 200 225 250 275 300 325 350 375 400 425 450 475 500 525 550 575 600 625 650 675 700 725 750 775 800 825 850 875 900 925 950 975 1,000
【権利者の年収／万円】

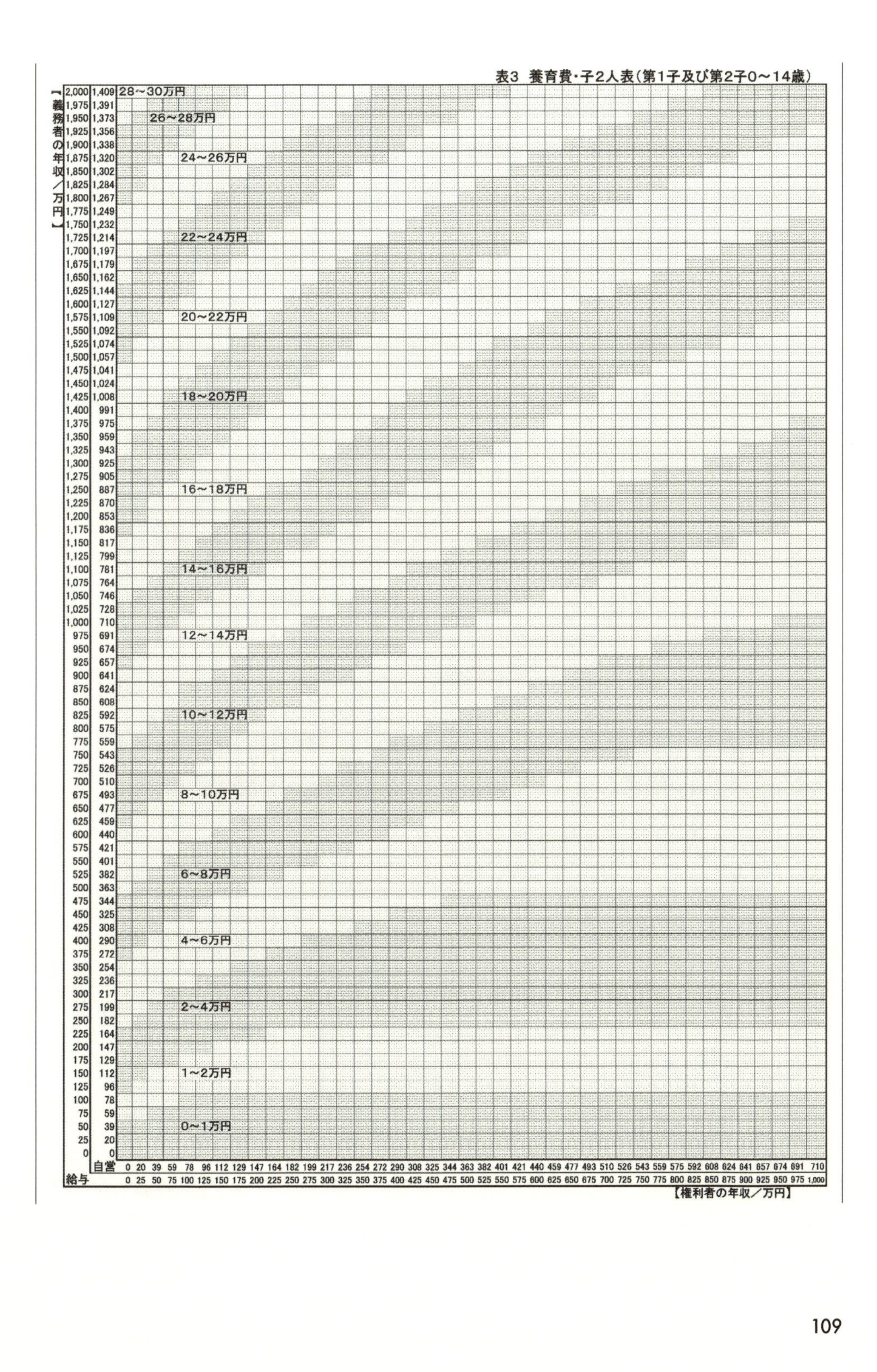
表3　養育費・子2人表（第1子及び第2子0～14歳）
【義務者の年収／万円】
給与
2,000 1,975 1,950 1,925 1,900 1,875 1,850 1,825 1,800 1,775 1,750 1,725 1,700 1,675 1,650 1,625 1,600 1,575 1,550 1,525 1,500 1,475 1,450 1,425 1,400 1,375 1,350 1,325 1,300 1,275 1,250 1,225 1,200 1,175 1,150 1,125 1,100 1,075 1,050 1,025 1,000 975 950 925 900 875 850 825 800 775 750 725 700 675 650 625 600 575 550 525 500 475 450 425 400 375 350 325 300 275 250 225 200 175 150 125 100 75 50 25 0
自営
1,409 1,391 1,373 1,356 1,338 1,320 1,302 1,284 1,267 1,249 1,232 1,214 1,197 1,179 1,162 1,144 1,127 1,109 1,092 1,074 1,057 1,041 1,024 1,008 991 975 959 943 925 905 887 870 853 836 817 799 781 764 746 728 710 691 674 657 641 624 608 592 575 559 543 526 510 493 477 459 440 421 401 382 363 344 325 308 290 272 254 236 217 199 182 164 147 129 112 96 78 59 39 20 0
28～30万円
26～28万円
24～26万円
22～24万円
20～22万円
18～20万円
16～18万円
14～16万円
12～14万円
10～12万円
8～10万円
6～8万円
4～6万円
2～4万円
1～2万円
0～1万円
自営
0 20 39 59 78 96 112 129 147 164 182 199 217 236 254 272 290 308 325 344 363 382 401 421 440 459 477 493 510 526 543 559 575 592 608 624 641 657 674 691 710
給与
0 25 50 75 100 125 150 175 200 225 250 275 300 325 350 375 400 425 450 475 500 525 550 575 600 625 650 675 700 725 750 775 800 825 850 875 900 925 950 975 1,000
【権利者の年収／万円】

表4　養育費・子2人表（第1子15～19歳，第2子0～14歳）

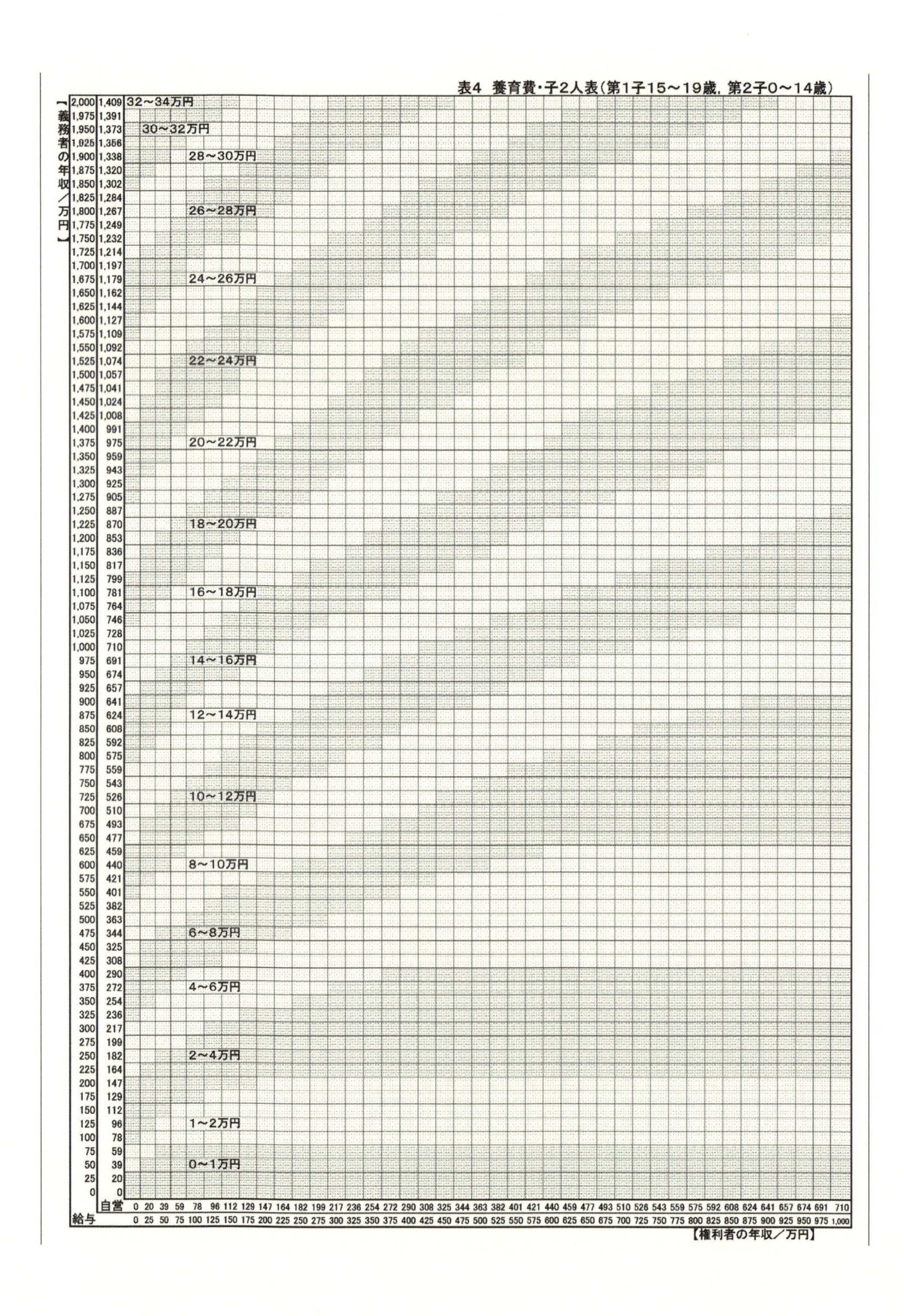

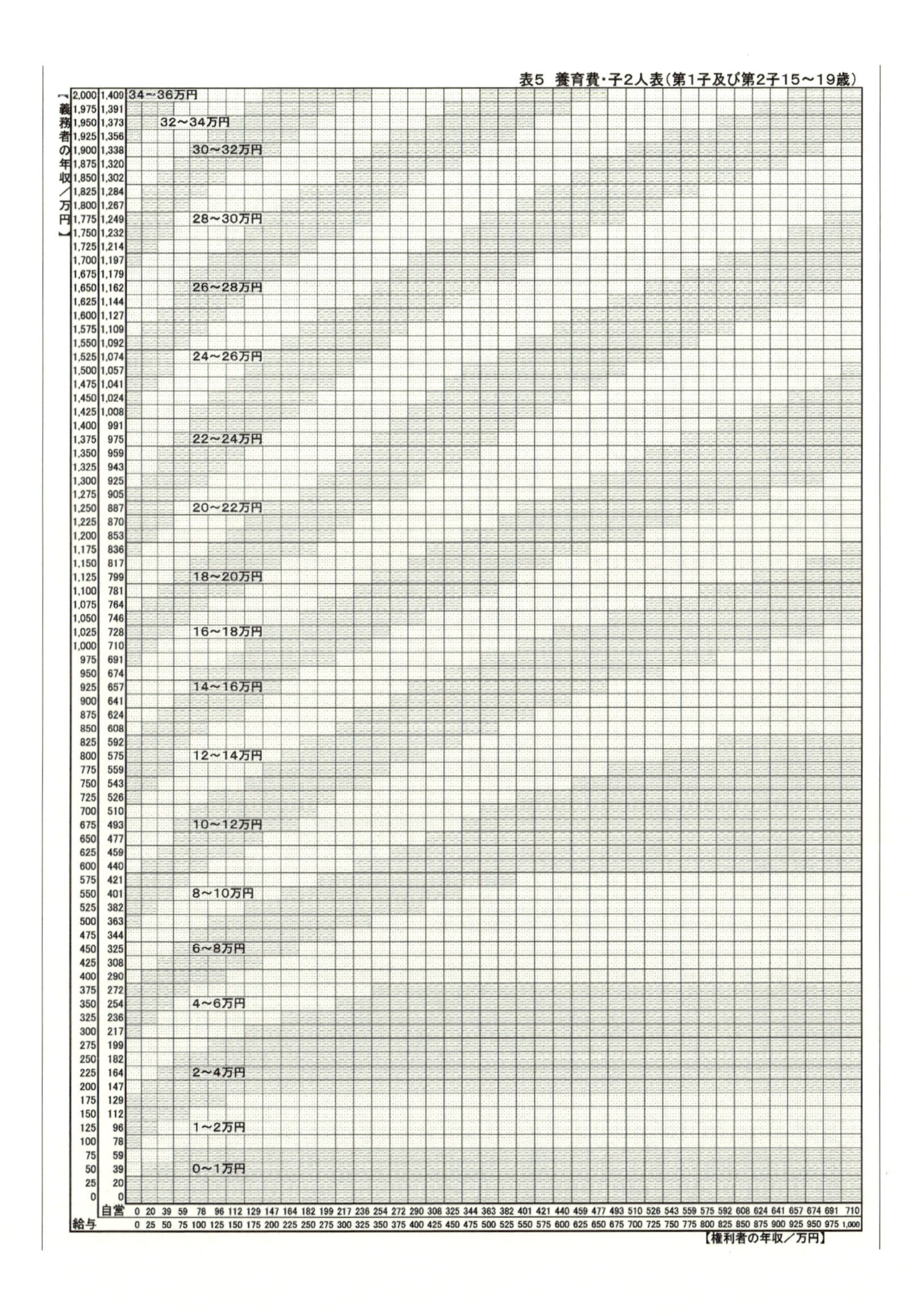
表5　養育費・子2人表(第1子及び第2子15～19歳)
【義務者の年収／万円】
給与
2,000
1,975
1,950
1,925
1,900
1,875
1,850
1,825
1,800
1,775
1,750
1,725
1,700
1,675
1,650
1,625
1,600
1,575
1,550
1,525
1,500
1,475
1,450
1,425
1,400
1,375
1,350
1,325
1,300
1,275
1,250
1,225
1,200
1,175
1,150
1,125
1,100
1,075
1,050
1,025
1,000
975
950
925
900
875
850
825
800
775
750
725
700
675
650
625
600
575
550
525
500
475
450
425
400
375
350
325
300
275
250
225
200
175
150
125
100
75
50
25
0
自営
1,400
1,391
1,373
1,356
1,338
1,320
1,302
1,284
1,267
1,249
1,232
1,214
1,197
1,179
1,162
1,144
1,127
1,109
1,092
1,074
1,057
1,041
1,024
1,008
991
975
959
943
925
905
887
870
853
836
817
799
781
764
746
728
710
691
674
657
641
624
608
592
575
559
543
526
510
493
477
459
440
421
401
382
363
344
325
308
290
272
254
236
217
199
182
164
147
129
112
96
78
59
39
20
0
34～36万円
32～34万円
30～32万円
28～30万円
26～28万円
24～26万円
22～24万円
20～22万円
18～20万円
16～18万円
14～16万円
12～14万円
10～12万円
8～10万円
6～8万円
4～6万円
2～4万円
1～2万円
0～1万円
自営 0 20 39 59 78 96 112 129 147 164 182 199 217 236 254 272 290 308 325 344 363 382 401 421 440 459 477 493 510 526 543 559 575 592 608 624 641 657 674 691 710
給与 0 25 50 75 100 125 150 175 200 225 250 275 300 325 350 375 400 425 450 475 500 525 550 575 600 625 650 675 700 725 750 775 800 825 850 875 900 925 950 975 1,000
【権利者の年収／万円】

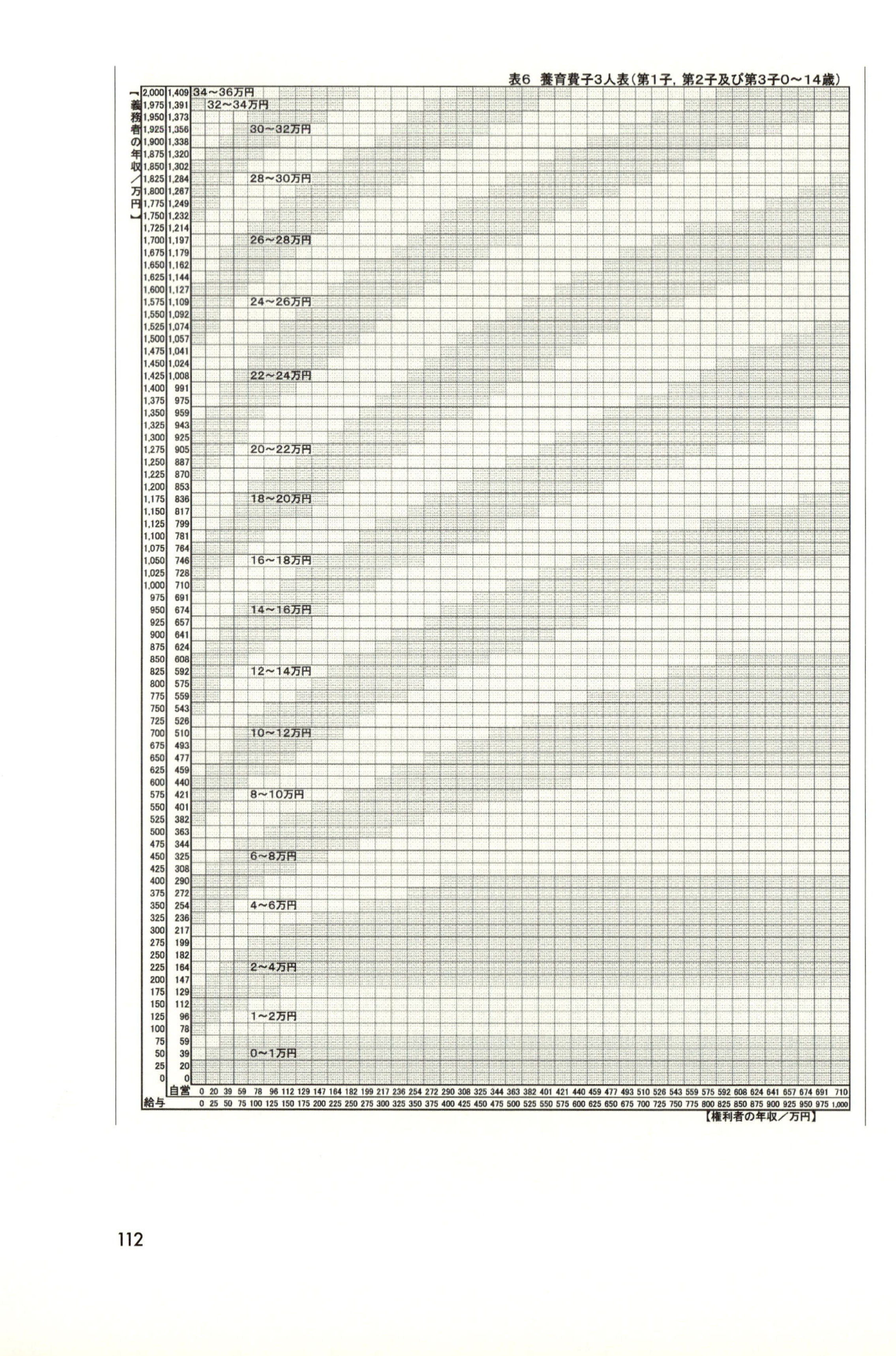
表6　養育費子3人表（第1子，第2子及び第3子0～14歳）
【義務者の年収／万円】
34～36万円
32～34万円
30～32万円
28～30万円
26～28万円
24～26万円
22～24万円
20～22万円
18～20万円
16～18万円
14～16万円
12～14万円
10～12万円
8～10万円
6～8万円
4～6万円
2～4万円
1～2万円
0～1万円
給与
2,000 1,975 1,950 1,925 1,900 1,875 1,850 1,825 1,800 1,775 1,750 1,725 1,700 1,675 1,650 1,625 1,600 1,575 1,550 1,525 1,500 1,475 1,450 1,425 1,400 1,375 1,350 1,325 1,300 1,275 1,250 1,225 1,200 1,175 1,150 1,125 1,100 1,075 1,050 1,025 1,000 975 950 925 900 875 850 825 800 775 750 725 700 675 650 625 600 575 550 525 500 475 450 425 400 375 350 325 300 275 250 225 200 175 150 125 100 75 50 25 0
自営
1,409 1,391 1,373 1,356 1,338 1,320 1,302 1,284 1,267 1,249 1,232 1,214 1,197 1,179 1,162 1,144 1,127 1,109 1,092 1,074 1,057 1,041 1,024 1,008 991 975 959 943 925 905 887 870 853 836 817 799 781 764 746 728 710 691 674 657 641 624 608 592 575 559 543 526 510 493 477 459 440 421 401 382 363 344 325 308 290 272 254 236 217 199 182 164 147 129 112 96 78 59 39 20 0
自営
0 20 39 59 78 96 112 129 147 164 182 199 217 236 254 272 290 308 325 344 363 382 401 421 440 459 477 493 510 526 543 559 575 592 608 624 641 657 674 691 710
給与
0 25 50 75 100 125 150 175 200 225 250 275 300 325 350 375 400 425 450 475 500 525 550 575 600 625 650 675 700 725 750 775 800 825 850 875 900 925 950 975 1,000
【権利者の年収／万円】

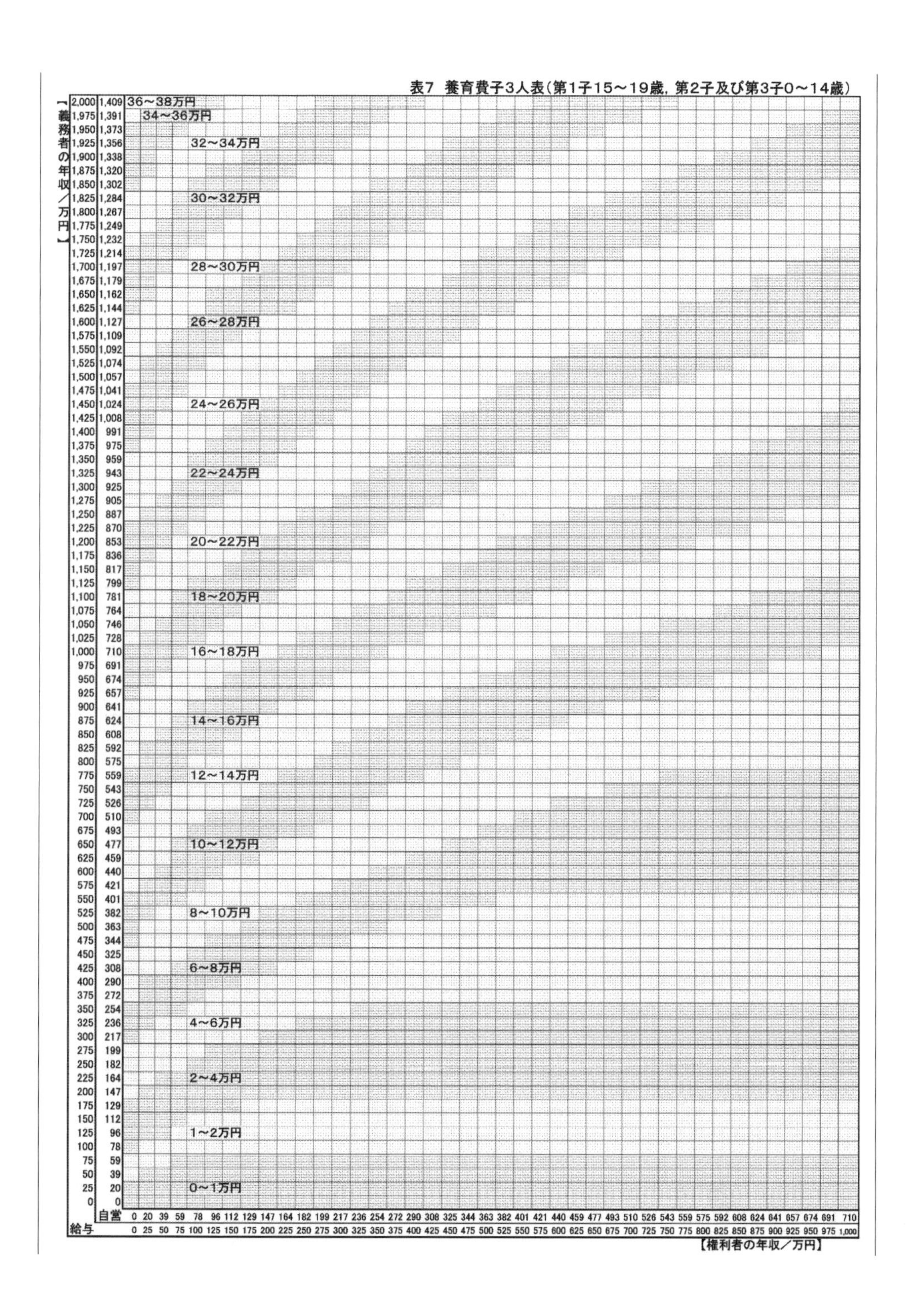

表7　養育費子3人表（第1子15～19歳，第2子及び第3子0～14歳）
【義務者の年収／万円】
36～38万円
34～36万円
32～34万円
30～32万円
28～30万円
26～28万円
24～26万円
22～24万円
20～22万円
18～20万円
16～18万円
14～16万円
12～14万円
10～12万円
8～10万円
6～8万円
4～6万円
2～4万円
1～2万円
0～1万円
給与 2,000 1,975 1,950 1,925 1,900 1,875 1,850 1,825 1,800 1,775 1,750 1,725 1,700 1,675 1,650 1,625 1,600 1,575 1,550 1,525 1,500 1,475 1,450 1,425 1,400 1,375 1,350 1,325 1,300 1,275 1,250 1,225 1,200 1,175 1,150 1,125 1,100 1,075 1,050 1,025 1,000 975 950 925 900 875 850 825 800 775 750 725 700 675 650 625 600 575 550 525 500 475 450 425 400 375 350 325 300 275 250 225 200 175 150 125 100 75 50 25 0
自営 1,409 1,391 1,373 1,356 1,338 1,320 1,302 1,284 1,267 1,249 1,232 1,214 1,197 1,179 1,162 1,144 1,127 1,109 1,092 1,074 1,057 1,041 1,024 1,008 991 975 959 943 925 905 887 870 853 836 817 799 781 764 746 728 710 691 674 657 641 624 608 592 575 559 543 526 510 493 477 459 440 421 401 382 363 344 325 308 290 272 254 236 217 199 182 164 147 129 112 96 78 59 39 20 0
自営 0 20 39 59 78 96 112 129 147 164 182 199 217 236 254 272 290 308 325 344 363 382 401 421 440 459 477 493 510 526 543 559 575 592 608 624 641 657 674 691 710
給与 0 25 50 75 100 125 150 175 200 225 250 275 300 325 350 375 400 425 450 475 500 525 550 575 600 625 650 675 700 725 750 775 800 825 850 875 900 925 950 975 1,000
【権利者の年収／万円】

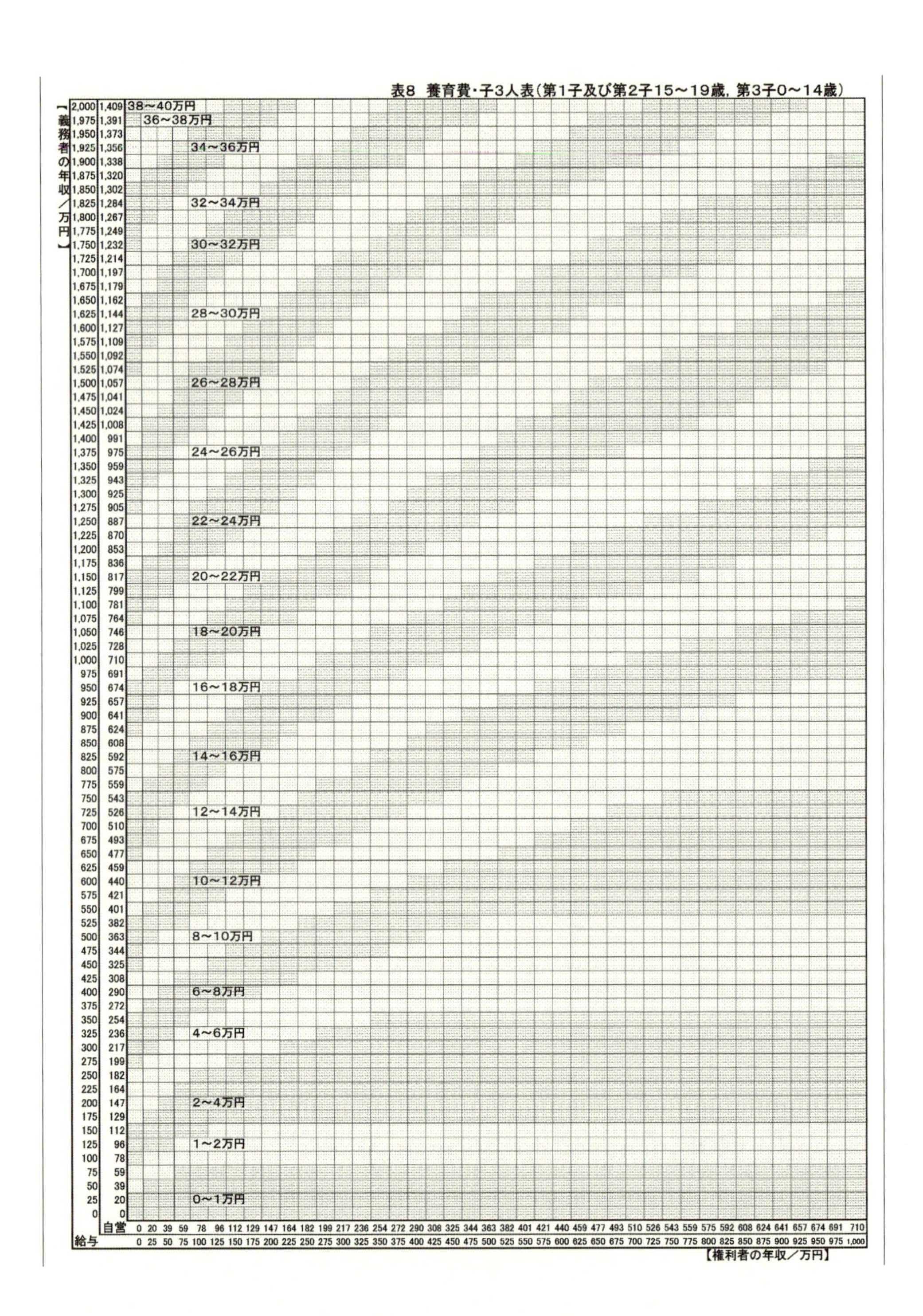
表8　養育費・子3人表（第1子及び第2子15～19歳，第3子0～14歳）
【義務者の年収／万円】
給与
2,000 1,975 1,950 1,925 1,900 1,875 1,850 1,825 1,800 1,775 1,750 1,725 1,700 1,675 1,650 1,625 1,600 1,575 1,550 1,525 1,500 1,475 1,450 1,425 1,400 1,375 1,350 1,325 1,300 1,275 1,250 1,225 1,200 1,175 1,150 1,125 1,100 1,075 1,050 1,025 1,000 975 950 925 900 875 850 825 800 775 750 725 700 675 650 625 600 575 550 525 500 475 450 425 400 375 350 325 300 275 250 225 200 175 150 125 100 75 50 25 0
自営
1,409 1,391 1,373 1,356 1,338 1,320 1,302 1,284 1,267 1,249 1,232 1,214 1,197 1,179 1,162 1,144 1,127 1,109 1,092 1,074 1,057 1,041 1,024 1,008 991 975 959 943 925 905 887 870 853 836 817 799 781 764 746 728 710 691 674 657 641 624 608 592 575 559 543 526 510 493 477 459 440 421 401 382 363 344 325 308 290 272 254 236 217 199 182 164 147 129 112 96 78 59 39 20 0
38～40万円
36～38万円
34～36万円
32～34万円
30～32万円
28～30万円
26～28万円
24～26万円
22～24万円
20～22万円
18～20万円
16～18万円
14～16万円
12～14万円
10～12万円
8～10万円
6～8万円
4～6万円
2～4万円
1～2万円
0～1万円
自営 0 20 39 59 78 96 112 129 147 164 182 199 217 236 254 272 290 308 325 344 363 382 401 421 440 459 477 493 510 526 543 559 575 592 608 624 641 657 674 691 710
給与 0 25 50 75 100 125 150 175 200 225 250 275 300 325 350 375 400 425 450 475 500 525 550 575 600 625 650 675 700 725 750 775 800 825 850 875 900 925 950 975 1,000
【権利者の年収／万円】

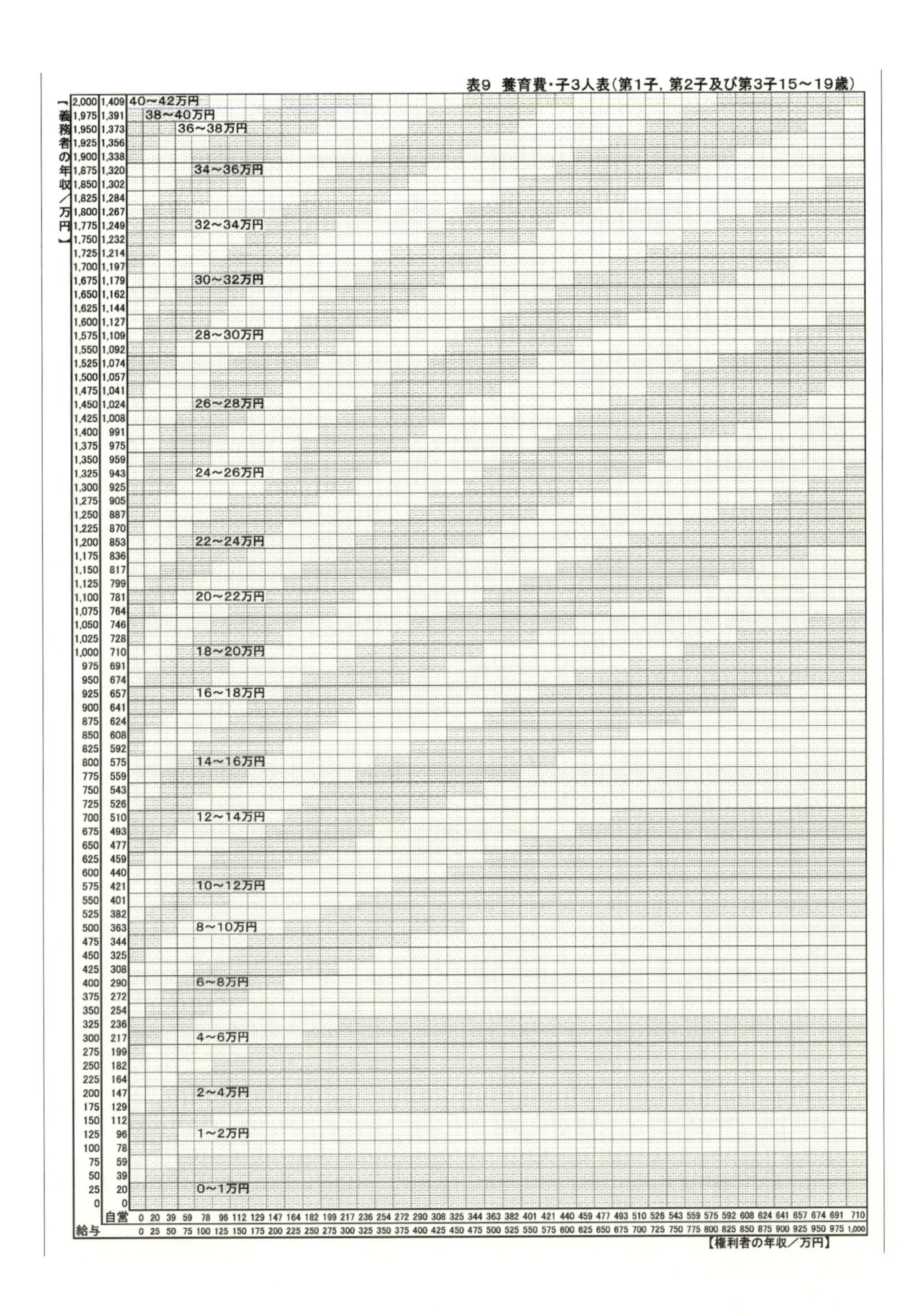
表9　養育費・子3人表（第1子，第2子及び第3子15～19歳）
【義務者の年収／万円】
40～42万円
38～40万円
36～38万円
34～36万円
32～34万円
30～32万円
28～30万円
26～28万円
24～26万円
22～24万円
20～22万円
18～20万円
16～18万円
14～16万円
12～14万円
10～12万円
8～10万円
6～8万円
4～6万円
2～4万円
1～2万円
0～1万円
2,000 1,409
1,975 1,391
1,950 1,373
1,925 1,356
1,900 1,338
1,875 1,320
1,850 1,302
1,825 1,284
1,800 1,267
1,775 1,249
1,750 1,232
1,725 1,214
1,700 1,197
1,675 1,179
1,650 1,162
1,625 1,144
1,600 1,127
1,575 1,109
1,550 1,092
1,525 1,074
1,500 1,057
1,475 1,041
1,450 1,024
1,425 1,008
1,400 991
1,375 975
1,350 959
1,325 943
1,300 925
1,275 905
1,250 887
1,225 870
1,200 853
1,175 836
1,150 817
1,125 799
1,100 781
1,075 764
1,050 746
1,025 728
1,000 710
975 691
950 674
925 657
900 641
875 624
850 608
825 592
800 575
775 559
750 543
725 526
700 510
675 493
650 477
625 459
600 440
575 421
550 401
525 382
500 363
475 344
450 325
425 308
400 290
375 272
350 254
325 236
300 217
275 199
250 182
225 164
200 147
175 129
150 112
125 96
100 78
75 59
50 39
25 20
0 0
自営 0 20 39 59 78 96 112 129 147 164 182 199 217 236 254 272 290 308 325 344 363 382 401 421 440 459 477 493 510 526 543 559 575 592 608 624 641 657 674 691 710
給与 0 25 50 75 100 125 150 175 200 225 250 275 300 325 350 375 400 425 450 475 500 525 550 575 600 625 650 675 700 725 750 775 800 825 850 875 900 925 950 975 1,000
【権利者の年収／万円】

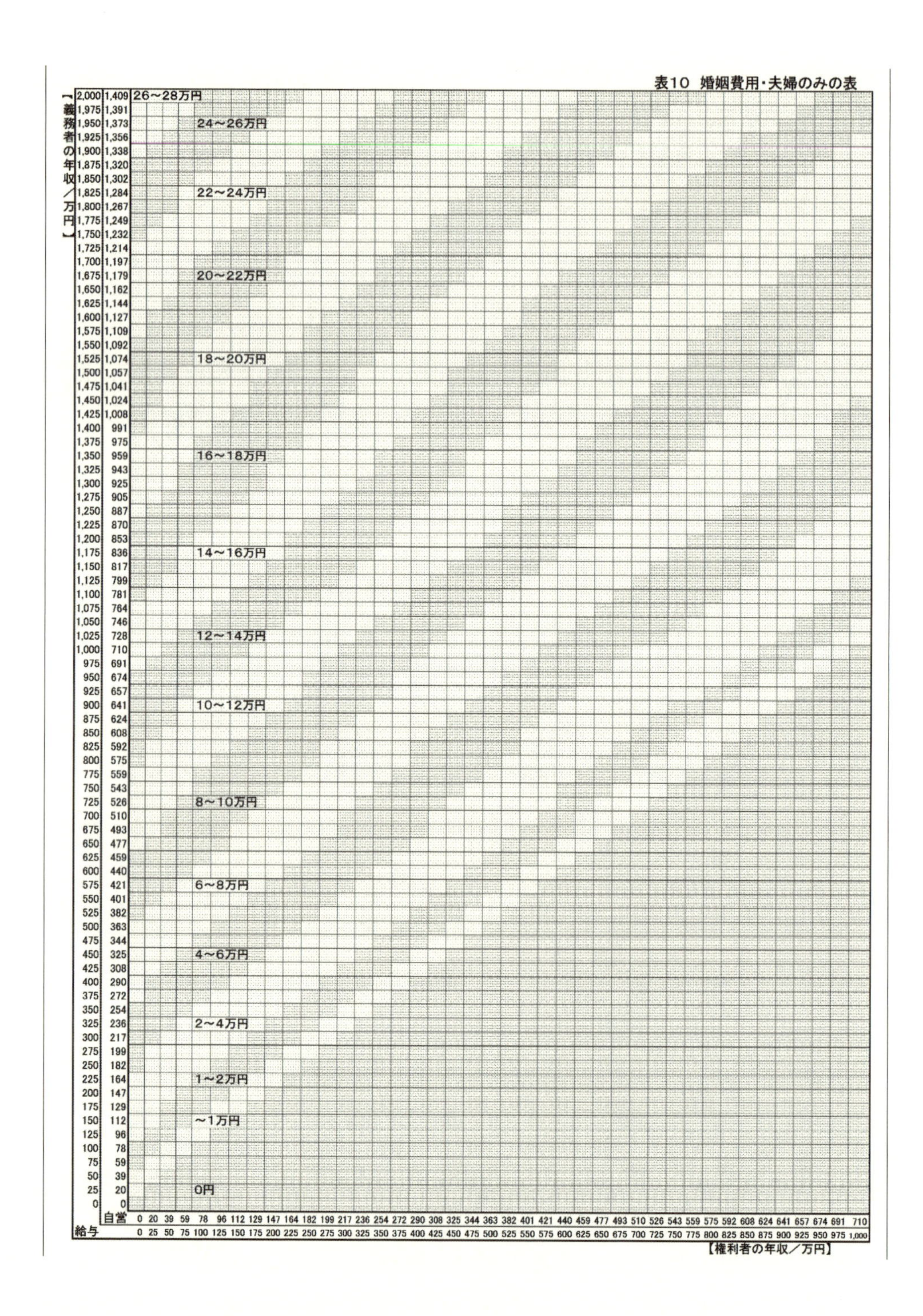

表10 婚姻費用・夫婦のみの表
【義務者の年収／万円】
給与 2,000 1,975 1,950 1,925 1,900 1,875 1,850 1,825 1,800 1,775 1,750 1,725 1,700 1,675 1,650 1,625 1,600 1,575 1,550 1,525 1,500 1,475 1,450 1,425 1,400 1,375 1,350 1,325 1,300 1,275 1,250 1,225 1,200 1,175 1,150 1,125 1,100 1,075 1,050 1,025 1,000 975 950 925 900 875 850 825 800 775 750 725 700 675 650 625 600 575 550 525 500 475 450 425 400 375 350 325 300 275 250 225 200 175 150 125 100 75 50 25 0
自営 1,409 1,391 1,373 1,356 1,338 1,320 1,302 1,284 1,267 1,249 1,232 1,214 1,197 1,179 1,162 1,144 1,127 1,109 1,092 1,074 1,057 1,041 1,024 1,008 991 975 959 943 925 905 887 870 853 836 817 799 781 764 746 728 710 691 674 657 641 624 608 592 575 559 543 526 510 493 477 459 440 421 401 382 363 344 325 308 290 272 254 236 217 199 182 164 147 129 112 96 78 59 39 20 0
26～28万円
24～26万円
22～24万円
20～22万円
18～20万円
16～18万円
14～16万円
12～14万円
10～12万円
8～10万円
6～8万円
4～6万円
2～4万円
1～2万円
～1万円
0円
自営 0 20 39 59 78 96 112 129 147 164 182 199 217 236 254 272 290 308 325 344 363 382 401 421 440 459 477 493 510 526 543 559 575 592 608 624 641 657 674 691 710
給与 0 25 50 75 100 125 150 175 200 225 250 275 300 325 350 375 400 425 450 475 500 525 550 575 600 625 650 675 700 725 750 775 800 825 850 875 900 925 950 975 1,000
【権利者の年収／万円】

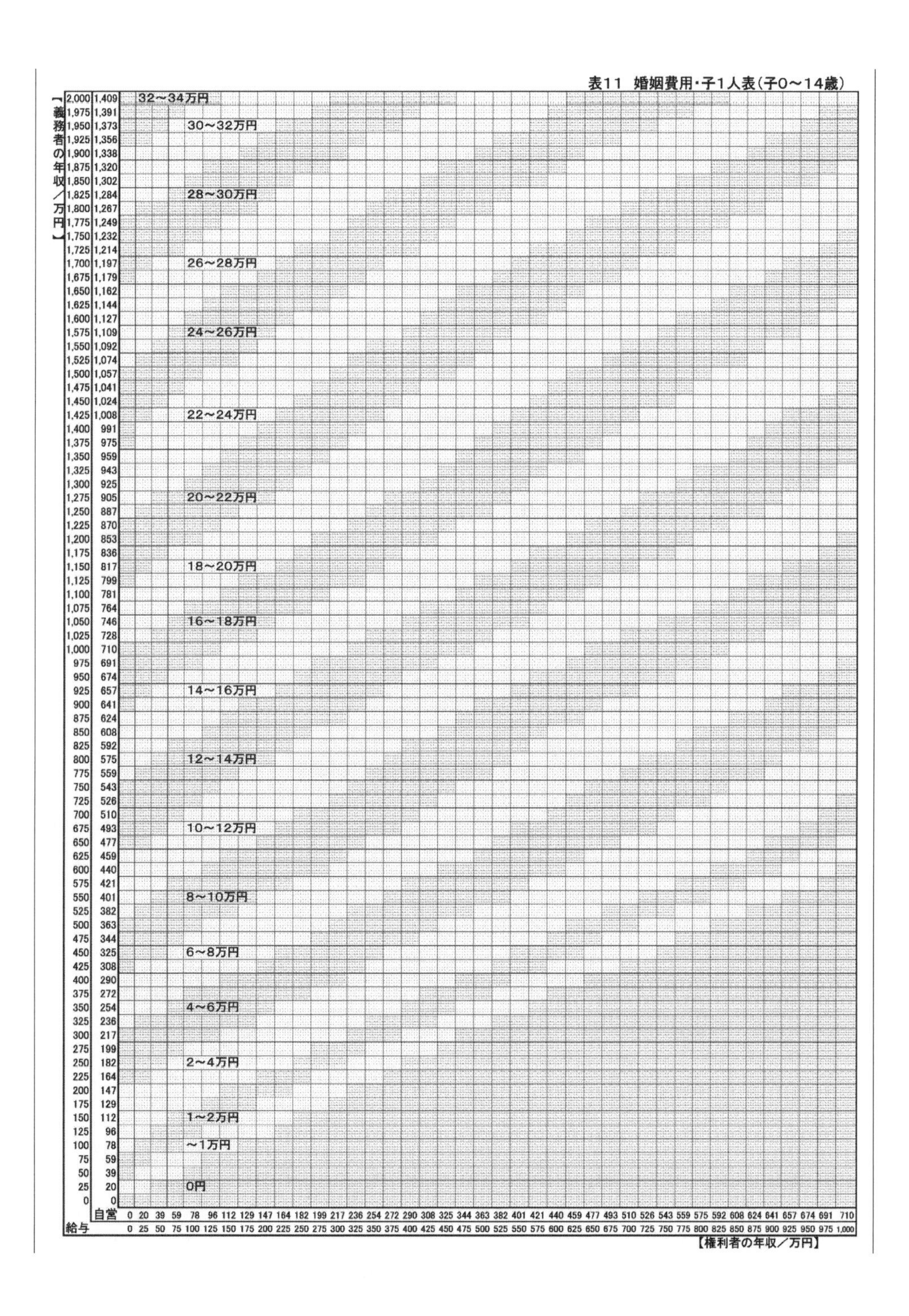
表11　婚姻費用・子1人表（子0～14歳）
【義務者の年収／万円】
32～34万円
30～32万円
28～30万円
26～28万円
24～26万円
22～24万円
20～22万円
18～20万円
16～18万円
14～16万円
12～14万円
10～12万円
8～10万円
6～8万円
4～6万円
2～4万円
1～2万円
～1万円
0円
給与 2,000 1,975 1,950 1,925 1,900 1,875 1,850 1,825 1,800 1,775 1,750 1,725 1,700 1,675 1,650 1,625 1,600 1,575 1,550 1,525 1,500 1,475 1,450 1,425 1,400 1,375 1,350 1,325 1,300 1,275 1,250 1,225 1,200 1,175 1,150 1,125 1,100 1,075 1,050 1,025 1,000 975 950 925 900 875 850 825 800 775 750 725 700 675 650 625 600 575 550 525 500 475 450 425 400 375 350 325 300 275 250 225 200 175 150 125 100 75 50 25 0
自営 1,409 1,391 1,373 1,356 1,338 1,320 1,302 1,284 1,267 1,249 1,232 1,214 1,197 1,179 1,162 1,144 1,127 1,109 1,092 1,074 1,057 1,041 1,024 1,008 991 975 959 943 925 905 887 870 853 836 817 799 781 764 746 728 710 691 674 657 641 624 608 592 575 559 543 526 510 493 477 459 440 421 401 382 363 344 325 308 290 272 254 236 217 199 182 164 147 129 112 96 78 59 39 20 0
自営 0 20 39 59 78 96 112 129 147 164 182 199 217 236 254 272 290 308 325 344 363 382 401 421 440 459 477 493 510 526 543 559 575 592 608 624 641 657 674 691 710
給与 0 25 50 75 100 125 150 175 200 225 250 275 300 325 350 375 400 425 450 475 500 525 550 575 600 625 650 675 700 725 750 775 800 825 850 875 900 925 950 975 1,000
【権利者の年収／万円】

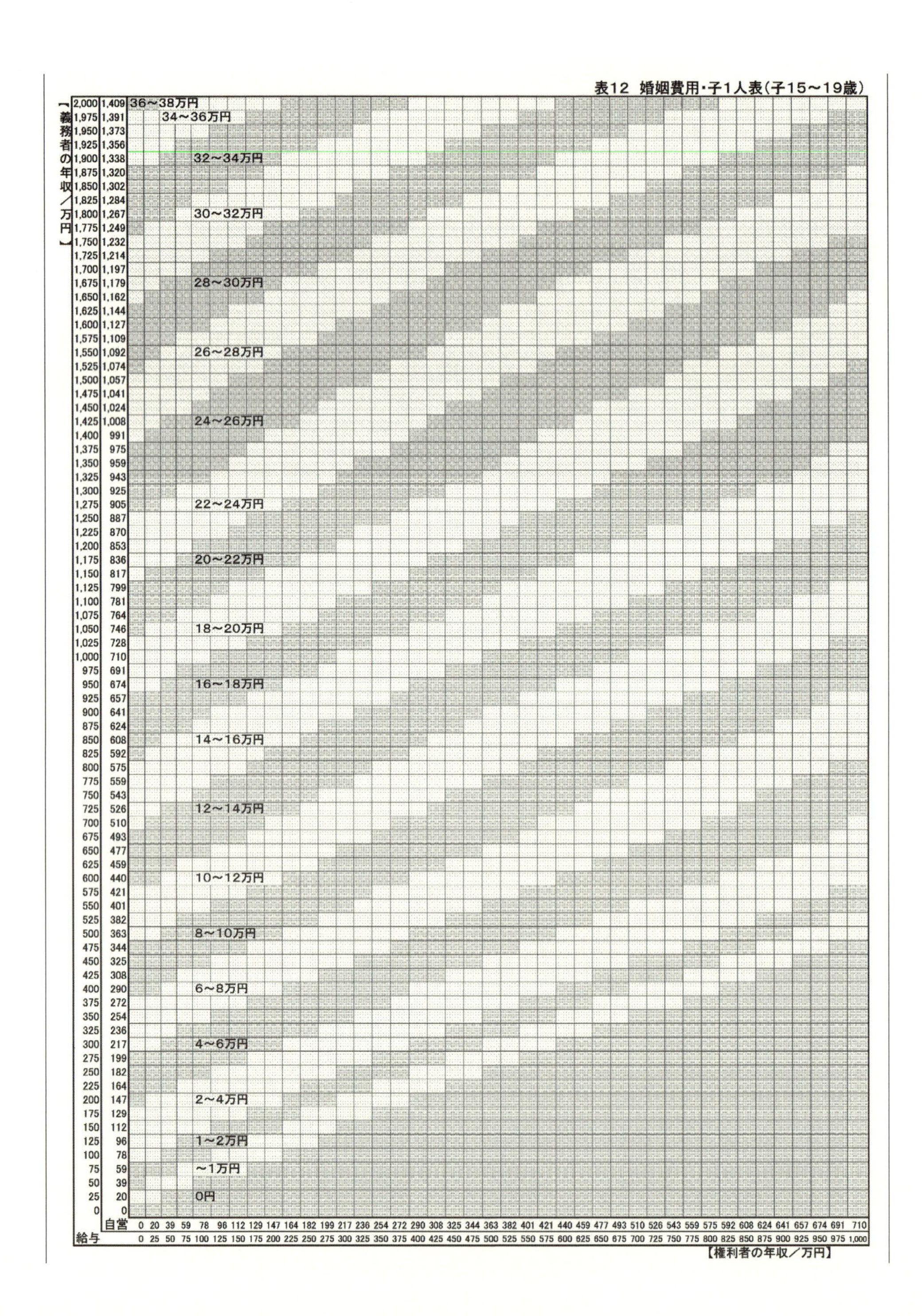
表12　婚姻費用・子1人表（子15～19歳）
【義務者の年収／万円】
36～38万円
34～36万円
32～34万円
30～32万円
28～30万円
26～28万円
24～26万円
22～24万円
20～22万円
18～20万円
16～18万円
14～16万円
12～14万円
10～12万円
8～10万円
6～8万円
4～6万円
2～4万円
1～2万円
～1万円
0円
給与
2,000 1,975 1,950 1,925 1,900 1,875 1,850 1,825 1,800 1,775 1,750 1,725 1,700 1,675 1,650 1,625 1,600 1,575 1,550 1,525 1,500 1,475 1,450 1,425 1,400 1,375 1,350 1,325 1,300 1,275 1,250 1,225 1,200 1,175 1,150 1,125 1,100 1,075 1,050 1,025 1,000 975 950 925 900 875 850 825 800 775 750 725 700 675 650 625 600 575 550 525 500 475 450 425 400 375 350 325 300 275 250 225 200 175 150 125 100 75 50 25 0
自営
1,409 1,391 1,373 1,356 1,338 1,320 1,302 1,284 1,267 1,249 1,232 1,214 1,197 1,179 1,162 1,144 1,127 1,109 1,092 1,074 1,057 1,041 1,024 1,008 991 975 959 943 925 905 887 870 853 836 817 799 781 764 746 728 710 691 674 657 641 624 608 592 575 559 543 526 510 493 477 459 440 421 401 382 363 344 325 308 290 272 254 236 217 199 182 164 147 129 112 96 78 59 39 20 0
自営
0 20 39 59 78 96 112 129 147 164 182 199 217 236 254 272 290 308 325 344 363 382 401 421 440 459 477 493 510 526 543 559 575 592 608 624 641 657 674 691 710
給与
0 25 50 75 100 125 150 175 200 225 250 275 300 325 350 375 400 425 450 475 500 525 550 575 600 625 650 675 700 725 750 775 800 825 850 875 900 925 950 975 1,000
【権利者の年収／万円】

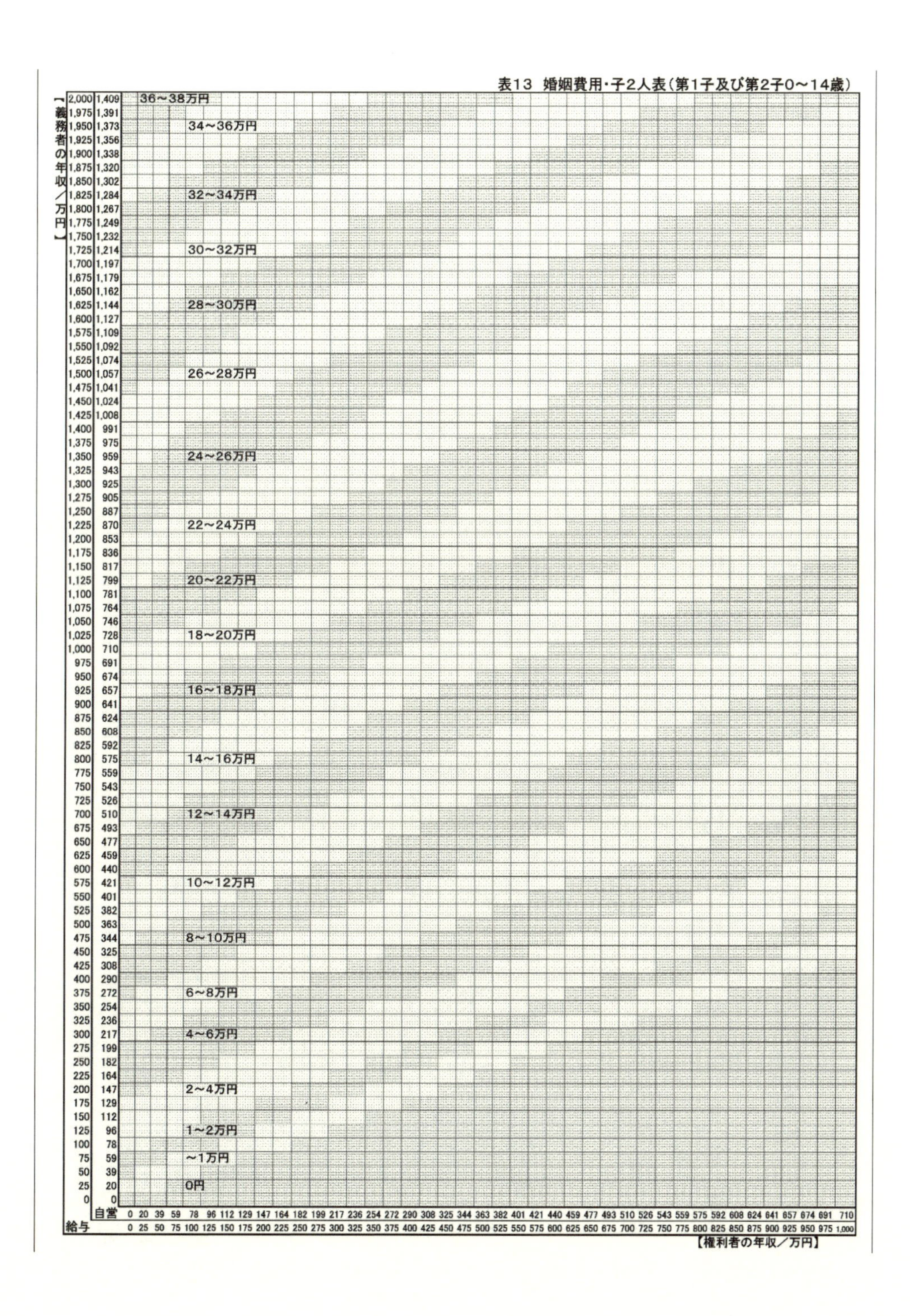
表13　婚姻費用・子2人表（第1子及び第2子0～14歳）
【義務者の年収／万円】
36～38万円
34～36万円
32～34万円
30～32万円
28～30万円
26～28万円
24～26万円
22～24万円
20～22万円
18～20万円
16～18万円
14～16万円
12～14万円
10～12万円
8～10万円
6～8万円
4～6万円
2～4万円
1～2万円
～1万円
0円
2,000 1,975 1,950 1,925 1,900 1,875 1,850 1,825 1,800 1,775 1,750 1,725 1,700 1,675 1,650 1,625 1,600 1,575 1,550 1,525 1,500 1,475 1,450 1,425 1,400 1,375 1,350 1,325 1,300 1,275 1,250 1,225 1,200 1,175 1,150 1,125 1,100 1,075 1,050 1,025 1,000 975 950 925 900 875 850 825 800 775 750 725 700 675 650 625 600 575 550 525 500 475 450 425 400 375 350 325 300 275 250 225 200 175 150 125 100 75 50 25 0
1,409 1,391 1,373 1,356 1,338 1,320 1,302 1,284 1,267 1,249 1,232 1,214 1,197 1,179 1,162 1,144 1,127 1,109 1,092 1,074 1,057 1,041 1,024 1,008 991 975 959 943 925 905 887 870 853 836 817 799 781 764 746 728 710 691 674 657 641 624 608 592 575 559 543 526 510 493 477 459 440 421 401 382 363 344 325 308 290 272 254 236 217 199 182 164 147 129 112 96 78 59 39 20 0
自営
0 20 39 59 78 96 112 129 147 164 182 199 217 236 254 272 290 308 325 344 363 382 401 421 440 459 477 493 510 526 543 559 575 592 608 624 641 657 674 691 710
給与
0 25 50 75 100 125 150 175 200 225 250 275 300 325 350 375 400 425 450 475 500 525 550 575 600 625 650 675 700 725 750 775 800 825 850 875 900 925 950 975 1,000
【権利者の年収／万円】

表14　婚姻費用・子2人表（第1子15〜19歳，第2子0〜14歳）

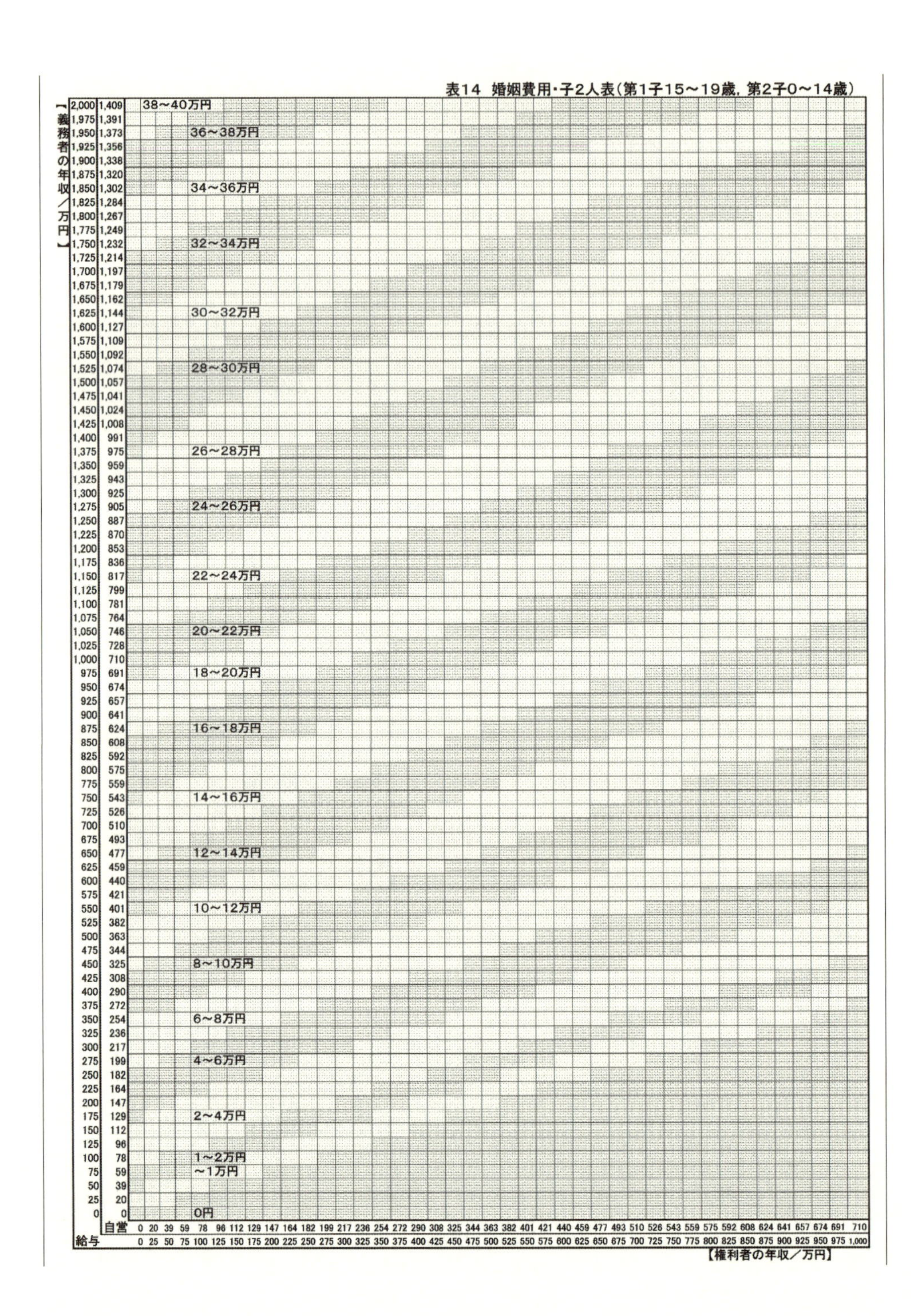

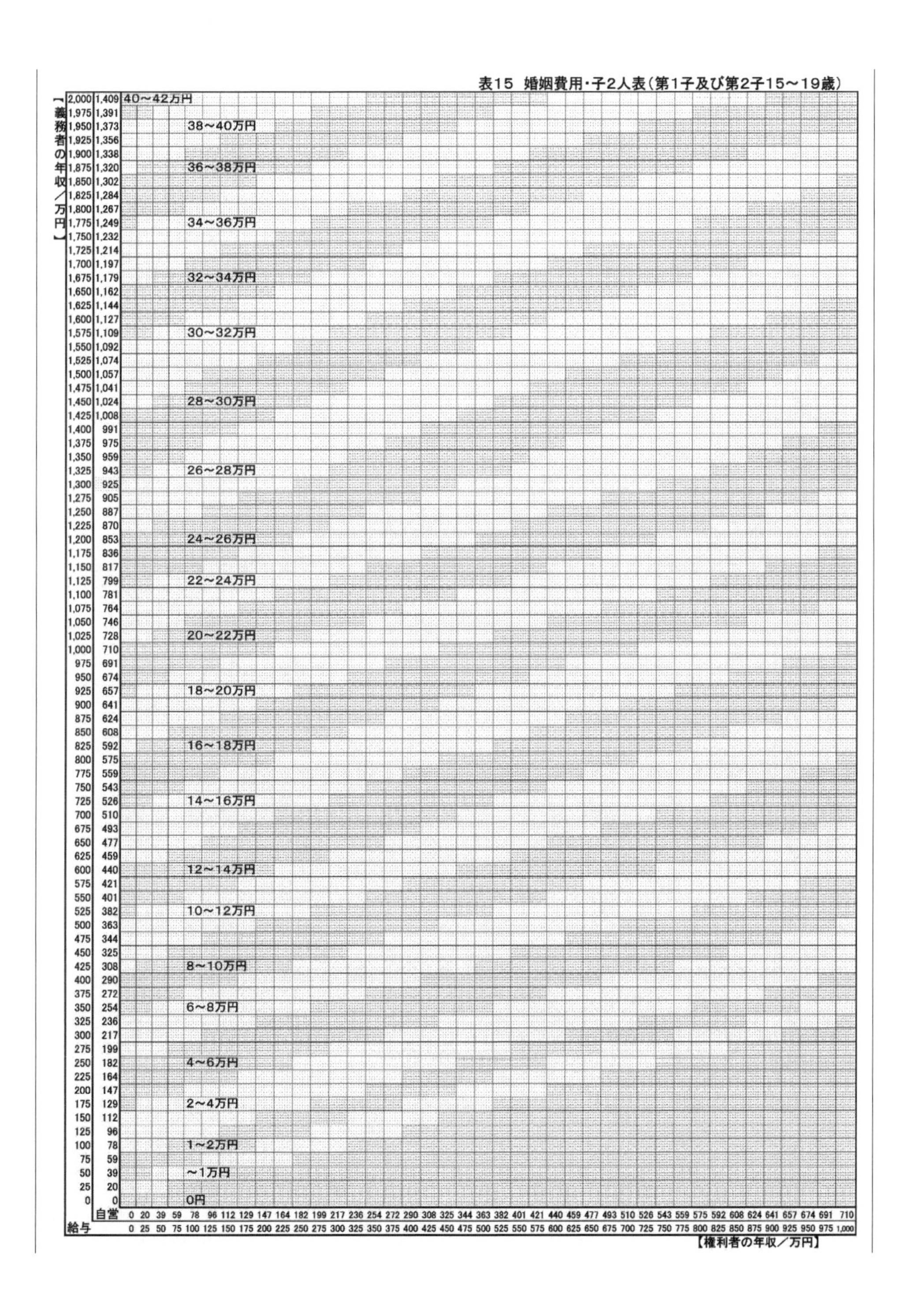
表15　婚姻費用・子2人表（第1子及び第2子15～19歳）
【義務者の年収／万円】
40～42万円
38～40万円
36～38万円
34～36万円
32～34万円
30～32万円
28～30万円
26～28万円
24～26万円
22～24万円
20～22万円
18～20万円
16～18万円
14～16万円
12～14万円
10～12万円
8～10万円
6～8万円
4～6万円
2～4万円
1～2万円
～1万円
0円
2,000 1,409
1,975 1,391
1,950 1,373
1,925 1,356
1,900 1,338
1,875 1,320
1,850 1,302
1,825 1,284
1,800 1,267
1,775 1,249
1,750 1,232
1,725 1,214
1,700 1,197
1,675 1,179
1,650 1,162
1,625 1,144
1,600 1,127
1,575 1,109
1,550 1,092
1,525 1,074
1,500 1,057
1,475 1,041
1,450 1,024
1,425 1,008
1,400 991
1,375 975
1,350 959
1,325 943
1,300 925
1,275 905
1,250 887
1,225 870
1,200 853
1,175 836
1,150 817
1,125 799
1,100 781
1,075 764
1,050 746
1,025 728
1,000 710
975 691
950 674
925 657
900 641
875 624
850 608
825 592
800 575
775 559
750 543
725 526
700 510
675 493
650 477
625 459
600 440
575 421
550 401
525 382
500 363
475 344
450 325
425 308
400 290
375 272
350 254
325 236
300 217
275 199
250 182
225 164
200 147
175 129
150 112
125 96
100 78
75 59
50 39
25 20
0 0
自営 0 20 39 59 78 96 112 129 147 164 182 199 217 236 254 272 290 308 325 344 363 382 401 421 440 459 477 493 510 526 543 559 575 592 608 624 641 657 674 691 710
給与 0 25 50 75 100 125 150 175 200 225 250 275 300 325 350 375 400 425 450 475 500 525 550 575 600 625 650 675 700 725 750 775 800 825 850 875 900 925 950 975 1,000
【権利者の年収／万円】

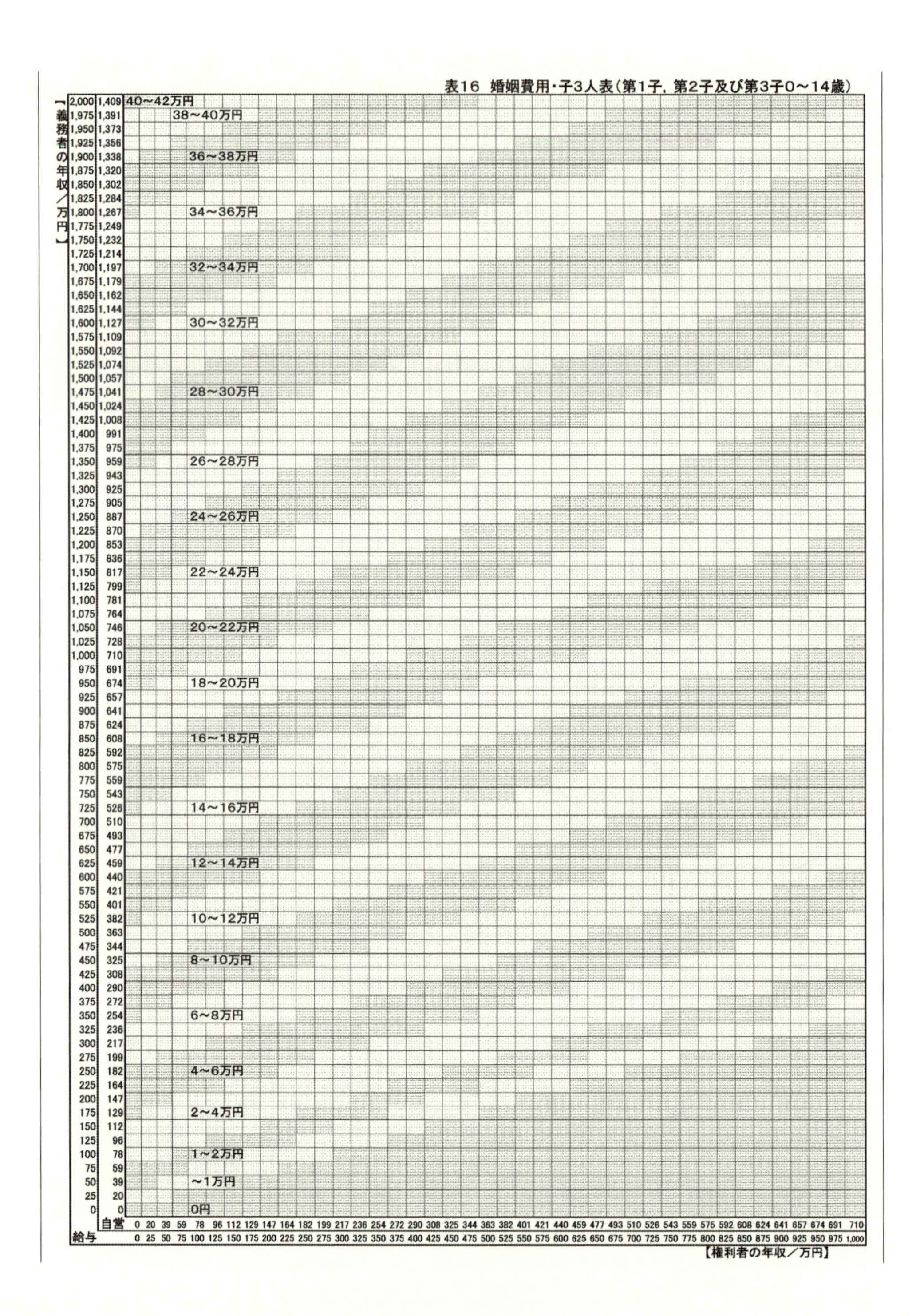

表16　婚姻費用・子3人表（第1子，第2子及び第3子0～14歳）
【義務者の年収／万円】
2,000 1,409 40～42万円
1,975 1,391 38～40万円
1,950 1,373
1,925 1,356
1,900 1,338 36～38万円
1,875 1,320
1,850 1,302
1,825 1,284
1,800 1,267 34～36万円
1,775 1,249
1,750 1,232
1,725 1,214
1,700 1,197 32～34万円
1,675 1,179
1,650 1,162
1,625 1,144
1,600 1,127 30～32万円
1,575 1,109
1,550 1,092
1,525 1,074
1,500 1,057
1,475 1,041 28～30万円
1,450 1,024
1,425 1,008
1,400 991
1,375 975
1,350 959 26～28万円
1,325 943
1,300 925
1,275 905
1,250 887 24～26万円
1,225 870
1,200 853
1,175 836
1,150 817 22～24万円
1,125 799
1,100 781
1,075 764
1,050 746 20～22万円
1,025 728
1,000 710
975 691
950 674 18～20万円
925 657
900 641
875 624
850 608 16～18万円
825 592
800 575
775 559
750 543
725 526 14～16万円
700 510
675 493
650 477
625 459 12～14万円
600 440
575 421
550 401
525 382 10～12万円
500 363
475 344
450 325 8～10万円
425 308
400 290
375 272
350 254 6～8万円
325 236
300 217
275 199
250 182 4～6万円
225 164
200 147
175 129 2～4万円
150 112
125 96
100 78 1～2万円
75 59
50 39 ～1万円
25 20
0 0 0円
自営 0 20 39 59 78 96 112 129 147 164 182 199 217 236 254 272 290 308 325 344 363 382 401 421 440 459 477 493 510 526 543 559 575 592 608 624 641 657 674 691 710
給与 0 25 50 75 100 125 150 175 200 225 250 275 300 325 350 375 400 425 450 475 500 525 550 575 600 625 650 675 700 725 750 775 800 825 850 875 900 925 950 975 1,000
【権利者の年収／万円】

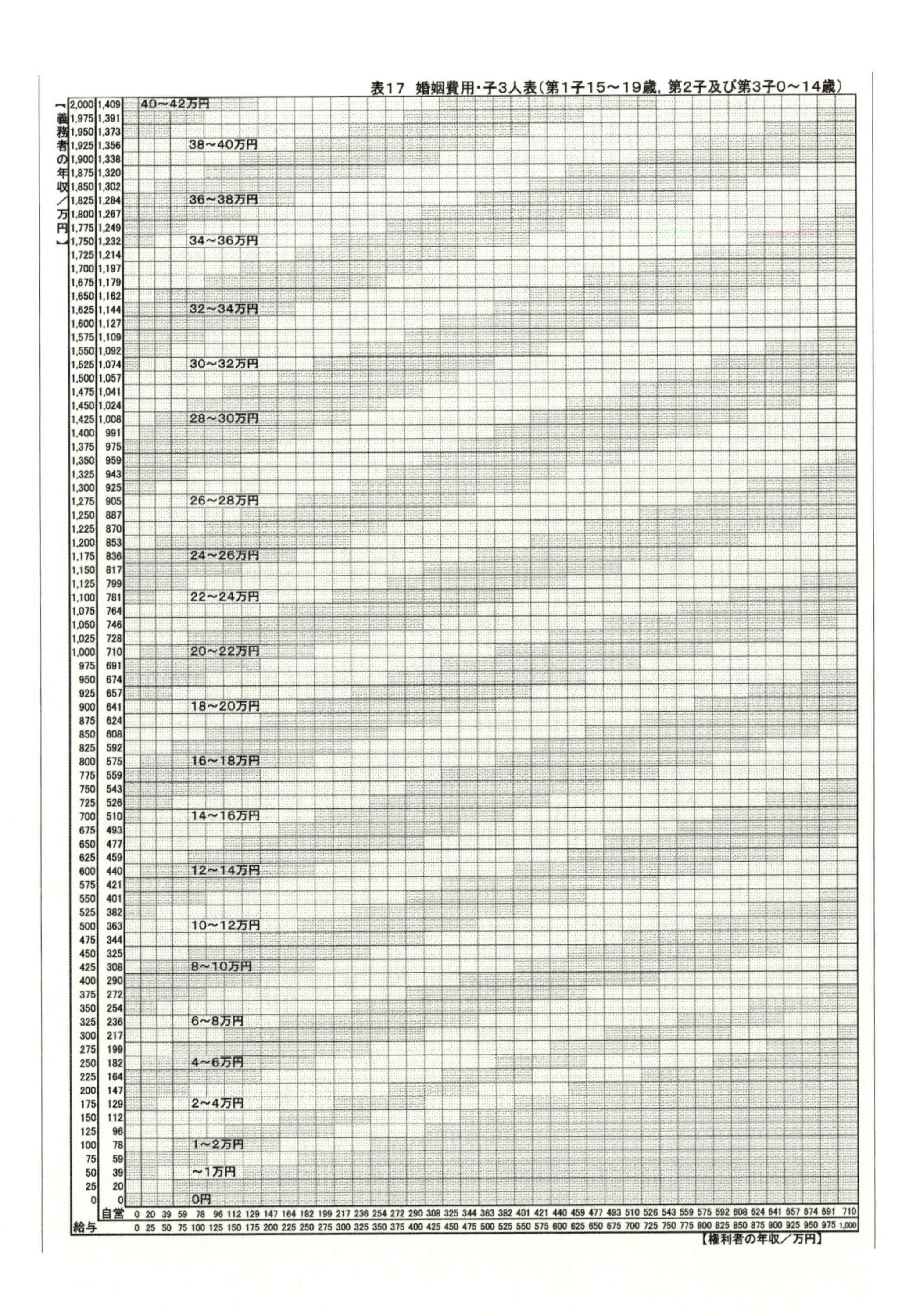
表17　婚姻費用・子3人表（第1子15～19歳，第2子及び第3子0～14歳）
【義務者の年収／万円】
給与
2,000 1,975 1,950 1,925 1,900 1,875 1,850 1,825 1,800 1,775 1,750 1,725 1,700 1,675 1,650 1,625 1,600 1,575 1,550 1,525 1,500 1,475 1,450 1,425 1,400 1,375 1,350 1,325 1,300 1,275 1,250 1,225 1,200 1,175 1,150 1,125 1,100 1,075 1,050 1,025 1,000 975 950 925 900 875 850 825 800 775 750 725 700 675 650 625 600 575 550 525 500 475 450 425 400 375 350 325 300 275 250 225 200 175 150 125 100 75 50 25 0
自営
1,409 1,391 1,373 1,356 1,338 1,320 1,302 1,284 1,267 1,249 1,232 1,214 1,197 1,179 1,162 1,144 1,127 1,109 1,092 1,074 1,057 1,041 1,024 1,008 991 975 959 943 925 905 887 870 853 836 817 799 781 764 746 728 710 691 674 657 641 624 608 592 575 559 543 526 510 493 477 459 440 421 401 382 363 344 325 308 290 272 254 236 217 199 182 164 147 129 112 96 78 59 39 20 0
40～42万円
38～40万円
36～38万円
34～36万円
32～34万円
30～32万円
28～30万円
26～28万円
24～26万円
22～24万円
20～22万円
18～20万円
16～18万円
14～16万円
12～14万円
10～12万円
8～10万円
6～8万円
4～6万円
2～4万円
1～2万円
～1万円
0円
自営
0 20 39 59 78 96 112 129 147 164 182 199 217 236 254 272 290 308 325 344 363 382 401 421 440 459 477 493 510 526 543 559 575 592 608 624 641 657 674 691 710
給与
0 25 50 75 100 125 150 175 200 225 250 275 300 325 350 375 400 425 450 475 500 525 550 575 600 625 650 675 700 725 750 775 800 825 850 875 900 925 950 975 1,000
【権利者の年収／万円】

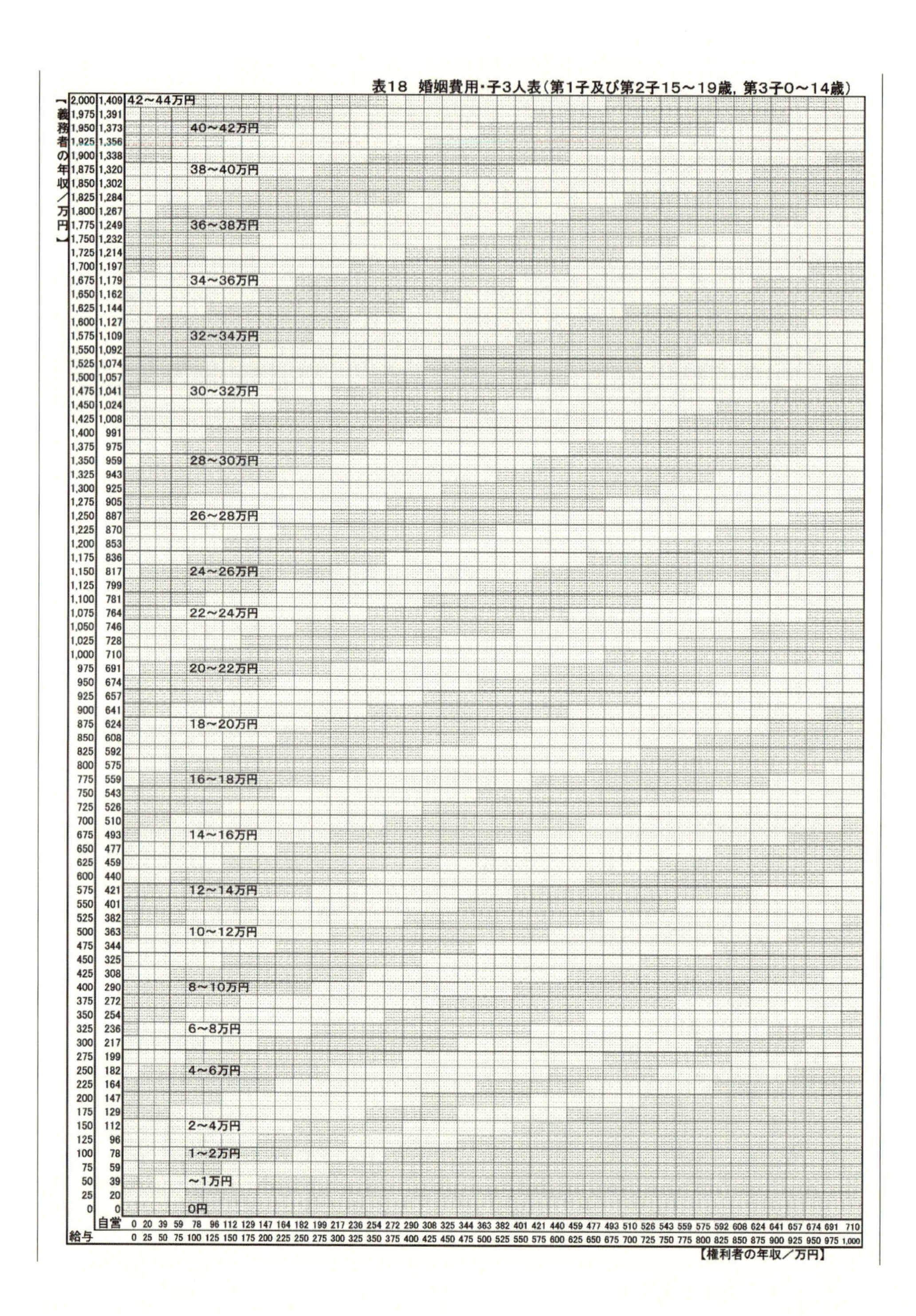
表18　婚姻費用・子3人表（第1子及び第2子15～19歳，第3子0～14歳）
【義務者の年収／万円】
給与
2,000 1,975 1,950 1,925 1,900 1,875 1,850 1,825 1,800 1,775 1,750 1,725 1,700 1,675 1,650 1,625 1,600 1,575 1,550 1,525 1,500 1,475 1,450 1,425 1,400 1,375 1,350 1,325 1,300 1,275 1,250 1,225 1,200 1,175 1,150 1,125 1,100 1,075 1,050 1,025 1,000 975 950 925 900 875 850 825 800 775 750 725 700 675 650 625 600 575 550 525 500 475 450 425 400 375 350 325 300 275 250 225 200 175 150 125 100 75 50 25 0
自営
1,409 1,391 1,373 1,356 1,338 1,320 1,302 1,284 1,267 1,249 1,232 1,214 1,197 1,179 1,162 1,144 1,127 1,109 1,092 1,074 1,057 1,041 1,024 1,008 991 975 959 943 925 905 887 870 853 836 817 799 781 764 746 728 710 691 674 657 641 624 608 592 575 559 543 526 510 493 477 459 440 421 401 382 363 344 325 308 290 272 254 236 217 199 182 164 147 129 112 96 78 59 39 20 0
42～44万円
40～42万円
38～40万円
36～38万円
34～36万円
32～34万円
30～32万円
28～30万円
26～28万円
24～26万円
22～24万円
20～22万円
18～20万円
16～18万円
14～16万円
12～14万円
10～12万円
8～10万円
6～8万円
4～6万円
2～4万円
1～2万円
～1万円
0円
自営
0 20 39 59 78 96 112 129 147 164 182 199 217 236 254 272 290 308 325 344 363 382 401 421 440 459 477 493 510 526 543 559 575 592 608 624 641 657 674 691 710
給与
0 25 50 75 100 125 150 175 200 225 250 275 300 325 350 375 400 425 450 475 500 525 550 575 600 625 650 675 700 725 750 775 800 825 850 875 900 925 950 975 1,000
【権利者の年収／万円】

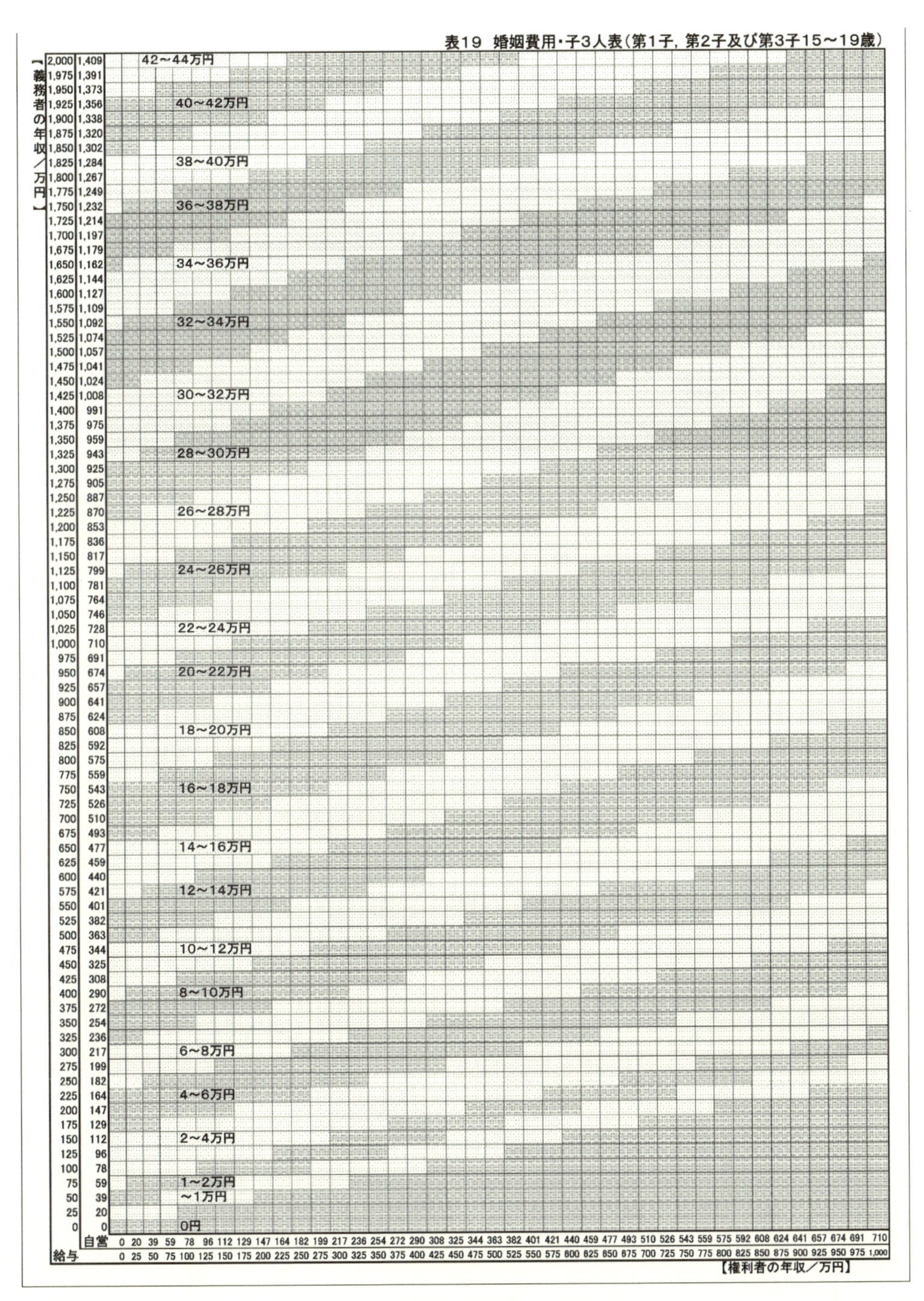

出典：裁判所ホームページ
（http://www.courts.go.jp/tokyo-f/vcms_lf/santeihyo.pdf）

第７章
相続・遺言相談のツボ

早瀬　智洋

1　相談者のニーズを把握する

（1）　相続の相談の概要

相続の相談は、大きく相続が発生する前の相談と相続が発生した後の相談に分けられます。

相続が発生する前の相談は、①自身や家族に相続が発生した際にどのようになるのか、手続きはどのような流れになるのかということを聞きたいというもの（相続の概要を知りたい）と②遺言書を作成したいという相談に大別されます。

次に、相続発生後の相談は、③遺産分割の相談と④遺留分減殺請求に関する相談に大別されます。

このように、相続に関する法律相談においては、来所した相談者が何を聞きたいのかということをいち早く把握し、適切なアドバイスを提供することが必要となります。

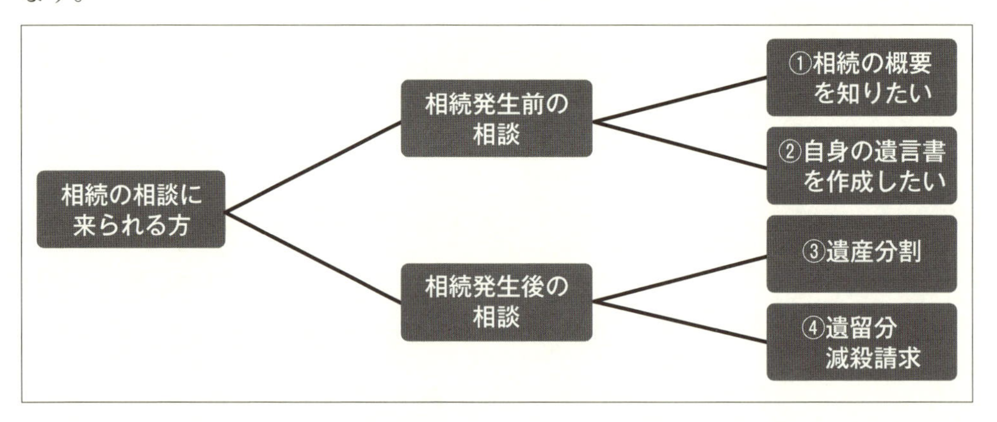

（2）　相談者の気持ちへの配慮

相続は、最終的には、金銭による決着となりますが、最終的な結論に至る過程では、亡くなった方への気持ちや遺産（特に自宅などの不動産）に対する思い入れがある方が多くいらっしゃいます。

そのため、法律相談では、相談者の気持ちに配慮しながら話をしていく必要があります。

（3）　本章の構成

本章では、相続発生前の相談について説明を行い、その後、相続発生後の相談である遺産分割及び遺留分減殺請求に関する相談について説明をしていきます。

2 相続発生前にご相談にいらした方への対応

相続が発生する前にご相談にいらっしゃる方は、将来発生するであろう相続に対して漠然とした不安を有している方と、遺言書を作成したいという方がいらっしゃいます。これらの方々には、まず相続の概要及び遺言書についての基本的な説明を行います。

その上で、遺言書の作成を希望される方には、相談者の方の要望に沿った遺言書の作成の可否及び可能である場合には、具体的な内容を説明していくことになります。

（1） 相続の概要について

相続の相談における基本的なポイントは次の５つです。

① 相続とは
② 相続人、被相続人とは
③ 法定相続人とは
④ 法定相続分とは
⑤ 相続の種類

この５つのポイントを相談者に説明し、しっかりと理解してもらうようにしましょう。

① 相続とは

相続とは、人が死亡した際に、その人が有していた権利･義務を特定の人（相続人）が引き継ぐことをいいます。

相続は、人の死亡により生じるもので、これを故人や故人の親族（遺族）の意思により生じさせないということはできません。

相談者の中には、「相続」と「遺産分割」を混同し、「父が死んだが、相続はまだしていない」などとおっしゃる方もいますが、そのような方には、「相続」とは故人の死亡により生じるものであるということを説明する必要があります。

② 相続人、被相続人とは

相続が発生した場合に、死亡した人を「被相続人」といいます。

そして、被相続人の権利・義務を承継する人を「相続人」といいます。

この相続人、被相続人という言葉は、相続に関する相談では非常によく使う言葉ですが、相談者の方には、「相続人（相続を受ける人）」と「被相続人（亡くなった人）」を逆に理解している方も少なくありません。

この言葉を逆に理解してしまいますとその後の説明の際に混乱をしてしまうこともありますので、「相続人」と「被相続人」という言葉の意味をしっかりと理解してもらってください。

③　法定相続人とは

法定相続人とは、相続を受ける者として法律が規定している人を意味します。

遺言がない場合、遺産分割協議において別段の分割の合意をしない限り、この法定相続人が、法定相続分（法定相続分については④で説明します。）に応じて遺産を相続することになります。

法定相続人は、次のように規定されています。

①　配偶者は常に相続人となる。 ②　配偶者に加え、子供・孫といった卑属が相続人となる。 ③　卑属がいない場合には、親・祖父母などの尊属が相続人となる。 ④　卑属も尊属もいない場合には、兄弟姉妹またはその子供が相続人となる。 ⑤　配偶者がいない場合には、②～④のうち上位のものだけが相続人となり、卑属と尊属が同時に法定相続人となることはない。

※　**代襲相続とは**

卑属が相続人となる場合、子がいない場合は孫、孫がいない場合にはひ孫というように、相続人の地位は、どんどん下へと下がっていきます。これを代襲相続といいます。

もっとも、兄弟姉妹が相続人となった場合には、兄弟姉妹の子は相続人となりますが、法定相続人とされるのは、兄弟姉妹の子までで、兄弟姉妹の孫は法定相続人とはなりません。

④　法定相続分とは

法定相続分とは、法律が規定する法定相続人ごとの持分割合をいい、民法においては、法定相続分は、以下のように規定されています。

①　配偶者（１／２）　＋　卑属（１／２） ②　配偶者（２／３）　＋　尊属（１／３） ③　配偶者（３／４）　＋　兄弟姉妹（１／４）

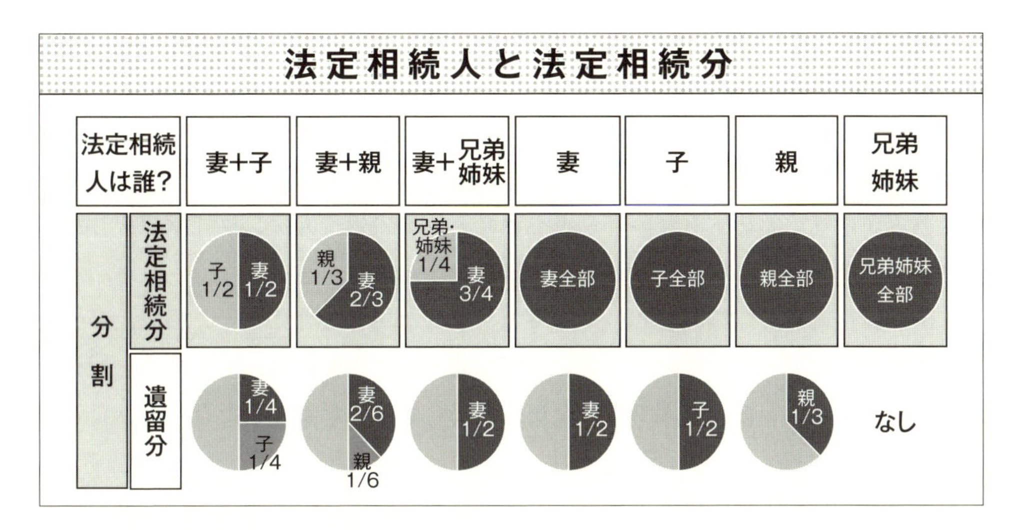

（ア）卑属間及び尊属間の相続分

卑属もしくは尊属が相続人となる場合には、複数名が相続人となることがあり得るため、卑属間・尊属間の相続分がどうなるのかが問題となります。

この点について卑属間・尊属間の相続分は等分となります。

なお、民法は、非嫡出子の相続分を嫡出子の２分の１としていましたが、平成25年９月４日に、最高裁がこれを違憲と判断したことから、当該平成25年９月５日に民法の改正がなされ、嫡出子と非嫡出子の相続分は同等とされています。

（イ）兄弟姉妹間の相続分

兄弟姉妹が相続人となる場合で、兄弟姉妹の間で親が違う場合には、被相続人と片方の親のみを同じにする兄弟姉妹は、被相続人と両親を同じにする兄弟姉妹の２分の１となります。

⑤　相続の種類

法定相続人は、上記④で説明した割合に応じて、相続分を取得することになります。もっとも、相続が発生した場合に、必ず相続をしなくてはならないとすると、被相続人に多額の借金があるような場合に、法定相続人にとって酷な場合があります。

そこで、法律は、法定相続人が相続をするか否かについて、「単純承認」「限定承認」「相続放棄」という３つの方法を用意しました。

これらの方法のいずれを選択するかについては、相続人が、相続が開始されたこと（被相続人の死亡）を知ってから３か月の間に決めるよう規定されています。ただし、この判断をするための３か月という期間については、家庭裁判所の許可を得れば伸張されます。

（ア）単純承認について

相続人が、被相続人のプラスの財産もマイナスの財産もすべて相続することを単純承認といいます。

相続人が単純承認をするという意思を示すと、その相続人は、単純承認をしたこととなります。

法律は、相続人が「単純承認」をすると明示した場合だけでなく、相続人が相続の開始を知ってから３か月経っても「限定承認」や「相続放棄」の手続きを行わない場合や、相続人が被相続人の財産を使った場合も単純承認をしたものとみなしています。

そのため、相談者が、単純承認をするかどうかを迷っている場合には、被相続人の財産を使わないようにアドバイスをする必要があります。

問題になる場合として、遺族年金、未収年金、生命保険金の受給をしても問題がないかという点を聞かれることがあります。遺族年金、被相続人の未収年金、生命保険金の受取をしても、単純承認とはならないとされますので、これらについては受給をしても問題がないということになります。

（イ）限定承認について

限定承認とは、被相続人の遺産が全体でプラスになるのかマイナスになるのかが分からないときにとり得る手段となります。

限定承認がなされると、相続人は、プラスの財産の限度でマイナスの財産（借金）を負担することになります。

ただし、限定承認は、相続人全員で家庭裁判所に対して申立てを行わなければならず、また、遺産目録を作成しなくてはならないなど手続きが煩雑であることもあり、あまり利用されていません。

（ウ）相続放棄について

相続放棄がなされると、その相続人は、初めから相続人ではなかったことになります。相続放棄は、被相続人の財産にマイナス（借金）が多い場合になされます。

相続放棄をするためには、相続人が自身に対して相続が発生したことを知ったときから３か月以内に家庭裁判所に申立てを行う必要があります。

上位の法定相続人が全員相続放棄をすると、下位の法定相続人が相続人となります。そのため、被相続人に莫大な借金がある場合には、上位の法定相続人（配偶者、卑属）から下位の法定相続人（尊属→兄弟姉妹）が順々に相続放棄をしていくこととなります。

相談者が、上位の法定相続人で、被相続人に借金があることが明らかであるような場合や、相続放棄の相談に来られた場合には、自身が相続放棄をしてもほかの相続人は借金を負ってしまうおそれがあることを説明し、必要に応じてほかの相続人や下位の法定相続人に対して相続放棄について説明をすることをアドバイスするとよいでしょう。

（2）　遺言について

遺言とは、被相続人が所有している財産をどのように処分するかについて、被相続人の最後の意思を表示するものです。

遺言は、被相続人の最後の意思を表示するものであることから、方式、効力について法が規定をしており、法の規定に反する方式による遺言は効力を有しません。これは、「死人に口なし」といわれるように、被相続人の死後には、被相続人の真意を本人に確認することができませんので、法の規定によらないものには、効力を認めないことで、相続人がそれぞれ勝手に被相続人の意思を推測することを防ぐためです。

そのため、遺言については、相談者に対して、方式の説明をするだけでなく、それぞれの方式が有効とされる要件をしっかりと説明をし、死後になって、遺言書が無効とされることがないようにしなくてはなりません。

ア　遺言の方式

遺言には、自筆証書遺言、公正証書遺言、秘密証書遺言という方式が法律上規定されています。また、船が遭難し、死の危険に直面した場合や、意識不明であった病人の意思が戻った場合など特別な場合に認められる特別な方式の遺言が認められています。ただし、特別な方式の遺言は、事前には想定し難い場合に関するものですので、相談においては、自筆証書遺言、公正証書遺言、秘密証書遺言について説明をすることになります。

（ア）自筆証書遺言

自筆証書遺言とは、遺言者が手書きで作成する遺言のことです。一般の方には、この自筆証書遺言が一番馴染みがあるかもしれません。

自筆証書遺言が有効となる要件は法律上厳格に定められています。自筆証書遺言は、遺言者が手書きで作成することができるため、作成をすることは手軽にできますが、要件を欠く遺言は効力を有しませんので、要件を正確に理解しておき、説明できるようにしておかなくてはなりません。

自筆証書遺言の要件は以下のとおりです。

① 全文が自筆であること

自筆証書遺言は、全文を自分の手で書かなくてはなりません。相談者の中には、署名が自筆であればよく、内容の部分はパソコン等で作成をしてもよいと考えておられる方もいらっしゃいますが、そのような理解は誤りであり、必ず全文が自筆であることが必要です。

② 日付が記入されていること

日付は、遺言をした者が遺言能力を備えていたのかの判断や複数の遺言が見つかった場合に、それぞれの遺言の前後を判断するために必要となります。

日付は、年月日が客観的に特定できるように記載されていることが必要です。そのため、「吉日」という記載では日付の要件を欠くことになります。一方で、「平成○○年○月末日」との記載は、年月日の特定ができますので、有効となります。

もっとも、相談を受けた場合には、後日になって疑義が生じるような記載は避けるよう、明確に年月日を記載するようにアドバイスをするべきです。

③ 氏　名

氏名は、遺言者の特定ができればよいとされており、戸籍上の氏名と同一でなく、ペンネームや通称の記載でも有効とされることもあります。ただし、可能なかぎり本名で作成したほうが望ましいです。

④ 押　印

自筆証書遺言には押印が必要とされます。

この押印については、実印でなされることが多いですが、押印は、認印によるものや指印でもよいとされています。また、押印の箇所についても指定はなく、署名の下になされることは必要ではありません。

⑤ 加除訂正の方法

自筆証書遺言に加除訂正は、訂正箇所を二重線で消して訂正印を押すという方法ではできず、遺言者が加除訂正を行う場所を指示し、これを変更した旨を附記し、特にこれに署名し、変更箇所に印を押す必要があります。この方法は、一般的な書類の加除訂正と異なりますので、特に説明を加えたほうがよいでしょう。

（イ）公正証書遺言

公正証書遺言が有効となるのは、公証人が、２名以上の証人を立ち会わせて、遺言者が遺言の内容を公証人に口授し、公証人が遺言者が口述した内容を筆記し、公証人が筆記したものを遺言者及び証人に読み聞かせて、遺言者・証人・公証人が署名・押印した場合です。

公正証書遺言では、公証人が、本人確認及び遺言能力の存在を確認した上で作成をします。また、証人には、その遺言者と利害関係を有する者はなることができません。

そのため、公正証書遺言は、後々、偽造や変造がされたと主張されることが少なく、相続人間で、遺言書の有効性について紛争が生じることを予防することができます。

相談者から、どの方式による遺言書が望ましいかを聞かれた場合には、後の紛争の防止のためには公正証書遺言がよいことを説明されるとよいでしょう。

（ウ）秘密証書遺言

秘密証書遺言とは、内容を秘密にして作成される遺言です。

秘密証書遺言は、遺言者が、遺言の内容を秘密にした上で遺言書を作成し、署名・押印をし、その遺言書に押した印で封印をし、その封書を公証人及び２人以上の証人の前に提出し、自己の遺言であることを申述し、その封書に公証人が証書を提出した日付及び遺言者の申述を記入し、遺言者及び証人と共に署名・押印することで成立します。

秘密証書遺言では全文の自筆は要件ではなく、パソコン等を使用して作成することも可能です。ただし、第三者が関与した場合には、遺言の内容が漏れてしまうおそれがあります。

また、公証役場での手続きが必要となりますので、手間としては公正証書遺言と大きく変わらないともいえます。

イ　遺言が複数ある場合の効力

上記のように、遺言書の方式は一つではありません。また、遺言は、一度しか作れないというものでもありません。

そのため、被相続人の死亡後に複数の遺言が出てくるということはままあることです。

このような場合の遺言の優劣について、法は、遺言の方式により優劣を定めるということはしておらず、より新しい遺言を有効とするとしています。

すなわち、複数の遺言書が出てきた場合、遺言の内容が背反する点については、日付が新しい遺言の効力が優先し、古い日付の遺言は効力を失います。

また、遺言者が、遺言の内容に反する行為を行っていた場合には、遺言者は、遺言の内容を実現する意思がなかったこととなりますので、遺言者が遺言に反する行為を行った部分に関する遺言は撤回したものとみなされます。

ウ　共同遺言の禁止

法は、2人以上の者が同一の証書で遺言をすることを禁止しています。そのため、夫婦で1つの遺言書を作成するということはできません。

エ　遺言の内容に関する諸問題

(ア)「相続させる」遺言

①「相続させる」遺言とは

遺言の記載内容から「相続させる」遺言と呼ばれる類型の遺言があります。

これは、「特定の遺産を特定の相続人に、相続させる」と記載されるもので、「全ての遺産を、○○（特定の相続人）に相続させる」との遺言は、全部相続させる遺言などと呼ばれます。

②「相続させる」遺言の効果

この「相続させる」遺言により、特定の相続人に相続させると指定された遺産は、被相続人の死亡により、特定の相続人の単独所有になると解されており、全部相続させる遺言がなされると、すべての遺産を相続させるとされた者を含めたすべての相続人が合意をして遺産分割協議を行わない限り、被相続人の遺産のすべてが特定の相続人に帰属することになることから、遺産分割はなされず、遺留分の問題が生じることとなります。

(イ)「相続分の指定」をする遺言

①「相続分の指定」をする遺言とは

遺言において法定相続分と異なる割合で相続をさせる旨の記載がなされる遺言は「相続分の指定」をする遺言といわれます。

②「相続分の指定」をする遺言の効果

「相続分の指定」をする遺言では、具体的な遺産を誰が相続するのかという点については定めがなく、相続分を法定相続分とは異なる割合とするという効果のみが生じます。そのため、相続人は、指定された相続分に従って遺産分割を行うこととなります。

相続分の指定がなされた場合に、指定された相続分が、個々の法定相続人の遺留分を侵害する場合には、遺留分を侵害されている法定相続人は、遺留分減殺請求を行うことができます。

この点について、「相続分の指定」をする遺言により遺留分を侵害されている法定相続人から遺留分減殺請求がなされると、遺留分割合を超える相続分を指定された相続人の指定相続分が、その遺留分割合を超える部分の割合に応じて修正されることになります（最高裁第一小法廷平成24年１月26日判決）。

すなわち、遺留分減殺請求がなされると、遺留分を侵害していた相続人の相続分が減少し、遺留分を侵害されていた相続人の相続分は遺留分の割合まで増加することとなります。そして、その後、遺留分減殺請求により遺留分割合まで増加した相続分に応じて遺産分割がなされることとなります。

オ　遺言書作成のポイント

遺言書作成においては、①どの方式で遺言をつくるのか、②内容をどのように定めるのかという点についてアドバイスを行うこととなります。

方式としては、相続発生後のトラブルを回避し、遺言者の意思を反映させることを重視すると、公正証書遺言がよいということになります。公正証書遺言では費用が生じますが、相続発生後に相続人間で遺言書の有効性を巡って紛争となることは、遺言者の意に反するものといえますので、その点を相談者にご説明されるとよいでしょう。

また、内容としては、特定の遺産（特に自宅などの不動産）を特定の相続人に渡したいという意向がある場合には、「相続させる」遺言として遺言を作成することになります。

加えて、遺言を作成する際には、相続発生時の相続税についても配慮をする必要があります。相続税については控除や特例等が定められており、制度を活用できた場合とそうでない場合で課税される金額に大きな差が生じることがあります。そのため、場合によっては税理士と共同で遺言を作成するということも検討されてよいでしょう。

3　相続発生後にご相談にいらした方への対応

相続発生後にご相談にいらした方への対応は、遺言書の有無及び遺言書の内容により、遺産分割の相談と遺留分減殺請求の相談に大きく分かれます。次のチャート図をもとに説明をします。

（1）　遺言書がない、または相続人全員が遺産分割に同意している場合

遺言書がない場合、または遺言書があっても相続人全員が遺産分割を行うことに

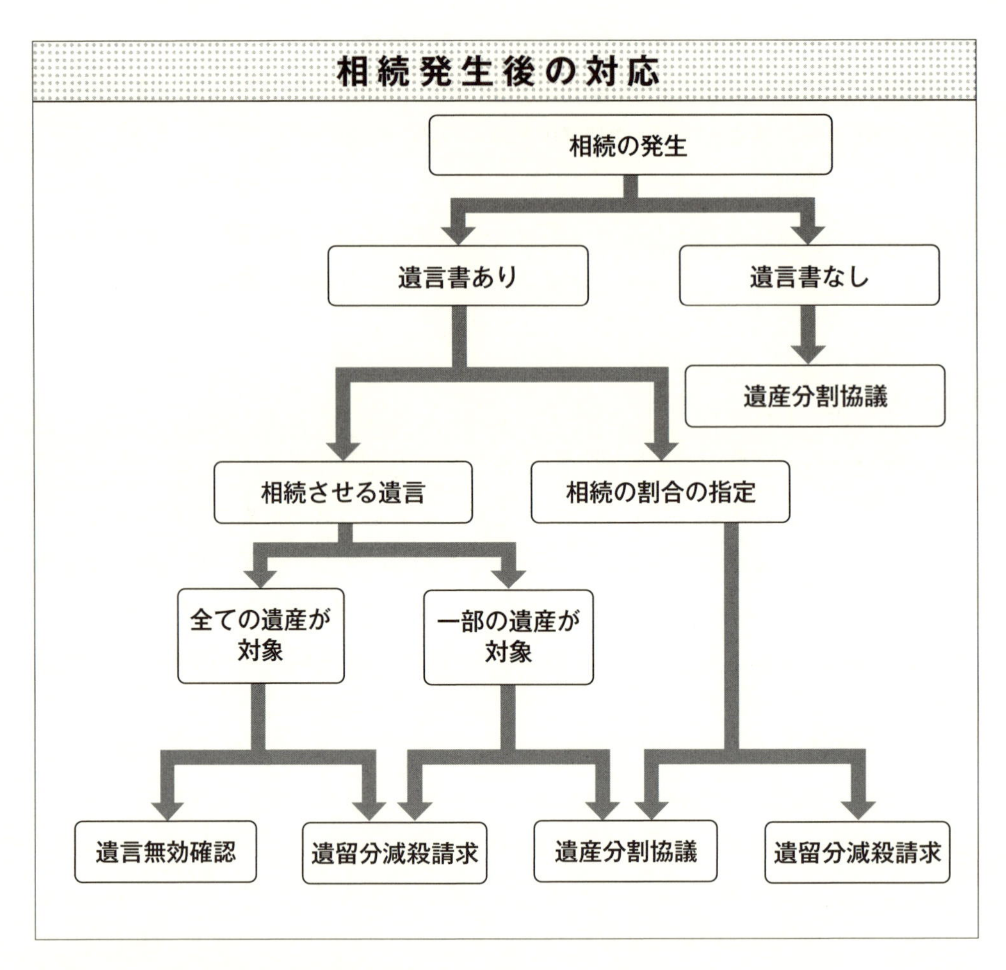

同意をしている場合には遺産分割の手続きがなされることとなります。そのため、遺言書があるがその内容に納得できないとしてご相談にいらした方には、相続人全員が同意をすれば遺産分割ができますということを説明することになります。もっとも、現実には、遺言書があり、相続人間で条件の優劣がある状況では、遺言により有利に扱われている相続人が同意をする可能性が低いことを説明する必要があるでしょう。

（2） 遺言書がある場合

遺言書がある場合には、遺言書の内容によって手続きが変化します。

ア 「相続させる」遺言があり、すべての遺産が対象となっている場合

「相続させる」遺言があり、すべての遺産が対象となっている場合には、その遺言によって遺留分の侵害があるかどうかを検討します。そして、遺留分の侵害があ

る場合には、遺留分減殺請求を行うこととなります。

遺留分の侵害がない場合には、相続人全員が遺産分割を行うことに同意をしないかぎり取得する遺産の変更はできません。

遺留分の侵害がない場合にとり得る手段としては、遺言無効確認を行い、遺言を無効にするという方法があります。この方法をとる場合には、遺言の有効性の検討をする必要があります（遺言の有効性については本章２（２）を参照）。また、手続きとしては、地方裁判所において遺言無効確認を行い、無効となって初めて遺産分割の手続きに進むこととなります。そのため、時間と労力が多分にかかることを説明する必要もあるでしょう。

イ　「相続させる」遺言があるが、すべての遺産が「相続させる」対象となっていない場合

「相続させる」遺言があるが、すべての遺産が「相続させる」対象となっていない場合には、まず、遺留分の侵害の有無を確認し、遺留分侵害がある場合には、遺留分減殺請求を行うこととなります。次に、遺留分侵害がない場合には、「相続させる」対象となっていない財産について遺産分割手続きを行うこととなります。

ウ　「相続分の指定」をする遺言がある場合

「相続分の指定」をする遺言がある場合には、指定された相続分が遺留分を侵害する場合には、遺留分減殺請求を行うこととなり、遺留分の侵害がない場合には指定された相続分に従い遺産分割手続きを行うこととなります。

4　遺産分割の相談の具体的対応

遺産分割の相談では、まず、ロードマップを用いて相談者の方に「遺産分割」という手続きについて理解をしてもらうこととなります。

以下で、ロードマップを用いて、「遺産分割」の手続きについて詳述します。

（1）　ロードマップに書かれていること

ロードマップには、遺産分割を行う際の手順と考え方がまとめられています。遺産分割の際に、話があちこちに行ってしまい、まったくまとまらないという経験をされる方も多いかと思いますが、それは遺産分割の手順と考え方が整理されていないために起こることです。

遺産分割における法律相談では、相談者にロードマップを示して遺産分割の手順

と考え方を説明し、その後、ロードマップの手順に沿って、相談者から詳細な聞き取りを行うという手法をとれば、話があちこちにいってしまい時間だけが過ぎていくというトラブルは避けることができるようになります。

（2） 相続人の範囲【ロードマップ①】

ア　ロードマップに最初に書かれているのは、「①相続人の範囲」です。遺産分割の相談の際には、誰が遺産分割に関係がある人であるかということをしっかり把握する必要があります。この「相続人の範囲」をしっかり確定させることで、関係のない人が遺産分割に参加してくることを防ぐとともに、それぞれの相続人の法定相続分（誰が、どれだけ相続をすることができるかという割合）も把握することができます。

イ　この「相続人の範囲」の確定の際に有効なツールが、「相続関係図」（142頁参照）です。

ここで、ロードマップから一旦離れて、「相続関係図」に関する説明をしておきます。

「相続関係図」は、「相続が発生する方」を中心に、家族関係を記入し、誰が相続人になるのかを視覚的にまとめたものです。記入の手順は、相続の発生する方を記入し、配偶者、子、父母、兄妹、甥・姪がいるかという情報を書き込んでいきます。このとき、相談者の立場にあたる部分を赤のペンなど目立つもので書いてきてもらうと、相談者がどのような状況にあるのかということがより分かりやすくなります。また、相続人になる人が死亡している場合には、その子が相続人となることもありますので、死亡した者についても記入してもらうようにしてください。

この「相続関係図」は、相談を行う前に相談者に分かる範囲で書いてきてもらうと、「相続人の範囲」がひと目で分かりますので、相談にかかる時間を短縮することができます。また、この「相続関係図」には、各人の枠の右下に相続分を記載する欄もありますので、「相続人の範囲」が確定した後に相続分を記載しておくこともできます。

もっとも、この「相続関係図」の書き方が分からないという相談者の方もいらっしゃいますので、そのような場合には、相談を受ける担当者が相談者に状況を聞きながら書き込んでいくことも可能です。

ウ　誰が相続人かを説明する

相続関係図をもとに、相談者の案件において相続人が誰であるかが判明したら、

➤ロードマップ（遺産分割）

遺産分割の際に押さえるべき５つのポイント

①相続人の範囲

誰が相続人かを確認します。

②遺産の範囲

原則として、非相続人が亡くなった時点で所有していた、現在も存在するものが、遺産分割の対象となる遺産であり、その範囲を確定します。

③遺産の評価

遺産分割の対象となる遺産のうち、不動産等の評価額を確認します。

④各相続人の取得額

②で確認し、③で評価した遺産について、法定相続分に基づいて各相続人の取得額が決まります。ただし、法律の条件を満たす特別受益や寄与分が認められる場合には、それらを考慮して各相続人の取得を修正します。

⑤遺産の分割方法

④の取得額に基づいて、各相続人に分割します。遺産の分割方法には、現物分割（その他を分けること）、代償分割（物を分けるが、差額を金銭で調整すること）、換価分割（売却して金銭を分配すること）などがあります。

遺産分割の成立

➤相続関係図（わかる範囲でお書きください）

（相続の発生する方を太枠の中に、ご自身を赤でお書きください。）

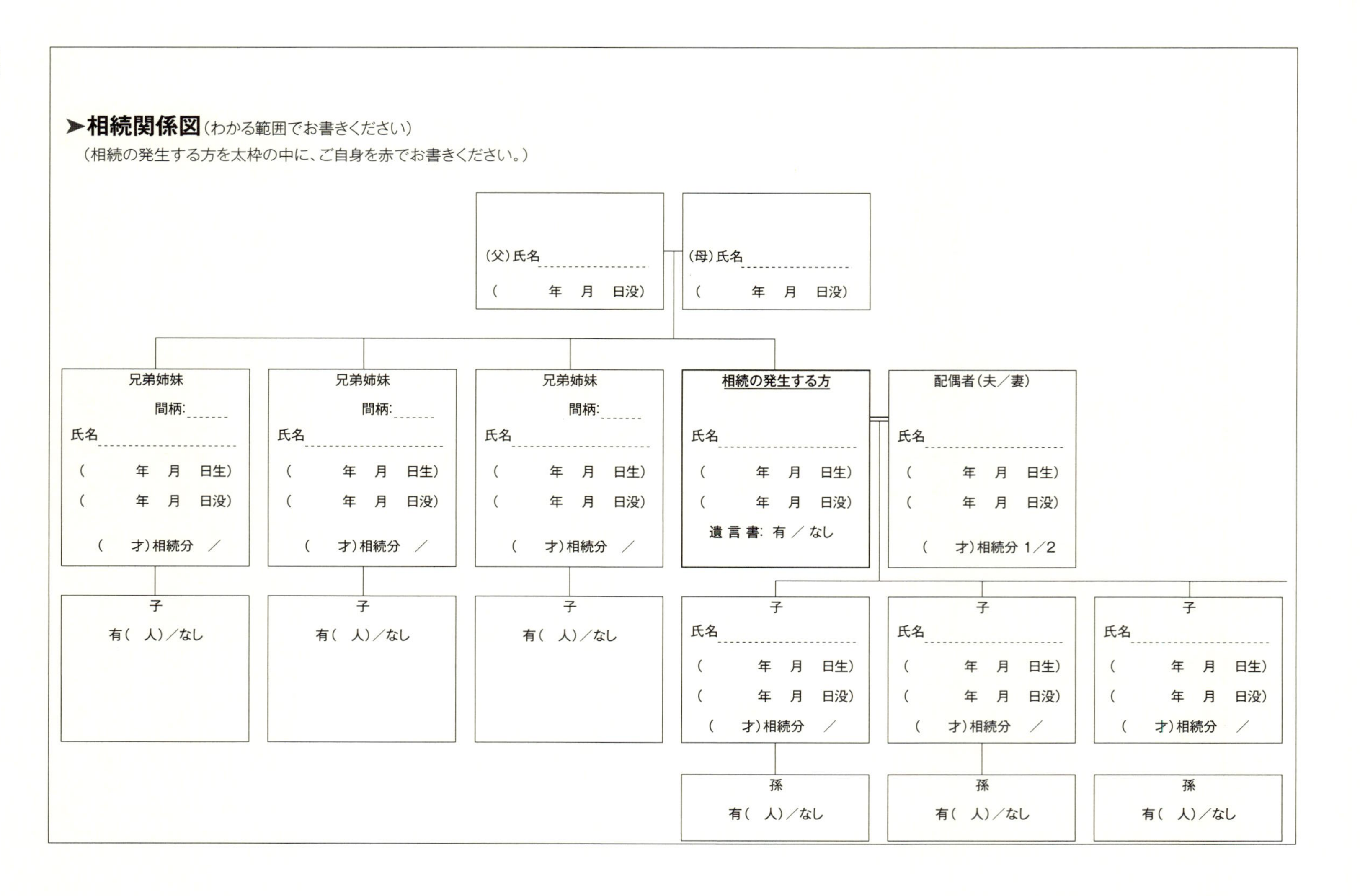

誰が相続人であるかを相談者に説明するとよいでしょう。

（3）　遺産の範囲を決める【ロードマップ②】

ア　遺産分割の第２ステップは、遺産の範囲を確定させることです。誰が相続人であるかということが分かっても、どの財産を分けるのかということが分からないと話は前に進みませんので、相続人の範囲を確定させた後には、遺産の範囲を確定させます。

イ　遺産に含まれるものとは

遺産に含まれる財産は、被相続人（相続される方）が死亡した時点で所有していて、遺産分割のときにも存在する財産です。相続人が負っていた借金などマイナスの財産は遺産分割の対象である「遺産」には含まれないので注意が必要です。ただし、遺産分割において、特定の相続人が債務を負担するということを内部的に合意することは可能です。

すなわち、被相続人の債務は、可分ですので、相続の発生と同時に各相続人が、それぞれの相続分に応じて負担をすることになるのが原則です。

ただし、実際に遺産分割がなされる場合には、負債も含めて全体の財産を検討し、分割を行うという方法がとられることが多いです。

（4）　遺産の評価を行う【ロードマップ③】

ア　遺産評価の重要性

遺産のうち現金や預貯金は、金額がはっきりしていますので、評価の問題は生じませんが、土地や建物などの不動産が遺産にある場合には、不動産の評価を巡って争いが生じることがあります。特に、土地と建物を一人の相続人が相続する場合、その不動産を取得する相続人は不動産の価値を低く評価しようとしますし、逆に、不動産を取得しない相続人は不動産を高く評価しようとするため紛争が激化することがあります。

このような紛争を避けるため、遺産分割では、遺産の評価が非常に重要となります。そして、相続人全員で、遺産の総額がいくらであるのかということを確定としておけば、「⑤遺産の分割方法」の段階でトラブルが再燃されることを防ぐことができます。

イ　遺産の評価の具体的な方法

遺産の評価が重要であるということはご理解いただけたと思いますが、遺産の評価はどのように行うことになるのでしょうか。これから、不動産に焦点を絞って具体的な方法について若干説明を行っていきたいと思います。

（ア）不動産の場合

遺産の評価については、遺産分割が協議でなされている時点では、全員の合意によって決めることができますが、どうしても合意ができない場合には、裁判の手続き内で鑑定を行い、金額を定めることになります。

ここで、遺産分割協議において金額を決める場合には、最終的に全員が納得をしなくてはなりませんので、客観的な資料をもとに金額を決めるための協議を行うことになります。

不動産の金額に関する公的な基準としては、公示価格、固定資産税の評価額、路線価格があります。

公示価格は、地価公示法という法律に基づき特定の標準地についての価格を示すものです。公示価格は、特定の標準地の価格ですので公示価格から遺産の不動産の金額を直ちに算定することはできません。

次に、固定資産税評価額は、特定の不動産ごとに定められる金額ですが、金額の評価は３年に一度であり、また、固定資産税の課税のための評価であることから実際の市場価格とは差が生じます。

路線価格は、相続税・贈与税の賦課のための基準とされる価格で、土地が面している道路（路線）ごとに金額が定められます。

これらの公的な基準は客観的かつ公な基準ですので公平性という面では優れていますが、実際の価値を図るという面では問題がないとはいえません。そのため、実際には、不動産業者による査定を用いて、不動産の実際の価値を図ることが多くなされます。

遺産分割の協議、調停では、客観的な資料に基づき、金額を算定することになりますので、相談者の方にとって有利な結論を基礎づけることができる資料を見極め、資料を準備するようにご説明することになります。

（イ）株式の評価

株式のうち、上場されている株式等、市場において取引がされている株式については、遺産分割に最も近い日の終値をもって金額を算定することになります。

また、市場において取引がなされていない株式については、相続人間において合意が整わない場合には、公認会計士等による鑑定によらざるを得ません。

（５）　各相続人の取得額を決める【ロードマップ④】

ア　各相続人の取得額の確定

②で遺産の範囲が確定し、③でその遺産がいくらになるのかということが確定されると、それぞれの相続人の法定相続分に応じて、個々の相続人の具体的な相続分が決まります。もし、相続人の一部に、被相続人の生前に多額の贈与を受けていたとか、相続人が遺産を増加させる特別な努力をしていたなどという特別な事情がある場合にはこの段階で考慮します。

相続人の一部が被相続人の生前に多額の贈与を受けていたという事情や、介護などを献身的に行い、相続人が遺産を増加させたなどという事情は、「④各相続人の取得額」の確定の時点で初めて考慮するものです。遺産分割に関する相談や実際の遺産分割では、相続人間で誰が贔屓されていたとか、自分は介護をしたから多くもらうべきだなどという主張がよく出てきます。しかしながら、そのような主張は、①～③が終わるまでは行わせてはいけません。遺産分割がもめてしまったり、遺産分割に関する法律相談がうまくいかないのは、この特別な事情に関する主張を早期の段階でさせてしまったことによる場合がほとんどです。相談者が特別な事情に関する話をする前の時点で、特別な事情に関する話を始めてしまった場合には、ロードマップを示し、特別な事情に関する話は然るべきタイミングでしっかり聞くことを伝え、ロードマップに沿った説明と聞き取りを行うことが肝心です。

イ　寄与分（特別な事情１）

（ア）寄与分とは

特別な事情の１つ目は、寄与分といわれるものです。これは、相続人が被相続人の財産の維持・増加に特別な貢献をした場合に、相続財産から、寄与をした金額を控除し、残った分を遺産分割の対象とするものです。

（イ）寄与分はどのような場合に認められるか

相続人が被相続人の面倒を長い間見てきたなどというかたちで、寄与分に関する主張はよくなされます。もっとも、法律上、寄与分として認められるのは、「被相続人の財産の維持・増加に特別な貢献をした場合」に限られます。

寄与分が認められる典型的な場合は、被相続人のために医療費や施設費用を支出していた場合や、生活費を継続的に支出していた場合、一般的な介護の枠を越えて専従的に介護を行い、専門家による介護費用の支出が抑えられたといえるような場合です。

そのため、親子や夫婦であれば行うことが通常である介護などは、寄与分とは認められません。相談者の方の中には、介護をしてきたので自分はほかの相続人より多くもらえるはずであると考えている方も多いですが、実際に寄与分が認められることはまれです。

そこで、自分に寄与分があると考えている相談者に対しては、特別な貢献とまでいえない場合には「寄与分とはいえないのですよ」ということを伝えなくてはならないのですが、介護をするということは少なからず負担があったはずですので、相談者の方の苦労に配慮しながら、説明をすることが必要です。

また、相談者には、「(相続人の) 妻が親の介護をしてきたので寄与分を認めてほしい」と言われる方もいらっしゃいます。寄与分は原則として相続人にのみ認められるものですが、相続人以外の者による寄与行為であっても、その行為は、相続人によるものと同視し得る場合には、寄与の主張をすることが可能です。ただし、その場合にも寄与分が認められるためには、親族間における扶養義務の範囲を超えるなど、相続人の財産の維持・増加への特別な貢献が必要であることをしっかりと説明することが必要です。

なお、相談者の方が、自身の介護等の行為について評価をしてほしいと思い、話をしている際には、法的な評価が難しいということをストレートに伝えてしまうと、相談者の方の気持ちを害することも多々あります。そのため、当事者の方のお気持ちに配慮しつつ、法的な評価の実情を説明することが肝要です。

ウ　特別受益（特別な事情２）

（ア）特別受益とは

特別な事情の２つ目は、特別受益です。

特別受益とは、相続の発生前に、特定の相続人が被相続人から多額の贈与などを受けていた場合に、贈与などで受け取っていた額を相続開始時の積極財産に加え（これを「持ち出し」といいます。)、持ち戻しがされた財産（これを「みなし財産」といいます。)、に法定相続分をかけて具体的な相続分を算出し、特別受益を得ていた者は、みなし相続財産に法定相続分をかけて得られた額から特別受益額を控除された額を具体的な相続分とするという制度です。

具体的な計算方法は以下のようになります。

①　みなし相続財産の計算

相続財産 ＋ 特別受益額

②　具体的な相続分の計算

特別受益者：みなし相続財産 × 法定相続分 − 特別受益額

他の相続人：みなし相続財産 × 法定相続分

（イ）特別受益に該当する場合

特別受益に該当するものは、①遺贈、②生前贈与です。

このうち、①遺贈は、贈与の目的にかかわらず特別受益となります。また、「相続させる」遺言がある場合も、遺贈に準じるものとして特別受益となります。

実務上問題となるのは、②生前贈与です。法律上は、「婚姻若しくは養子縁組のために若しくは生計の資本として」の贈与が対象とされていますが、婚姻のための費用がすべて特別受益となるとはされておらず、被相続人が相続人に対して行った生前贈与が特別受益として認められるか否かは、生前贈与が相続財産の前渡しと認められるか否かにより判断されています。

なぜなら、「婚姻若しくは養子縁組のために若しくは生計の資本」のための支出であったとしても、それが被相続人の相続人に対する扶養義務の履行と認め得られるような場合には特別受益ではないと考えられているためです。

（ウ）特別受益が認められる場合の相続人の計算

特別受益がある場合の具体的な相続分の算出方法は（ア）で説明しましたが、この計算は若干複雑ですので、例を用いて説明をしていきます。

（例）　被相続人：夫

相続人　：妻、子供２人

相続財産：5,000 万円

特別受益：妻に対して、1,000 万円

以上の場合、まず、みなし相続財産を算出します。

①みなし相続財産は、5,000 万円に 1,000 万円を加えた 6,000 万円となります。

次に、具体的な相続分の計算を行います。

②本件では、妻は、2,000 万円、子らはそれぞれ 1,500 万円となります。

【具体的な計算方法】

妻　＝6,000万円×1／2－1,000万円

　　＝2,000万円

子　＝6,000万円×1／4（子それぞれの法定相続分）

　　＝1,500万円

（エ）特別受益が具体的相続分を超えた場合の扱い

（ウ）の例は、特別受益を得ていた母が、特別受益を控除しても取得する財産が残りました。では、特別受益の額が多額で、具体的な相続分を超えてしまう場合はどうなるでしょうか。

そのような場合については、超過部分を返還することは求められず、相続において財産を受け取ることができないことになるとするのが実務上の扱いです。

ただし、超過部分があまりに過大で、ほかの相続人の遺留分を侵害する場合には遺留分を侵害する限度で遺留分減殺請求の対象となるとされます。

（6）遺産の分割方法を決める【ロードマップ⑤】

特別な事情を踏まえ、相続人すべての具体的な相続の金額が定まったら、遺産をどのように分けるかということを決めていきます。この際の分け方としては、遺産として存在しているものを分ける方法や、特定の物（不動産）を特定の相続人が取得をした上で、その物がその相続人の取得額を超える場合には、代償金を他の相続人に支払う方法、遺産を売却してすべて金銭にした上で分ける方法などがあります。

（7）ロードマップを使用して法律的な問題点を説明すること

遺産分割は、ロードマップに従い、一つひとつのステップを段階的に処理をしていけば大きな問題となることはありません。しかしながら、ステップを飛ばしてしまったり、順序を間違えると、話があちこちにいってしまったり、収拾がつかなくなります。

そこで、遺産分割における法律相談では、このロードマップを示し、相談者に対して遺産分割の進め方を理解してもらい、このロードマップに沿って遺産分割を進められるよう意識をしてみてください。

5　遺産分割の法律相談票について

ロードマップで遺産分割の流れが分かったところで、法律相談票（150頁参照）の説明をしていきたいと思います。この法律相談票は、ロードマップに沿って遺産分割を行う際に必要となる情報のうち、相続人の範囲以外の情報が書き込まれるように作成されています（相続人の範囲については前掲の「相続関係図」を使ってください。）。法律相談票には、ロードマップに書かれていること以外の情報も書いてもらうようになっていますので、これから、法律相談票について具体的に説明をしていきます。

（1）　相続の発生する方についての質問と法律相談上のポイント【法律相談票❶】

相続に関する法律相談では、相続が発生してから相談に来られる方も多いですが、まだ相続が発生していない時点で相談に来られる方もいらっしゃいます。

相続が発生してから相談に来られる方も、相続が発生する前に相談に来られる方も、相続が発生したらどうなるのかということを心配して相談に来られるのですが、相続が発生している方の場合には、相続をするかしないか（相続を承認するか、放棄するか）を相続が発生してから３か月以内に決めなくてはなりません。そのため、相談に来られる方に相続が発生しているのかどうかという点を最初に確認する必要があります。

また、相続が発生している場合、相続放棄などの手続きは被相続人の死亡時の住所地を管轄する家庭裁判所が担当することになることから、被相続人が亡くなられた時の住所地の記入欄を作成しています。

（2）　遺言書の有無に関する質問【法律相談票❷】

相続が発生した場合、非常に大きな影響力をもつものが「遺言書」です。

死亡した人が遺言書を作成していた場合、その遺言書に書かれた内容を実現することになります。遺言書において、すべての遺産の分け方が決められていた場合には、遺産分割は行われず、「遺留分減殺請求」の問題になります。

また、遺言書がある場合でも、その遺言書が自筆証書遺言である場合には、その内容が被相続人の真意ではないのではないか、つまり遺言書が偽造されたり、誰かに強要されたものではないかということが紛争の種となることも多々あります。そのため、遺言書がある場合にはその遺言書が自筆証書遺言であるのか、公正証書遺

➤法律相談票（相続）

相談日：平成　　年　　月　　日

法律相談票（相続）

ご相談者氏名：＿＿＿＿＿＿＿＿＿＿（相続の発生する方との続柄：＿＿＿）

相続の発生する方の氏名：＿＿＿＿＿＿＿＿＿＿

1

1．相続の発生する方についてのご質問

□　ご存命

□　死亡日　　　　年　　月　　日

亡くなられた時の住所地　（　　　　　　　　　　　　　　　）

2

2．遺言書　　有（公正証書　／　自筆）／　無　／不明

3

3．遺産に関するご質問（相続の発生する方の財産を分かる範囲でお書きください。）

不動産　：土地　　　有　／　無　（約＿＿＿＿＿＿万円）

建物　　　有　／　無　（約＿＿＿＿＿＿万円）

マンション　有　／　無　（約＿＿＿＿＿＿万円）

住宅ローン　有（残額＿＿＿＿＿万円）／　無　／　不明

現　金　：＿＿＿＿＿＿＿＿＿＿＿＿円

預貯金　：＿＿＿＿＿＿＿＿＿＿＿＿円

株　式　：　有　／　無　／　不明

生命保険：　有（金額＿＿＿万円、受取人：＿＿＿＿＿＿＿）　／　無　／　不明

負　債　：　有（金額＿＿＿＿＿＿万円）／　無　／　不明

4

4．特別の事情に関するご質問

（1）相続の発生する方をご家族で扶養していたなどの事情

有（氏名＿＿＿＿＿＿＿＿＿）／　無　／　不明

（2）相続の発生する方から高額な贈与を受けた方

有（金額＿＿＿＿万円、氏名＿＿＿＿＿＿＿）／　無　／　不明

有（金額＿＿＿＿万円、氏名＿＿＿＿＿＿＿）

5

5．遺産の分割方法に関するご質問

（1）遺産分割の方法について希望：　有　／　無

（2）遺産分割の方法について希望がある方は、可能な範囲で具体的にお書き下さい。

6．その他のご相談内容（ご自由にお書きください）

言であるのかを確認をしておく必要があります。

また、相続の法律相談では、予約の段階で遺言書の有無を確認し、ある場合には相談の際に持ってきてもらうことで初回の相談の密度が濃いものになりますので、遺言があるかどうかは、事前に確認をして持ってきてもらうようにするべきでしょう。

さらに、遺言書が自筆証書遺言である場合には、検認手続きを経ているかを確認し、未了の場合には家庭裁判所において検認手続きを行うように助言をする必要があります。

（3）　遺産に関する質問【法律相談票❸】

ア　遺産に関する質問が必要な理由

これは、ロードマップ（141頁参照）の「②遺産の範囲」と「③遺産の評価」に関する質問です。もっとも、相続の対象となる財産は非常に多岐にわたります。そのため、相談票には、主だったものとして、「不動産」「現金」「預貯金」「株式」「生命保険」の記入欄を設けています。

ロードマップでも説明をしましたが、不動産の評価には難しい問題がありますので、必ずしもはっきりした金額を書いてもらえないこともあります。もっとも、法律相談では、相談者がどれくらいの遺産を相続することができるのかということを示すためにも、おおよその金額は書いてもらったほうがよいでしょう。

また､この法律相談票では､相続をするかどうかを考える際にポイントとなる「負債」についても記入欄を設けています。

イ　法律相談票の記入について

遺産の内容を把握している方が相談にいらした場合には、この相談票をもとに遺産の総額を計算して､具体的に相続できる金額について説明をすることができます。

もっとも、遺産に関する相談では、相談者が遺産の中身を把握していないことや、分かっていないことも多くあります。そのような場合には、遺産分割を行う前に、遺産の調査をするなどして、遺産の内容を把握する必要があることを説明しなくてはなりません。もっとも、相続が発生する以前は、個人情報保護の観点から、銀行等は預貯金等について、相続人となり得る人（「推定相続人」といいます。）であっても情報の開示は受けられません。ただし、銀行の預貯金等は、被相続人が死亡した時点で入出金をすることができなくなるとともに、相続発生後であれば、相続人は、銀行等から取引の履歴を取り寄せることができます。

（4） 特別の事情に関する質問【法律相談票❹】

これは、ロードマップの「④各相続人の取得額」に関する質問です。この特別の事情については、すでにご説明をしましたように、相談者が非常に気にするポイントです。そのため、相談者の方には、この特別な事情に関する質問をする前に、ロードマップを用いて特別の事情に関する説明を十分に行うことが重要です。

その上で、法律相談票に書かれている事情が法律上の寄与分・特別受益に当たるかということを判断し、相談者に説明することになります。

（5） 遺産の分割方法に関する質問【法律相談票❺】

これは、ロードマップの「⑤遺産の分割方法」に関する質問です。法律相談に来られた方は、少なからず遺産分割の方法について希望をもっているはずですので、具体的な遺産分割の方法についての希望を聞くことが必要となります。

法律相談では、遺産の総額を確定した上で、相談者の取得額の見込みを示し、相談者の希望する遺産分割の可能性を示すことが目標となります。

6 遺留分減殺請求

（1） 遺留分減殺請求とは

ア 遺留分制度とは

遺留分の制度は、兄弟姉妹を除く相続人（具体的には、配偶者、子・孫…、尊属）に対して、被相続人が有していた相続財産のうち一定割合を保障する制度です。遺留分を請求する権利がある人を遺留分権利者といいます。

遺産は、被相続人が所有していた物ですので、財産を誰にどのように与えるかということは、被相続人が自由に決めることができるのが原則です。遺留分は、被相続人の自由な財産の処分権を制限し、特定の相続人に一定の割合の財産が与えられることを認める制度です。

イ 遺留分の計算

遺留分制度は、法が、特定の相続人が一定割合の財産を取得することができることを特に認めた制度です。そのため、認められる遺留分の割合についても民法に規定されています。

各相続人が取得することのできる遺留分の額は、遺産の額に、総体的な遺留分割合と個々の相続人の法定相続分をかけあわせて算出されます。

総体的な遺留分割合については、直系尊属のみが相続人である場合には３分の１、それ以外の場合（配偶者や卑属が相続人となる場合）には２分の１とされます。

【総体的な遺留分割合】
①　直系尊属のみが相続人である場合　　被相続人の財産の３分の１
②　上記以外の場合　　被相続人の財産の２分の１

【遺留分の計算方法】
遺留分額 ＝ 遺産額 × 総体的な遺留分割合 × 法定相続分

ウ　遺留分侵害の有無の判断

遺留分の侵害があるか否かは、遺留分の算定の基礎となる財産を確定し、それに遺留分割合をかけあわせ、遺留分権利者に特別受益がある場合にはその額を引いた金額が、実際に得られた金額よりも多いか少ないかにより判断されます。

遺留分の侵害が認められる場合として、もっとも分かりやすいのは、遺言ですべての遺産が一人の相続人に相続させるとされてしまった場合です。

遺留分が侵害されている場合、遺留分侵害を受けている相続人は遺留分を侵害している相続人に対して遺留分に相当する額を渡すように請求することができます。この請求のことを遺留分減殺請求といいます。

【遺留分侵害の判断】
①　侵害がある場合
（算定の基礎となる財産 × 遺留分割合）－ 特別受益 > 取得財産
②　侵害がない場合
（算定の基礎となる財産 × 遺留分割合）－ 特別受益 < 取得財産

エ　遺留分の算定となる財産とは

（ア）遺留分の算定の基礎となる財産

遺留分の侵害の有無を判断するためには遺留分の算定の基礎となる財産は、相続が開始されたときのプラスの財産（家、預貯金、株等）に被相続人が贈与した財産を加え、そこから相続時に被相続人が負っていた債務を控除した額となります。

【遺留分の算定の基礎となる財産】

算定の基礎 ＝①相続時のプラスの財産 ＋②贈与した財産 －③相続時の債務

（イ）①相続時のプラスの財産について

遺留分の算定の基礎となる相続時のプラスの財産には、被相続人が死亡時に有していた財産から仏壇など祭祀に関するものと、年金の受給権などの一身専属財産を除いたものが含まれます。

（ウ）②贈与した財産について

遺留分の算定の基礎となる財産に加算される贈与した財産には、被相続人が相続開始前の１年間にした贈与及び１年以上前になされた贈与で当事者が遺留分権利者に損害を与えることを知ってなされた贈与が含まれます。

これらの贈与のほかに相続人が被相続人から生前に受けた特別受益は贈与がなされた時期に関わりなく加算されます。

（エ）③相続時の債務について

遺留分の算定の基礎を計算する際に控除される被相続人の債務は、相続時の債務です。そのため、相続が発生した後に相続人が債務を弁済していた場合でもその債務は控除されます。

（オ）遺留分減殺請求の行使

遺留分減殺請求は、遺留分を侵害している侵害者に対する意思表示によって行われます。この遺留分減殺請求は、必ずしも裁判で行う必要はありません。

ただし、裁判外で行う場合には、後に紛争となることを避けるために内容証明郵便など意思表示をしたことが証拠として残るようにしておくことが必要となります。

また、遺留分減殺請求を行う場合には、減殺の対象となる処分行為を特定し、遺留分が侵害されていること及び遺留分減殺請求の意思表示を明示する必要があります。

（カ）遺留分減殺請求がなされた場合の効果

遺留分減殺請求がなされると、遺留分を侵害している贈与や遺贈はその限度で失われ、その権利は遺留分権利者に帰属することになります。これに対して遺留分減殺請求をされた遺留分の侵害者は現物の返還ではなく、価額による弁償を選択することもできます。

（２）　法律相談におけるポイント

遺言があり、相続者が十分な遺産を取得できない場合には遺留分減殺請求を検討しなくてはなりません。

法律相談では、コピーでも構わないので「遺言」を持参してもらい、その遺言が「相続させる」遺言であるのか、「相続割合の指定」であるのかを確認します。

遺言が「相続割合の指定」である場合には指定されている相続割合と遺留分割合を比較し、指定されている相続割合が遺留分割合よりも小さい場合には遺留分減殺請求を行うことを検討します。

遺言が「相続させる」遺言である場合には、上記の方法で相談者の遺留分額を計算し、遺留分侵害の有無を判断することになります。

遺留分減殺請求には、相続の開始及び遺留分を侵害する贈与・遺贈があったことを知ったときから１年という期間の制限があります。また、相続開始のときから10年が経過した場合も請求をすることはできません。相談者の方はこの期間制限を知らない場合がほとんどですので、その説明をしっかり行うとともに、場合によってはすぐに対応をしなくてはならないこともあります。

第8章
残業代相談のツボ

飯塚　予始子

CHAPTER 8

1　初回の残業代相談で注意すべきこと

（1）　残業代相談の特徴

残業代に関する相談には、ほかの法律相談と比べて、大きく２つの特徴があります。

１つは、相談者が残業代請求のことだけで相談に来ることはまれであり、その他の労働問題と併せて相談を受けることが多い点です。相談者は、勤務先との関係が良好なうちは、長時間労働を強いられても残業代を請求しようとは考えません。しかし、勤務先とトラブルになり、退職を検討し始めると、残業代請求を考えるようになります。

２つ目は、ブラック企業やサービス残業の問題が大きく取り沙汰されている昨今、自分にも残業代が支払われるはずではないか、あるいは、果たして適切な金額の残業代が支払われているのか、などと疑問に思う方が増えている点です。勤務先から長時間労働を強いられると、残業代が認められるはずだと考え、相談に来られる方が増えています。

そのため、残業代に関する初回の法律相談では、相談者と勤務先との関係に注意しながら、実際に残業代を請求することができるか、請求できるとして金額はどの程度になるのか、大まかな道筋を示すことが求められます。

（2）　残業代相談における３つの聞き取りのポイント

残業代に関する初回の法律相談では、相談者が残業代を請求するために必要な要件を満たすかどうかについて、的確に聞き取ることが求められます。相談者から具体的に聞き取るべきポイントは、次の３つです。

①　相談者の役職・職務内容 ②　相談者の労働時間 ③　証拠の有無

そして、①～③のポイントを相談者から効率よく聞き取るために作成されたのが、次ページの「法律相談票（残業代請求）」です。これから、「法律相談票（残業代請求）」を用いて必要な情報を聞き取るコツや、残業代の計算方法について、具体的にご説明していきます。

➤法律相談票（残業代請求）

相談日：平成　　年　　月　　日

法律相談票（残業代請求）

お名前　　　　　　　　　　　電話（携帯）　　　　　　　（ご自宅）

ご住所　〒

e-mail

1

職業・職種　　　　　　　　　　　　　　勤務先

勤続年数　　　　　　　　　　　　　　　役職

職務内容　　　　　　　　　　　　　　　部下の労務管理　有（___人）／無

出退勤の自由　有／無　　　　　　　　　役職手当　有（月額___万円）／無

2

出 勤 日：月・火・水・木・金・土・日（該当するものに○をつけてください。）

出勤時間：___時___分（平均的な時間をご記入ください。）

退勤時間：___時___分（平均的な時間をご記入ください。）

休憩時間：___時間___分（___時___分〜___時___分）

（___時___分〜___時___分）

労働時間：___時間___分（出勤時間〜退勤時間－休憩時間）

※ 曜日により出勤時間・退勤時間が異なる方は、別途お渡しする「勤務時間一覧表」にご記入ください。

休　　日：週休___日

3

給与の額：月収________万円

時給________円

4

※　お手元にある資料

- □ 雇用契約書　□ 就業規則　□ 労使協定書
- □ タイムカード　□ 給与明細
- □ 労働時間が確認できる資料（パソコンソフトを立ち上げた時刻の記録、ＩＣカード乗車券利用明細の時刻、手帳・日記等）
- □ 給与額が確認できる資料（給与袋、通帳の記録、メール等）
- □ その他（　　　　　　　　　）

2 法律相談票を活用して必要な情報を確認する

（1） 法律相談票の内容を確認する

法律相談の際には、自己紹介をして席に着いたら、相談者から法律相談票を受け取り、ざっと目を通します。法律相談票には、残業代相談に必要な情報がすべて詰まっていますので、最初の５分で、相談者の問題点を網羅的に把握することができます。

それでは、法律相談票の各質問事項についてご説明いたします。

（2） 相談者が残業代を支払ってもらえる立場にあるかどうかを確認する【法律相談票❶】

ア 「管理監督者」に該当するかどうかを確認する

法律相談票❶では、相談者の勤務先における職種や役職に関する情報を示しています。これは、相談者が、残業代を支払ってもらえる立場にあるかどうかを確認するための質問です。

相談者が「管理監督者」に該当すると、深夜労働に対する割増賃金を除き、残業代を請求することができません（労働基準法41条２号）。「管理監督者」に該当するか否かは、次の要素で判断されます。

【管理監督者の判断要素】

① 責任や権限ある立場か否か（部下の有無）、職務内容に部下の労務管理が含まれるか否か

② 出退勤の自由が認められているか否か

③ 役職があるか否か、役職手当が支給されているか否か

役職がない方は、そもそも管理監督者に該当しません。役職がある方でも、役職手当が支給されていない場合は、管理監督者に当たりません。役職があり、役職手当が支給されている方でも、①又は②がなければ、管理監督者とされないケースが多いです。

相談者の中には、「管理職」「店長」など、権限があるかのような肩書を与えられているので、残業代を請求できないと思い込んでいる方が多くいらっしゃいます。しかし、「管理監督者」に該当するか否かは、名称にこだわらず、勤務実態に即し

て判断されています。すなわち、法律上残業代の支払いを受けられない「管理監督者」とは、自己の労働時間を自ら管理することができ、実質的に部下を管理監督している者に限られるのです。

そこで、初回の法律相談の際には、法律相談票❶をもとに相談者の勤務実態を確認の上、法律が残業代を請求できないと規定している「管理監督者」について説明し、誤解を解くことが必要です。

イ　相談者が「管理監督者」に該当する場合の対応

相談者が管理監督者に該当した場合、残業代を請求することはできません。もっとも、管理監督者に該当する場合でも、22時から翌朝5時までの「深夜労働」に対する割増賃金を請求することはできます。

そこで、相談者には、深夜労働（午後10時から午前5時までの労働）の有無、及び深夜労働に対する割増賃金の支払いの有無について確認し、支払いがなされていない場合には、その請求を検討するよう説明してあげるとよいでしょう（深夜労働に対する割増賃金の計算方法については、後述します。）。

（3）　相談者に残業代が発生しているかどうかを確認する【法律相談票❷、勤務時間一覧表】

相談者が「管理監督者」に該当しない場合、残業代が発生していれば、相談者は勤務先に対して残業代を請求することができます。また、残業だけでなく、休日や深夜に労働した場合も、割増賃金を請求することができます。そのため、法律相談票❷では、相談者の出勤日、平均的な出勤時間と退勤時間、休憩時間、そして休日に関する情報が示されています。これは、相談者の労働時間を把握し、残業代などの時間外手当を請求できるだけの労働を行っているかどうかを確認するための質問です。

ア　相談者の労働時間を確認する

相談者の労働時間は、勤務先に出勤した時間から退勤した時間までの時間数（勤務先にいた時間数）から、休憩時間を引いた時間となります。もっとも、相談者の中には、曜日によって出勤時間･退勤時間が違ったり、土日の出勤がある方もいらっしゃいます。その場合は次ページの「勤務時間一覧表」に記入してもらうと、より正確に相談者の労働時間を把握することができます。

イ　時間外手当の対象となる労働の有無、その時間数を確認する

時間外手当の対象となる労働には、①時間外労働、②休日労働、③深夜労働があ

➤勤務時間一覧表

勤務時間一覧表
(出勤から退勤まで及び休憩時間を矢印で記してください。)

	日曜日	月曜日	火曜日	水曜日	木曜日	金曜日	土曜日
5:00							
6:00							
7:00							
8:00							
9:00							
10:00							
11:00							
12:00							
13:00							
14:00							
15:00							
16:00							
17:00							
18:00							
19:00							
20:00							
21:00							
22:00							
23:00							
24:00							
1:00							
2:00							
3:00							
4:00							

ります。相談者が①～③のいずれかの労働を行っていれば、勤務先に対して時間外手当を請求することができます。

そこで、相談者に対し、法律が時間外手当の対象になると規定している労働とは何かを説明し、法律相談票❷及び前ページの「勤務時間一覧表」をもとに、相談者が行った時間外手当の対象となる労働の有無とその時間を確認することが必要です。

【時間外手当の対象となる労働】

①　時間外労働（後述します。）

②　休日労働

法律上、週１日以上の休日を置かなければならないとされており、これを「法定休日」といいます（労働基準法35条１項)。「休日労働」とは、法定休日における労働を指します。

③　深夜労働

「深夜労働」とは、22時から翌朝の５時までに行った労働を指します。残業で深夜労働を行った場合には、残業代とは別に割増賃金を請求することができます。

一般に「残業代」といわれるのは、労働者が「時間外労働」を行った場合に会社が支払わなければならない賃金及び割増賃金を指します。「時間外労働」とは、「労働時間（労働者が使用者の指揮命令を受けている時間をいいます。)」のうち、「１日に８時間を超えた時間」と「１週間に40時間を超えた時間」の、いずれかひとつの基準を満たす時間をいいます。労働時間には、実際に作業に従事した時間だけでなく、作業の準備や片付けに要した時間、待機した時間なども含まれるとされています。

次ページの図は、縦軸が労働した時間、横軸が曜日を表しています。月曜日から金曜日までのグレー部分は８時間ですので、通常の労働時間として残業代は発生しません。これに対して、火曜日・水曜日・金曜日の８時間を超えた部分（黒色部分）は、「１日に８時間を超えた時間」として「時間外労働」に当たります。また、土曜日の２時間は、土曜日だけで考えると８時間以内ですが、土曜日以前に40時間を超えて労働がなされているため、「１週間に40時間を超えた時間」として「時間外労働」に該当します。

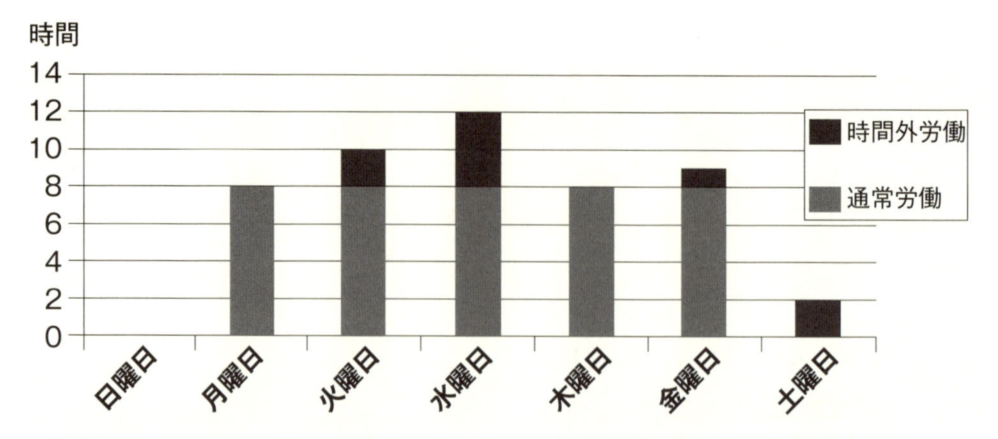

勤務先によっては、就業規則などで「１日の所定労働時間を７時間とする」などと規定している場合もありますので、相談者の中には、７時間を超えれば残業代がもらえると考えている方がいらっしゃいます。しかし、「残業代」が発生するとされるのは、１日８時間、週40時間を超えた労働ですので、勤務先が定めた労働時間（所定労働時間）を超えて働いたとしても、残業代を請求できるわけではないことに注意が必要です。勤務先の所定労働時間を超えていても、労働基準法の定める時間外労働に当たらない残業は、「法内残業」と呼ばれます。

（４） 相談者が請求できる残業代を計算する【法律相談票❷・❸、残業代計算シート】

残業代が発生する「時間外労働」や、休日労働、深夜労働の時間数が分かったら、残業代を計算し、その結果を相談者に説明しなければなりません。残業代は、法律相談票❷で確認した相談者の労働時間に加え、法律相談票❸に記載してもらった相談者の給与額を踏まえて、次ページの「残業代計算シート」を利用して算出します。

ア 手順１（１か月の所定労働日数の算出）

手順１では、１か月の所定労働日数を算出します。１か月の日数が30日の月もあれば31日の月もあり、祝日との関係で休日の日数も月によって異なることから、ここで１か月の平均的な労働日数を算出します。

㋐欄に、相談者の１年間の休日の日数を記入します。この休日は、日曜日、祝日、会社創業日など、勤務先が休みと定めている日です。休日の日数は、国民の祝日などの関係で、その年ごとに異なります。

所定労働日数の計算に時間がかかる場合、勤務先が週休２日を採用していれば、暫定値として20日を使用すると実数に近い結果となることが多いです。ただし、

➤残業代計算シート

残業代計算シート

【手順１】１か月の所定労働日数の算出

㋐欄に１年間の休日（日曜、祝日、週休２日の場合は土曜日など会社が休みとしている日）の日数を記入してください。

（３６５－㋐＿＿＿＿＿）÷　１２　＝　㋑＿＿＿＿＿＿

【手順２】１日の所定労働時間の算出

㋒欄に会社が規定している１日の所定労働時間（就業規則などで定められている時間が８時間を超える場合は「８」、８時間以内であればその時間数）を記入してください。

㋑＿＿＿＿＿　×　㋒＿＿＿＿＿　＝　㋓＿＿＿＿＿＿

【手順３】１時間あたりの給与額の算出

㋔欄に月給の額を記入してください。

㋔＿＿＿＿＿　÷　㋓＿＿＿＿＿＿　＝　㋕＿＿＿＿＿＿

【手順４】残業代の算出

㋕＿＿＿＿＿　×　**１．２５**　＝　㋖＿＿＿＿＿＿

（※「１．２５」を、「１．３５」にすれば休日労働に対する手当の額が、「１．５」にすれば残業で深夜労働をした場合の手当の額が、「１．６」にすれば残業で休日労働をした場合の手当の額が、それぞれ算出されます。）

１時間あたりの残業代＝　㋖＿＿＿＿＿＿円
（１時間あたりの深夜労働に対する手当も同額）

【手順５】１か月に６０時間を超えた残業代の算出

㋕＿＿＿＿＿　×　１．５　＝　㋗＿＿＿＿＿＿

６０時間を超える時間外労働に対する残業代は、㋗＿＿＿＿＿＿円実際の日数とは異なるので、相談者にはあくまでも概算であることを忘れずに伝えてください。

イ　手順２（１日の所定労働時間の算出）

手順２では、１日の所定労働時間を算出します。手順１で算出した数字（㋑）を手順２の㋑欄に転記し、㋒欄に１日の所定労働時間を記入して㋓を算出します。１日の所定労働時間とは、就業規則などで定められている労働時間のことをいいます。この時間が８時間を超える場合は「８時間」とし、８時間以下の場合はその時間を記入します。

ウ　手順３（１時間あたりの給与額の算出）

手順３の㋔欄に月給の額を記入し、手順２で算出した数字（㋓）で月給の額を割って、１時間あたりの給与の額を算出します。

エ　手順４（残業代の算出）

手順３で算出した数字（㋕）に次の数字をかけた額が、それぞれの時間外手当の額になります。

㋕欄の数字×１．２５＝１時間あたりの残業代／深夜労働に対する手当
㋕欄の数字×１．３５＝１時間あたりの休日労働に対する手当
㋕欄の数字×１．５　＝残業で深夜労働を行った場合の、１時間あたりの手当
㋕欄の数字×１．６　＝残業で休日労働を行った場合の、１時間あたりの手当

オ　手順５（１か月に60時間を超えた時間外労働に対する残業代）

１か月の時間外労働のうち、60時間を超えた分については、１時間あたりの給与額に1.5をかけた金額が１時間あたりの残業代となります。すなわち、手順３によって算出された数字（㋕）に1.5をかけた額が、１か月に60時間を超えた時間外労働に対する残業代となります。

（５）　残業代を請求するための資料の有無を確認する【法律相談票❹】

計算した結果、相談者に残業代を含む時間外手当が発生していると思われるケースでは、勤務先に対して実際に請求することを検討します。しかし、勤務先が相談者の請求に応じてくれない場合には、裁判上の手続きをとる必要があります。そして、裁判上の手続きにおいては、証拠を提出しなくてはなりません。

残業代を請求する際には、①相談者が実際に労働した時間を証明するための資料と、②給与の額に関する資料の、２種類の証拠が必要です。給与の額に関する資料は、給与明細が発行されていればそれで足りますし、給与明細がない場合には給与の振込が記載された通帳などが証拠となりますので、用意はそれほど難しくありません。問題は、労働時間の算定に関する資料です。勤務先がタイムカードを導入している場合には、タイムカードが非常に有効な証拠となりますので、相談者にはタイムカードをコピーするようアドバイスをするとよいでしょう。

【残業代請求で必要となる資料】
①　実際に労働した時間を証明するための資料
（例）タイムカード、ＰＣを立ち上げた時刻の記録、ＩＣカード乗車券利用明細の時刻、手帳・日記
②　給与の額に関する資料
（例）給与明細、通帳の記録

相談者によっては、手元に資料がない場合もあります。これは、相談者に問題があるというよりは、勤務先が労働時間の管理をしていないなど、勤務先に問題のあるケースがほとんどです。

勤務先がタイムカードなどにより労働時間を管理していないか、タイムカードを開示してくれない場合には、相談者に時間外労働をしたことが分かる資料を集めてもらうことになります。例えば、相談者が手帳や日記などに出勤と退勤の時間を記載していれば、それは一つの証拠になります。手帳などに記載がない場合には、相談者が記憶している範囲で「勤務時間一覧表」を作成し、それを証拠とすることも考えられます。また、出退勤の情報がセキュリティー会社にある場合もありますので、セキュリティー会社に情報がないか、その情報を取得する手段を含めて検討することもあります。

このように、タイムカードがなくとも時間外労働を主張する方法は複数考えられますので、タイムカードがないからといってあきらめることなく、相談者の時間外労働を裁判所に示すための資料を集めていくことが重要です。

3　今後の見通し・方向性を示す

法律相談票、勤務時間一覧表、残業代計算シートを利用して、残業代請求に必要

な情報を確認し、勤務先に対して残業代を請求できることが明らかになれば、その後の見通しや方向性を示して相談者に安心してもらいます。

残業代を請求する方法としては、①交渉、②労働審判、③訴訟、の３つの手段が考えられます。①交渉段階で勤務先が残業代を支払ってくれればよいですが、払わないとなると、②労働審判と③訴訟のいずれかの手段を選択することになります。労働審判は、原則として３回の期日で解決することが予定されており、訴訟と比べて迅速に手続きを進めることができます。これに対して、訴訟は、別途訴訟費用がかかるほか、解決までに長い時間を要します。もっとも、労働審判でも合意に達することができない場合には、訴訟に移行することになります。

そのため、各手段のメリット・デメリットを、解決に要する費用（訴訟費用や弁護士費用）と時間の点から相談者にご説明し、ご相談いただいた件のその後の進め方まで示して初回相談を終えることができれば、相談者の方も安心して帰宅することができ、初回の残業代相談としては合格です。

第９章
解雇・退職問題相談のツボ

渡辺　祥穂

CHAPTER 9

1　法律相談にあたって

解雇や退職について法律相談に来る方のほとんどは、それまでの収入が途絶え、または途絶えそうになり、今後の生活に対して大きな不安を抱えています。そのため、解雇・退職の法律相談にあたっては、ほかの相談以上に、相談者の気持ちを考え、親身になって対応することが大切です。

また、相談者の解雇・退職に法律的な問題があったとしても、解決に至るまでには時間がかかってしまいます。そのため、相談者を励ますことも忘れてはいけません。

これから、解雇・退職の法律相談のポイントを説明します。法律的なポイントを押さえて、相談者から十分な聞き取りを行い、問題点を明らかにした上で助言をし、相談者の力になってください。

2　法律相談で行うべきこと

事実経過の聞き取りや客観的資料の確認を進めながら、相談者の状況と相談者がどのように問題を解決したいと考えているのかを把握していきます。そして、問題解決のためにはどのような手続きを選択すべきかを、相談者と一緒に検討します。その上で、法律の専門家として考える結論を提示することが最終的な目標です。

相談者に対して解決方法を提示するためには、相談者になされた解雇・退職が、法律的に有効であるのか、無効であるのかを判断しなくてはなりません。そこで、私たちは、解雇・退職が有効とされる要件を理解し、それらの要件に該当する事実を効率よく聞き取り、相談者に対して解決方法を説明する必要があります。また、解決方法を選択するにあたり、各手続きの特徴・事件の性質による向き不向きを知っておく必要があります。

解雇・退職の有効無効を判断するための事実経過を聞き取っていく際に有効なツールとして、法律相談票があります。これから、解雇・退職に関して聞き取らなくてはならない点を、法律相談票を用いて説明します。

➤法律相談票（解雇・退職）

解雇・退職相談票

相談日：平成　　年　　月　　日

氏　名 ＿＿＿＿＿＿＿＿＿＿＿＿＿＿

勤務先（会社名）＿＿＿＿＿＿＿＿＿＿（住所）＿＿＿＿＿＿＿＿

1
就業規則を持っているか　　有　／　無
基本給　月額＿＿＿＿＿＿＿＿円

2
１．労働契約終了の種類
□普通解雇　□懲戒解雇　□整理解雇（リストラ）□退職

3
２．普通解雇の場合
解雇の理由
□労務提供の不能　□能力不足　□労務への不適格　□規律・秩序違反
□業務命令違反　□企業への名誉失墜行為　□不法行為（刑事事件）
解雇と言われた日　平成　　年　　月　　日
解雇通知　有　／　無
解雇理由書　有　／　無
解雇予告手当　有（　　日分）／　無

4
３．懲戒解雇の場合
懲戒の理由（＿＿＿＿＿＿＿＿＿＿＿＿＿＿＿＿＿＿）
懲戒処分の際に就業規則などの規定に定める手続があったか　有　／　無

5
４．整理解雇の場合
会社に業績悪化など人員削減を必要とする理由　有　／　無
希望退職の募集　有　／　無
解雇対象者を選定する際の基準　有　／　無
会社と労働者の協議　有　／　無

6
５．退職の場合
退職の意思を会社に伝えた日　平成　　年　　月　　日
退職の意思を伝えた相手　（役職）＿＿＿＿（氏名）＿＿＿＿
退職の意思を伝えた方法　口頭　／　書面
退職の気持ちは　本意　／　不本意

3 法律相談票について

（1） 解雇・退職が無効となった場合に請求できるもの【法律相談票❶】

労働契約の終了が無効とされた場合、労働契約上の権利を有する地位にあることの確認を請求できるほか、賃金等の請求をすることができます（民法536条2項）。

法律相談票❶を見てください。相談票では、最初に、就業規則を所有しているか否かを確認しています。後ほど説明するように、解雇の有効性を判断するには必ず就業規則の規定を確認する必要があり、相談者が所有していない場合は、就業規則の入手方法を検討する必要があることから、今後どのような活動が必要になるかを把握するために設けた質問になります。

また、解雇が無効とされた場合に請求することができる賃金等は、基本的には基本給であることから、基本給の記入欄を設けています。

（2） 労働契約終了の種類【法律相談票❷】

次に、相談票❷には、労働契約の終了類型を記入する欄を設けています。この質問は、相談者の労働契約がどのような理由で終了したのかを確認するものです。以下に説明するように、労働契約が終了した種類によって、聞き取るべき事実や説明をしなければならない内容が異なりますので、まずは、労働契約の終了の種類を正確に把握する必要があります。

もっとも、相談者は、自分の労働契約がどのような形式で終了したのかを理解していないこともあります。その場合には、相談者がどのような理由で仕事を継続することができなくなったのかを聞き取り、相談者の事案がどの終了類型に該当するのかを判断しなければなりません。そのため、私たちは、労働契約の終了の種類について理解しておく必要があります。そこで、これから、労働契約の終了の種類とその内容について説明します。

ア 解雇と退職の違い

「解雇」とは、会社などの使用者の一方的な意思表示による労働契約の解約をいいます。例えば、人事権を持つ上司に「明日から来なくていい」と言われた場合です。また、業績の悪化などにより会社の経営が困難になったことを理由に、会社を清算するので辞めてくれと言われた場合も該当します。

これに対して、「退職」というのは、労働者の一方的な意思表示による労働契約の解約（辞職）または、労働者と使用者の合意による労働契約の終了（合意解約）

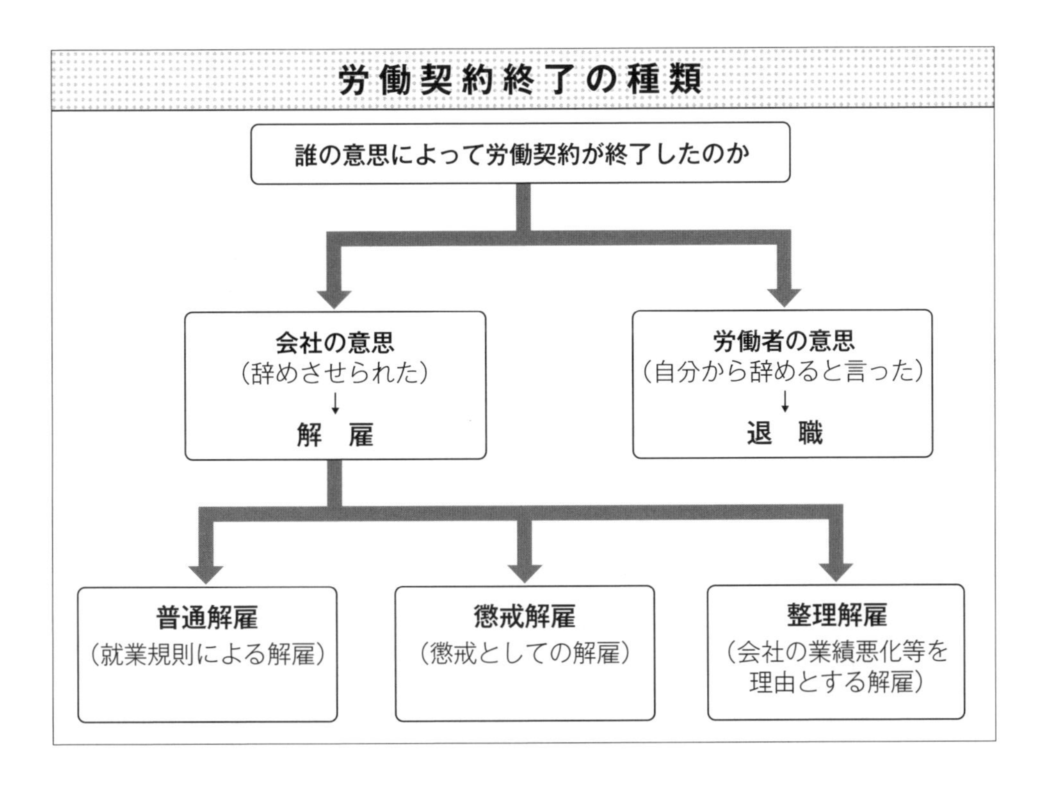

をいいます。

まず、労働者の一方的な意思表示による場合とは、労働者の方から会社に対し、「会社を辞める」と伝えることをいいます。このような労働者による意思表示から２週間が経過すると労働契約は終了します（民法627条１項）。ここで、会社によっては、就業規則等で、退職には会社の同意を必要とすると定めている場合や、退職の効果が発生するまで２週間以上の期間を定めている場合がありますが、そのような規定は、あったとしても無効とされていますので、労働者からの解約の意思表示があれば労働契約は２週間後に終了します。

次に、労働者と使用者の合意による場合とは、労働者または使用者の一方が労働契約の解約の申入れを行い、他方が承諾する場合です。例えば、労働者が「辞める」と言い、人事権のある使用者が「分かった」という場合で、「依願退職」と称されるものがこれに該当する場合が多いようです。合意による場合は、原則、自由なものとして法律上も尊重され、労働基準法や労働契約法の解雇規制を受けません。

以上をまとめると、解雇は使用者が行うもので、労働者の意図しない労働契約の終了ですが、退職は労働者の意思に沿う労働契約の終了ということができます。

イ　普通解雇について

普通解雇とは、労働者の能力不足や適格性の欠如など、就業規則の規定に基づいてなされる解雇です。普通解雇がなされる場合、解雇事由は、就業規則に列挙された事由に限られるとされています。もっとも、ほとんどの会社では、具体的な解雇事由を列挙した後に「その他、前各号に掲げる事由に準ずる重大な事由」というような包括条項を置いており、このような包括的な規定があれば、個別の解雇事由に該当しない場合でも普通解雇は可能となります。

ウ　懲戒解雇について

懲戒解雇とは、普通解雇や整理解雇とは異なり、懲戒処分としてなされる解雇をいいます。懲戒解雇は企業秩序違反に対する制裁罰としてなされるものであり、就業規則等に懲戒処分をすることができる旨の規定がなければ行うことができません。また、懲戒解雇事由は、就業規則等に列挙された事由に限られます。

懲戒解雇とその他の解雇の違いは、多くの場合、退職金が支払われないこと、履歴書の賞罰の欄に記入しなくてはならないことです。懲戒解雇は労働者に大きな不利益を与えるものであることから、裁判所は、懲戒解雇の有効性を厳格に判断する傾向にあります。

エ　整理解雇について

整理解雇とは、会社が業績不振などを理由に、企業を存続させる上で経営上必要とされる人員削減のために行う解雇をいいます。いわゆるリストラがこれに当たります。整理解雇は、使用者の経営上の理由による解雇であることが特徴であり、裁判上、普通解雇とは異なる独自のルールが定められています。そのため、相談者の解雇が整理解雇である場合には、そのルールを説明し、相談者に対する解雇がそのルールに従ったものであるかを検討する必要があります。

オ　まとめ

以上のように、解雇と退職では、そもそも労働契約が終了する仕組みが異なりますし、解雇でも解雇の種類によってルールが異なっており、労働者に及ぶ影響も違うということが分かります。

よって、解雇・退職に関する法律相談では、まず、労働契約の終了の種類を確認し、相談者に対してどのような説明をしなくてはならないのかを考えることになります。

それでは、これから、労働契約の終了類型に対応した質問について説明します。

（３）　普通解雇の場合【法律相談票❸】

ア　解雇は、「客観的に合理的な理由を欠き、社会通念上相当であると認められない場合は、その権利を濫用したものとして、無効とする」（労働契約法16条、解雇権濫用法理）と規定されています。

そこで、普通解雇がなされた場合、まずは、使用者が挙げる解雇理由が就業規則等に定められている解雇事由に該当し、それが合理的な理由といえるのか否かが問題となります。そのため、相談者に対する解雇理由は何か、それが就業規則の解雇事由に該当しているかを確認します。

相談票❸は、解雇理由をチェックする形式になっていますが、相談においては、相談者がチェックした解雇理由について、具体的な内容を聞き取る必要があります。例えば、業務命令違反であれば、具体的にどのような命令に違反したのか、命令に違反した理由は何かあるのか、などということを詳細に聞き取ります。なぜ、解雇理由に関する事実を詳細に聞き取らなくてはならないのかということについて、次に説明します。

イ　解雇理由を具体的に確認する理由

普通解雇がなされた場合に、就業規則に定める解雇事由に該当すれば有効といえるかというと、そうではありません。「客観的に合理的な理由」が認められる場合でも、「社会通念上相当」として是認することができない場合は、解雇権を濫用したものとして無効になります。裁判所は、具体的には、労働者に①解雇事由に該当する行為があるだけでなく、②労働者の解雇事由が重大であり、③使用者が事前の注意指導などにより是正に努めていたなど、ほかに解雇回避の手段がなく、④労働者に宥恕すべき事情がほとんどない場合にのみ解雇の相当性を認めています。

裁判所が容易に解雇の相当性を認めないのは、解雇が会社の一方的意思で労働契約を終了させるものであり、労働者の生活を脅かすものであることから、解雇を有効とするのは、雇用を終了させてもやむを得ないと認められる場合に限ると考えているためです。

したがって、①解雇事由に形式的に該当し、②労働者の解雇事由が重大であって、③ほかに解雇回避の手段がなく、④労働者に宥恕すべき事情がほとんどない、という裁判上の要件を満たさない解雇は無効とされます。

そのため、法律相談では、形式的な解雇理由を相談票に記載してもらった上で、①～④の事情を満たしているかどうかを判断するため、事実経過の聞き取りや客観的資料の確認を行います。

【普通解雇における聞き取りチェック】
① 就業規則に定める解雇事由に該当する行為があったか
② 労働者の行為が重大なものといえるか
③ ほかに解雇回避の手段がなかったか
④ 労働者に宥恕すべき事情があるか

ウ　解雇と言われた日、解雇通知、解雇理由書、解雇予告手当に関する質問

普通解雇では、30日前に解雇予告を行うか、解雇予告手当の支給が必要となります（労働基準法20条1項）。また、解雇通知及び解雇理由書の交付（労働基準法22条）についても規定がなされていますので、これらの手続きが適式になされているかを確認する必要があります。もっとも、解雇理由書の交付がなかったとしても、そのことだけでは解雇の効力に影響はないとされていますので、解雇理由書の交付が問題となっている相談者に対してはその点を説明する必要があります。

また、解雇予告手当が支払われていない場合や不足する場合には、解雇予告手当の請求を検討する必要があります。もっとも、解雇された労働者が会社への復職を希望している場合に解雇予告手当の支払いを請求することは、解雇を容認したものと捉えられるおそれもありますので、請求には注意が必要です。

（4）　懲戒解雇の場合【法律相談票❹】

ア　懲戒理由と手続きの確認

相談票❹には、懲戒の理由と懲戒処分の際に就業規則などの規定による手続きが履行されたかどうかについての質問が記載されています。先の説明のとおり、懲戒解雇は、懲戒処分としてなされる解雇です。そのため、解雇権濫用法理の適用上、普通解雇よりも厳しい規制に服します。

イ　懲戒解雇が有効となるためのルール

懲戒については、「使用者が労働者を懲戒することができる場合において、当該懲戒が、当該懲戒に係る労働者の行為の性質及び態様その他の事情に照らして、客観的に合理的な理由を欠き、社会通念上相当であると認められない場合は、その権利を濫用したものとして、当該懲戒は、無効とする。」と規定されています（労働契約法15条）。

懲戒解雇が有効とされるためには、具体的に、次の要件を満たす必要があります。

①　根拠規定上の懲戒事由に該当すること ②　懲戒として解雇をすることが相当であること ③　二重処分でないこと ④　適正な手続きに基づいていること

以下に、これらの４つの要件について説明します。

（ア）　懲戒事由に該当すること

懲戒解雇を行うためには、まず、就業規則等の根拠規定に定める懲戒事由に該当することが必要となります。そのため、相談の際は、相談票に懲戒の理由を記載してもらった上で、具体的な内容について聞き取りを行うとともに、根拠規定を確認する必要があります。

ここで、懲戒事由についても、普通解雇における解雇事由と同じように、就業規則等に定められた懲戒事由に限定されることに留意します。もっとも、懲戒の場合も包括的な条項が定められていることがほとんどですので、この点が問題になることはほとんどありません。

（イ）　懲戒として解雇をすることが相当であること

次に、懲戒処分として解雇をすることが相当であることが必要となります。これは、労働者が形式的に懲戒事由に該当する行為をしたとしても、それが、懲戒解雇が相当といえる程度の重い行為であるかという点から判断されます。もし、譴責、減給、出勤停止といった、より軽い懲戒処分が相当であるならば解雇をすることはできない、つまり、懲戒解雇は無効ということになります。

（ウ）　二重処分でないこと

３つ目に、二重処分でないことが必要とされます。懲戒処分は、制裁としての処分、すなわち刑罰に近いものであると考えられています。そのため、１つの行為（懲戒事由に該当する行為）に対しては一度しか処分をすることができないとされています。したがって、一度懲戒処分をした後に、その事実に基づいて再び別の懲戒処分をすることはできません。

（エ）　適正な手続きがとられていること

最後に、手続きが適正になされていることが必要となります。これは、使用者が一方的な言い分で処分を科すことを防止するためのものです。そして、弁明の機会を与えないなど適正な手続きがとられていない場合、そのような懲戒解雇は、懲戒権の濫用として無効とされます。適正手続きについては、会社によっては、弁明の機会の付与のほか、労使による懲戒委員会の開催や労組との協議を定めている場合があります。

ウ　懲戒解雇のまとめ

懲戒解雇は、先に説明したとおり、退職金の支給がなく、履歴書に賞罰として記載しなくてはならないなど、ほかの解雇に比べて厳しいものです。そのため、懲戒解雇が有効となるのは、上記の要件をすべて満たす場合に限られます。そこで、法律相談では、相談票で記載を求める事項のみならず、４つの要件を満たしているのかを判断するため、事実経過の聞き取りや客観的資料の確認を行います。

【懲戒解雇における聞き取りチェック】

①　就業規則等に定める懲戒事由に該当する行為があったか
②　懲戒解雇が相当であるといえるか
③　二重処分に該当しないか
④　適正な手続きがとられているか

（５）　整理解雇の場合【法律相談票❺】

ア　整理解雇の有効性を判断するための４要素

整理解雇が解雇権の濫用（労働契約法16条）とならないかどうかについて、裁判例は、次の４要素に即して判断しています。そこで、相談票❺には、これらの４要素に即した質問事項を載せています。以下に、事実を聞き取る際の具体的なポイントを説明します。

なお、これら４つの事項は、整理解雇の有効性を判断する要素（「要件」とは異なります。）であり、これらに関する諸事情を総合的に判断する裁判例が多くなっています。

①　人員削減の必要性
②　解雇回避努力義務
③　被解雇者選定の妥当性
④　手続きの妥当性

（ア）人員削減の必要性

１つ目は、人員削減の必要性があることです。当然ですが、業績悪化、不況などによる企業経営上の必要性に基づく人員削減措置の必要性がない場合には、整理解雇とは認められません。

もっとも、裁判上、人員削減の必要性は比較的緩く認められています。これは、裁判所は経営専門家ではなく、経営者がどの時点で人員削減等の戦略をとるかは経営判断によるところが大きいためです。したがって、人員削減をしないと即倒産というような厳しい状況でなくても、高度の経営上の困難から当該措置が要請されるという程度で人員削減の必要性は広く認められる傾向にあります。

（イ）解雇回避努力義務の履行

２つ目は、会社が、解雇回避努力義務という、解雇を避けるための努力義務を履行していることです。会社は、人員削減を実現する際には、配転、出向、希望退職の募集などの手段によって解雇回避の努力をする信義則上の義務を負うとされています。なかでも、希望退職の募集は基本的内容とされており、これがない場合には解雇回避努力義務を果たしていないと評価されることが多いようです。もっとも、希望退職の募集は、有能な人員の流出をもたらすおそれもありますので、これを欠いたとしても、ほかの解雇回避努力義務、例えば役員報酬のカットや昇給・賞与の停止などが十分に行われていれば、解雇無効とまでは判断されないこともあります。また、配転については、労働者との労働契約において職種の限定等がある場合でも、ほかの職種への配転のオファーがない場合に解雇回避努力義務を果たしていないとした裁判例もあります。整理解雇は、労働者に非がない状況で行われる解雇であることから、会社には、雇用を継続するための十分な努力が求められるのです。

（ウ）　被解雇者選定の妥当性

３つ目は、被解雇者選定の妥当性です。被解雇者、すなわち解雇される者の選定は客観的で合理的な基準を公正に適用して行われなければなりません。基準を設定せずになされた整理解雇や、裁判所が客観的で合理的な基準ではないと判断した基準による解雇は無効となります。例えば、成績優秀な労働者を、成績不良の労働者に先がけて解雇することは一般的に公正さを欠くものと評価されます。すなわち、整理解雇が企業再生のための手段である以上、企業にとって必要な人員をあえて解雇することは不合理であるとされるのです。

（エ）　手続きの妥当性

４つ目は、労働組合または労働者に対する説明や協議を行っているかという手続き的な義務に関するものです。これは、整理解雇が労働者に責任のない解雇であることから必要とされる要素です。使用者の経営上の理由により解雇を行う以上、その内容や必要性について十分に説明・協議をすることが要求されています。近年の裁判例では、この説明・協議の要素を重視する傾向が見られますので、この点についても十分に聞き取りを行ってください。

【整理解雇における聞き取りチェック】
① 会社に人員削減の必要性があるか
② 会社が解雇を避けるための努力をしたか
③ 被解雇者の選定は妥当か
④ 会社が労働者との協議を行ったか

（6） 退職の場合【法律相談票❻】

ア 法律相談票について

法律相談票❻には、退職の意思を会社に伝えた日、伝えた相手、伝えた方法、退職の意思が本意か否かという質問が設けられています。これから、このような質問を設けている理由を説明します。

イ 退職の意思を会社に伝えた日、退職を伝えた相手

（ア） 労働者による退職の通知は撤回することができる場合がある

退職は、労働者の一方的な意思表示または合意によって成立するものですが、一方的な意思表示としてなされた場合には撤回することはできません。これに対して、労働者が会社との合意で労働契約を終了させる際の申込みは、会社の承諾の意思表示がなされるまでは撤回できるとされています。

労働者が退職の意思を会社に伝える際には、それが一方的な退職の意思表示であるのか、合意解約の申込みであるのかはっきりしないことがほとんどです。そのため、労働者が退職の意向を会社に伝えた場合には、合意解約の申込みとして撤回の可能性があると考えられています。

（イ） 退職の意思表示を撤回できるか否かを判断するための質問

そのため、退職の法律相談では、退職の意思を伝えた相手が人事権者であるかどうかを確認する必要があり、役職とその氏名を記入する欄を設けています。仮に人事権者に退職の意思表示が伝えられていたとすると、その意思表示を撤回することは困難となりますので、後述する退職の意思表示に瑕疵がなかったかどうかを検討することになります。

また、退職の意思を伝えてから撤回するまでに時間が経ってしまうと退職の申込

みが人事権者に届いてしまう可能性も高まりますので、退職の意思を会社に伝えた日も記入してもらい、早期の対応が必要な場合にはその旨を伝えることが望ましいでしょう。

ウ　退職時の意思（退職が労働者の真意に基づかない場合）

（ア）退職の意思表示の無効または取り消しを主張し得る場合がある

退職は、労働者の一方的な意思表示によるものですが、その意思表示が労働者の真意に基づかない場合には無効となります。

例えば、労働者が些細なミスをしてしまったときに、会社が、「本来なら懲戒解雇をするところだけれども、労働者が退職したいというのであれば退職扱いにしてもかまわない」などといって労働者に自ら退職しなければ首になると誤解させて退職の意思表示をさせる場合がこれに当たります。このような、誤解に基づく場合に限らず、会社から強要されて退職の意思表示を行った場合も退職の効力が生じることはありません。

（イ）法律相談において聞き取ること

相談票❻では、退職の意思が本意であったか不本意であったかを記入してもらうようになっています。法律相談においては、相談者が本当に会社を辞めたいと思っていたのかどうかを丁寧に聞き取る必要があります。例えば、退職の意思表示をした労働者の中には何らかの落ち度がある方も多く、自分に落ち度があったのだから退職も仕方がないと思っている方がいます。そのため、法律相談では、落ち度があったとしても会社を辞めなくてもよいことを説明し、退職の意思表示をした経緯を詳細に聞き取っていくことが必要です。

会社が退職の効果を争ってきた場合には、相談者が自筆の辞表などを提出していると、相談者が退職の意思を有していた証拠となりますし、裁判上の手続きにおいて辞表を作成した経緯が争われることもありますので、相談者がどのような方法で退職の意思を伝えたかという点は確認してください。

【退職における聞き取りチェック】

① 退職の意思を伝えたのはいつか

② 誰に退職の意思を伝えたか

③ 退職の意思はどのような方法で伝えたか

④ 退職の意思を伝えたときの状況・経緯

4　解雇・退職を争う方法

法律相談の結果、相談者に対する解雇・退職が無効であると考えられる場合には、解雇・退職の効果を争う方法を相談者に説明することになります。

解雇・退職紛争の解決方法としては、最終的には裁判がありますが、訴訟提起前に利用できる手続きとして、①都道府県労働局長による紛争解決手続き、②労働審判があります。これから、各制度の内容と特徴を説明しますので、法律相談においては、各制度の特徴を踏まえ、相談者に適切な解決方法を示してください。

（1）　都道府県労働局長による紛争解決手続き

都道府県労働局長による紛争解決手続きには、都道府県労働局長による助言・指導制度及び、紛争調整委員会によるあっせん制度があります。

ア　都道府県労働局長による助言・指導制度とは

この制度は、労働者と会社の間で生じた労働条件、その他労働関係に関する紛争について、当事者の一方または双方から、解決のための援助を求められた場合に、都道府県労働局長が、申出を受理した時点での主張・資料等を整理し、双方から事情聴取を行うなどして、当事者に助言または指導を行うものです。

この制度は、当事者が紛争を解決することができるように助言・指導という形式で問題点を指摘したり解決の方向性を示すものですが、当事者の自主的解決を原則としていることから、助言・指導には強制力はありません。

イ　紛争調整委員会によるあっせんとは

紛争調整委員会によるあっせんは、当事者の一方または双方からあっせんの申請があった場合で、都道府県労働局長が紛争解決のために必要があると認めた場合になされるものです。

あっせんは、当事者の間に紛争調停委員会が入り、主張の整理やあっせん案の提示などを通じて紛争の解決を図るものですが、あっせんも、当事者間の話し合いを促進させることにより当事者が自主的に紛争を解決することを前提としていますので、あっせん案の提示がなされても、その受諾を強制するものではありません。あっせん案に沿って当事者間で合意が成立した場合は、民法上の和解契約として扱われます。

ウ　都道府県労働局長による紛争解決手続きのメリット・デメリット

都道府県労働局長による紛争解決手続きは、次に説明する労働審判よりも、簡易で迅速な解決がなされる可能性があること、弁護士が代理人とならなくても活用できることがメリットといえます。

その一方で、この手続きには強制力がないこと、事案が複雑であったり、主張が食い違っている場合には解決できないおそれがあることがデメリットとなります。

（２）　労働審判手続き

ア　労働審判とは

労働審判は、労働事件を早期に解決するために創設された制度で、基本的には３回の期日で裁判所の判断が得られます。労働審判では、裁判官が労働審判官となり、１人の労働審判官と、労働問題に専門的な知識を持つ労働審判員２名の合計３人が労働審判委員会を構成します。第１回期日には事件の内容に関する審理がほぼ終わり、第２回期日では調停の試みがなされ、当事者間で調停が成立しない場合は審判委員会から調停案が出されます。第３回期日までに調停が成立しない場合は、審判委員会が提示した調停案に沿った審判がなされます。

労働審判においては、会社と相談者の関係がこじれてしまっている場合、審判委員会から、解決金による解決が提案されることもあります。これは、会社が行った解雇・退職に問題があることを前提としながらも、復職をすることが双方にとって現実的ではない場合に金銭的な解決を図ろうとするものです。解決金の額は事案によっても異なりますが、概ね月給の数か月分とされています。このような金銭的な解決を提案される可能性があるということもきちんと説明をしてください。

イ　労働審判のメリット・デメリット

労働審判は、訴訟に比べて早期に解決を図ることができる点（３回の期日で行われ、概ね３か月以内に終わるといわれています）、労働審判委員会が審判をするため裁判所の判断を受けることができる点、結果に強制力があるという点がメリットといえます。

その一方で、短期間でお互いに主張と証拠を提出しなくてはならないことから、本人だけで行うことは困難であり、代理人として弁護士を選任しなくてはならず、準備も短期間で行わなくてはならないことから負担が大きくなるデメリットがあります。

労働審判の実質審理は第１回期日の１期日ですので、審理に時間を要する複雑難解な事件、書面や証拠が膨大にある事案は労働審判には向きません。また、労働審判は合意を目指す手続きであることから、当事者間に歩み寄って合意を形成する意思がまったくない事案も、労働審判には不向きといえます。

（3） 解決方法の選択

相談者に対してどちらの解決方法を提示すべきかについて、紛争が法的な知識が不十分であることに起因しており、事実関係を整理して法的な考え方を示すことにより解決する可能性がある場合は、都道府県労働局長による解決手続きが適しているといえます。

これに対して、主張している事実が異なっていたり、あっせんなどの強制力のない手続きでは解決が困難である場合には、労働審判を選択することが適切であるといえます。

解雇・退職について会社と争う場合、会社に対して相談者の復職を求めることになりますが、会社が復職に応じることは多くありません。そのため、強制力がない都道府県労働局長による解決よりも労働審判を速やかに申し立てて、裁判所の関与のもとで解決を図った方がよいことも少なくありません。また、労働審判にも不向きな事案については、最初から訴訟提起を検討することになります。

以上の点を踏まえて、事案に応じて適切な手続きを選択してください。

第10章
刑事・少年事件相談のツボ

齋藤　健一郎

➤初回接見メモ

初回接見メモ

（弁護人に関すること）

□①自己紹介、弁護人の立場の説明

（親族に依頼された場合はその旨を伝える。当番弁護、国選弁護であれば、制度を説明する。）

□②守秘義務の説明

（被疑者の権利に関すること）

□③黙秘権、供述調書の訂正を求められること、署名・押印を拒否できることの説明

（被疑事実に関すること）

□④被疑事実の説明

□⑤被疑事実に対する認否の聴取

□⑥経緯等の聴取

（自白の場合でも、経緯を聞くことにより、環境改善のポイントや有利な情状を知ることができる。）

□⑦逮捕に至る経緯、逮捕の日時・場所

（刑事手続きに関すること）

□⑧今後の刑事手続きの説明

（被疑者に関すること）

□⑨氏名・生年月日・住所・職業

□⑩預貯金をはじめとする資産状況、経済的支援者の有無

□⑪借金の有無及びその金額

□⑫示談の希望の有無

□⑬家族構成（援助してくれる人の有無、身元引受人の有無）及びその連絡先

□⑭住居

（身柄拘束が長期に及ぶことが予想される場合、住居の処理を考える必要がある。）

□⑮勤務先の名称及び電話番号

□⑯連絡を取りたい人の連絡先、内容（接見禁止が付いているかを確認）

□⑰差し入れの希望

□⑱余罪、前科、前歴

□⑲どこまでを家族に話してよいかの確認

（弁護人の選任に関すること）

□⑳委任契約書・弁護人選任届の作成

□㉑名刺の差し入れ

①　自己紹介、弁護人の立場の説明

通常の法律相談であれば、相談者は、弁護士がどのような立場にあるのかを十分に理解していますが、刑事事件ではそうではありません。被疑者からの依頼により接見した場合は別ですが、国選弁護人や各弁護士会が実施する私選弁護人紹介制度の担当弁護士として初めて接見した場合、被疑者は、弁護人の立場を十分に理解していないことがよくあります。

ですから、弁護人は、いろいろなことを聞き出そうとする前に、まず、自分がどのような立場にあり、誰から頼まれ、何をしに来たのかを最初に分かりやすく説明しなければなりません。

身柄を突然拘束された被疑者は、往々にして疑心暗鬼になっています。ですから、弁護士が誰から頼まれてやってきたのか、弁護士に何か話すと自分に不利益になるのではないか不安に思っています。そういった不安をまず取り除いてから本題に入っていきましょう。

②　守秘義務の説明

弁護人には守秘義務があり、接見室で話したことは、第三者には伝わらないことを説明しましょう。

例えば、次のように説明します。

「弁護士には秘密を守る義務がありますから、ここでの話を○○さんの了解なしに誰かに話すことはありません。安心してお話しいただいて大丈夫ですよ。」

家族等に依頼されて接見した場合、被疑者は、話した内容が弁護人を通じて家族等に伝わってしまうのを恐れて、話すのを躊躇することがあります。ですから、家族等からの依頼によって接見した場合であっても、本人が了解しないかぎり、弁護人との会話が家族等に知られることはないことをよく説明しておきましょう。

③　黙秘権、供述調書の訂正を求められること、署名・押印を拒否できることの説明

これらはいずれも大切な事項ですから、警察官や検察官が説明しているとしても、弁護人から改めて説明しておきましょう。

黙秘権については、言いたくないことを言わなくていい権利であると簡単に説明するだけでは足りず、黙っていたとしてもそのことで被疑者の不利益になることはないということも説明しましょう。被疑者の中には、取調べで何を話しても信用し

てもらえないので何も話したくないが、黙っていたら自分の不利益になるのではないかと不安に思っている人もいますので、黙秘権については、被疑者に理解してもらえるまで丁寧に説明する必要があります。

また、黙秘権のほかにも、警察官や検察官が作成する供述調書の内容に誤りがあるときには、その訂正を求めることができること、供述調書については、必ずしも署名・押印に応じる必要はないことも説明しましょう。

被疑者の中には、自分の記憶と供述調書の内容が少し違っているのに、取調官に遠慮してしまって、署名・押印をしてしまう人もいます。しかし、被疑者の目から見た些細な違いが、法律家の目から見ると大きな違いであることもあります。例えば、被疑者の記憶があいまいであり、「○○かもしれません。」と話した内容が、「私の記憶では、○○でした。」と断定的に録取されると、被疑者の目から見た違いは小さくとも事実認定に影響を与える可能性があります。

ですから、たとえ些細なニュアンスの違いであっても遠慮なく訂正を求めることができること、供述調書に署名・押印すること自体を拒否できることを、丁寧に説明しましょう。事実関係が激しく争われることが予想される場合、供述調書に一切、署名・押印しないように指示することも考えられます。

④　被疑事実の説明

被疑者国選の事件では、配点時に勾留状を入手できることでしょう。勾留状には、被疑事実が書かれています。被疑事実には、素人には難しい表現がありますので、簡単な言葉に言い換えて被疑者に説明しましょう。被疑者にどのような理由で逮捕されているのか、十分理解してもらった後、被疑者の言い分を聞きましょう。

⑤⑥　被疑事実に対する認否、経緯等の聴取

被疑者が被疑事実を認めるか、否認するかにより、その後の弁護活動は大きく異なってきます。ですから、弁護人は、慎重に被疑者の言い分を聞き、否認なのか自白なのかを確定しなければなりません。例えば、覚醒剤の使用事案について、「覚醒剤を使ったことは間違いない。」と言っている被疑者であっても、よく話を聞いたところ「初めて会った男に精力剤だと言われて錠剤を渡されて飲んだが、あとから考えると、あの錠剤に覚醒剤が入っていたのだと思う。」などと言うことがあります。このような事件を自白事件であると勘違いしてしまうと大変です。被疑者の言い分は、被疑事実の前後も含めて慎重に聞き取るようにしましょう。

なお、被疑者の中には、弁護人であっても簡単には信じられないような怪しげな話をする者もいますが、これを頭ごなしに否定してしまっては被疑者の反感を買い、適切な弁護活動ができなくなります。信頼関係を築くためにも、まずは被疑者の言い分をよく聞くようにしましょう。

また、本人が事実関係を認めている事案でも、経緯を慎重に聞くことにより、環境改善のポイントなどを知る手がかりになります。

⑦　逮捕に至る経緯、逮捕の日時・場所

違法な逮捕がされていないかをチェックすることはもちろんですが、捜査機関が持っている証拠を推し量る手がかりとしても重要です。例えば、現行犯で逮捕されたということであれば、一般に証明力の高い証拠があることが見込まれ、被疑事実を否認することは困難になりがちです。そのため、逮捕の経緯を聞くことは、その後の弁護活動を考える上で重要です。

⑧　今後の刑事手続きの説明

逮捕及び勾留から略式請求又は公判請求、判決までの手続きの流れや見込まれる時間について説明しましょう。被疑者の一番の関心事は、いつ釈放されるかですから、その観点から、釈放までどれくらい時間がかかるのか、その見込みを伝えることが重要です。いつ自由になるかも分からないという状況に置かれると不安が募りますから、被疑者の中には、有利な取り計らいを受けようと警察官や検察官に対し、迎合的な態度をとってしまう人もいます。手続きの流れや将来の見込みを示してあげることは被疑者が取調べに耐える上で非常に重要です。

もっとも、刑事裁判が行われるまでの手続きの流れをすべて説明しようとすると時間がかかってしまいますし、せっかく説明しても被疑者が理解できないおそれもあります。

そのような場合に備えて、東京弁護会刑事弁護センターが発行している『身体を拘束されている方に』という冊子が用意されています。刑事手続きの流れについて、図を多用して分かりやすく説明されていますので、これをアクリル板越しに示して説明することもできます。刑事手続きは複雑ですので、被疑者が何度も見返して手続きを理解できるよう、『身体を拘束されている方に』を被疑者に差し入れるのもよいでしょう。

⑨ 氏名・生年月日・住所・職業

被疑者に関する基本的情報として、確認しておきましょう。

⑩ 預貯金をはじめとする資産状況、経済的支援者の有無

刑事事件では資産の有無により弁護活動が大きく変わります。被害者がおり、かつ、被疑者が自白している事案であれば、まず示談を検討しなければなりませんし、否認の場合でも保釈請求の余地があるかについて早めに検討しておくことができるからです。

⑪ 借金の有無及びその金額

被疑者がお金に困って犯行に及んでしまったような事案では、借金の整理を行って社会復帰後の環境を改善することがよい情状立証になり得ます。

⑫ 示談の希望の有無

被害者がおり、かつ、被疑事実につき争いがない事案であれば、示談をして被疑者の早期釈放を目指すべきです。

もっとも、被疑者が示談を望まなければそのような弁護活動はできませんので、示談の希望の有無は確認しておきましょう。また、示談すべきケースであるにもかかわらず、被疑者が示談を望まない場合には、示談するよう被疑者を説得することも必要でしょう。

⑬ 家族構成（援助してくれる人の有無、身元引受人の有無）及びその連絡先

被疑者の中には家族等に連絡をとってほしくないという人もいますが、多くの場合、弁護人は、弁護活動の中で、被疑者の家族等と頻繁に連絡をとることになります。物品の差し入れや身の回りの世話、示談金の準備、身元引受書の提出等、被疑者の家族等には重大な役割を果たしてもらうことが多いからです。初回接見のときには、今後のこともありますので、被疑者の家族構成、被疑者を援助してくれる人、身元引受人になってくれそうな人の有無やその連絡先を聞いておきましょう。

⑭ 住居

勾留の要件を判断する上でも聞き取っておくべき事柄です。また、賃借している部屋に居住しており、身体の拘束が長期化する見込みである場合には、賃貸借契約

の解除も考える必要があります。

⑮　勤務先の名称及び電話番号

身柄拘束されている被疑者に勤務先がある場合、多くの被疑者は職場にどう状況を説明するか悩みます。早期の釈放が見込まれる場合には、急病等の理由で当面をやり過ごすこともありますし、勾留が長期に及ぶ可能性があれば、現状をありのまま職場に伝えなければならないこともあるでしょう。いずれにせよ、弁護人としては、被疑者の勤務先の名称や連絡先を聞いておく必要があります。

⑯　連絡を取りたい人の連絡先、内容

外界から隔離されている被疑者にとって、弁護人は、頼りになる外界との窓口です。接見禁止となっている被疑者についてはなおさらです。弁護人は、接見時、連絡をとりたい人がいるか、伝言はあるかなどを確認し、適宜、関係者に伝言をしてあげましょう。

もっとも、証拠隠滅に加担することがないように注意すべきことは言うまでもありません。

⑰　差し入れの希望

被疑者に差し入れをしてくれそうな人がいる場合には、差し入れの希望を聞いた上で、その人に伝えてあげると被疑者に感謝されます。時間をもてあましている被疑者も多く、本を差し入れてくれるよう依頼されることも多くありますので被疑者の希望も聞いてみてください。

⑱　余罪、前科、前歴

検察官の処分を予想する上で、極めて重要な要素ですので、必ず聞きましょう。

余罪の内容によっては、立件前に示談してしまうほうがよい場合があります。また、前科の有無、その内容・時期等によっては、執行猶予判決を得ることが法律上、不可能な場合もありますから、必要な情報は十分に聞き取っておくようにしましょう。

⑲　どこまでを家族に話してよいかの確認

被疑者を心配している家族等がいれば、ほぼ間違いなく家族等から接見の内容を質問されます。ただ、被疑者の中には、事件の内容について、家族には話してほしくないと考える人もいるため、家族等には話してほしくないことがあるかを確認し、きちんとメモをとっておきましょう。これは、被疑者との信頼関係を構築する上で、極めて大切な点です。

⑳ 委任契約書・弁護人選任届の作成

どの段階でいくらかかるのか、旅費・日当等の費用はいくらかかるのかなどについて、明確に被疑者に説明しましょう。事前に説明していない費用を請求することはあってはなりませんし、そのようなことがあるとトラブルの元になります。

正式に委任を受ける場合には、後の紛争を避けるために委任契約書を作成しましょう。金額等を空欄にした契約書を持参すると便利です。また、身体を拘束されている被疑者の場合、どのようにして着手金を受領するかは難しい問題ですので、あらかじめ確認しておくのがよいでしょう。法律扶助を利用する場合には、扶助の申込書を作成してもらったほうがよいでしょう。

検察庁または警察署に弁護人選任届を提出する必要があります。接見のその場で弁護人選任届を取得しておかないと面倒ですので、初回接見時に作成しておきましょう。

㉑ 名刺の差し入れ

何かあったときに、被疑者から連絡がとりやすいように、名刺を渡しておくとよいでしょう。

1 刑事事件の特徴

刑事事件・少年事件では、多くの場合、肝心の被疑者の身体が拘束されているという特徴があります。もちろん、在宅のまま捜査・処分が行われることもありますが、弁護士が通常の執務の中で出会う事案の大半は、いわゆる身柄事件であり、弁護士は、被疑者の留置場所に出向いて、接見をすることになります。

被疑者の家族等が相談に来ることもありますが、このような場合でも、家族等が詳しい事情を知っていることはまれですし、もし、家族等が詳しい事情を知っているように見えても、被疑者には被疑者なりの事情があって、家族等には事実とは異なる説明をしていることも少なくありません。ですから、家族等が相談に来た場合、お話は簡単に聞くにとどめて警察署等に早急に足を運び、被疑者本人との接見をするようにしてください。

2　急いで接見をすること

身体を拘束されている被疑者にとって、弁護人との接見は、大変重要な意味を持ちます。被疑者は、自分が持っている権利について理解していないこともありますから、黙秘権等の権利について速やか、かつ十分に説明して、事実と異なる自白調書が作られないようにする必要がありますし、取調べ状況をよく把握することで、不当な取調べが行われないよう捜査機関を監視することも大切です。接見が遅くなり、被疑者が自分の権利を十分に理解できないまま取調べを受けたために事実と異なる内容の供述調書が作られてしまうと、これを覆すことは極めて困難です。もう少し早く接見していれば自白調書などできなかったのに……などという事態にもなりかねません。

また、本人が被疑事実を認めている場合であっても、早期に接見すれば、示談交渉に速やかに入ることができ、結果として、早期の釈放につながることもあり得ます。

このように、被疑者が否認していようと自白していようと、速やかな接見の重要性は変わりません。初回接見はとにかく急ぐこと、これが何よりも大事です。極論すれば、家族や知人から依頼があった場合でも、最低限の情報だけ（留置場所、氏名、依頼者との関係）を聞くにとどめて、とにかく本人に早く接見するようにしてください。家族や知人から事情を聴取しようとしている間に、自白調書を作成されてしまっては、元も子もありません。

3　成人事件と少年事件

成人事件でも少年事件でも、初回接見の際に行うことは、基本的には変わらないと考えてよいでしょう。ですが、少年事件の場合には、一般に、成年の被疑者よりも、自分の置かれた状況や今後について強く不安を感じており、取調官の追及から逃れたいがために虚偽の自白をしてしまう危険が高いといわれていますから、より迅速な初回接見を心がけるべきです。

また、接見時に、少年に理解しやすいよう、なるべく簡単な言葉で話す必要があります。

4 初回接見のポイント

（1） 被疑者の留置場所等を把握しましょう

まず、被疑者が留置されている場所を確認します。勾留状が手に入れば確認できますし、家族等からの相談の場合でも、この程度の情報は持っているのが通常です。留置場所が分かったら、すぐに接見に行く準備をしましょう。その際、当該警察署の留置管理係に電話をして、被疑者がいることを確認するとよいでしょう。実況見分の立会いなどに出ていて、被疑者が警察署等にいないこともあるからです。

併せて、この電話の際に、勾留されている被疑者の場合には、刑事訴訟法80条の接見や差入れの禁止がされているかどうか確認しておくとよいでしょう（差し入れが可能かどうかは家族等の関心事になることが多くあります。）。

また、接見に行くのが夜遅くなる場合には、就寝準備との関係上、あらかじめ留置管理係に電話しておいたほうが無難です。就寝時間を過ぎていると、当該被疑者を起こすために、他の留置されている人も起こすことになってしまうことが多々あるようです。また、筆者の経験では、被疑者が睡眠薬を使用して就寝していたため、どうしても起きることができず、せっかく警察署まで出向いたのに無駄足になってしまったことがありました。

なお、夜遅くに接見する場合に、あらかじめ電話を入れたほうが無難であるというのは、初回の接見だけに限られたことではありません。

（2） 初回接見も効率的に行いましょう

接見を行う際の心がけは、ほかの法律相談と基本的には同じです。

ですが、初回接見は、ほかの法律相談よりも効率的に行うべき要請が高いといえます。もちろん、刑事・少年事件の場合、重大な人権の制約に関わることですので、闇雲に効率を求めて、その結果、被疑者・被告人の利益がないがしろになるということがあってはいけません。むしろ、被疑者・被告人の利益をきちんと守るために、効率的に接見を行う必要があるのです。

ここで「効率的に」ということを強調するのは、以下の理由からです。

通常、留置場所として警察署が用いられますが、接見室が1つしかないことが少なくありません。接見室が複数ある場合もありますが、そのような警察署には比較的多くの人が留置されています。そのため、あなたの初回接見が終わるのを、ほかの人が待っている場合があります。特に、弁護士は一般の方の接見がない夜の時間帯に接見をすることが多いですから、あなたの接見が終わるのを、ほかの弁護士が首を長くして待っていることもあるのです。

他方で、初回接見は、刑事手続きの説明や被疑者に認められる権利を説明することが必須であり、これにどうしても一定の時間を割かれます。そのため、それ以外の個別具体的な事実関係を聴取できる時間は決して長くありません。

このようなことから、刑事事件の初回接見では、限られた時間を有効に使い、かつ、説明すべきことを漏れなく説明し、聴取すべきことを漏れなく聴取するようにしなければなりません。

（3）　初回接見メモの活用

以上のとおり、刑事事件の初回接見は、限られた時間を効率的に用いて行う必要があります。これを実践するためには、説明・聴取すべきことのリストをあらかじめ作成して、初回接見時に持参するのが望ましいことはいうまでもありません。本書の初回接見メモを活用して、効率的な接見を目指してください。

（4）　持参すべき物

接見時には、次の物を持参するとよいでしょう。すべての物が毎回必要というわけではありませんが、初回接見時には事案を把握していないことが多いですから、念のため持っていったほうがよいでしょう。

①　記　章
接見をする際に、提示を求められる。

②　名　刺
接見の際に差し入れましょう。

③　六　法
なお、被疑事実が条例違反であることが分かっている場合には、あらかじめ印刷して持参するのが望ましいでしょう。

④　筆記用具
接見時にメモを取るためです。

⑤　便せん

被疑者に反省文、謝罪文を書くように指示することが多々あります。

⑥　被疑者ノート

被疑者が被疑事実を否認している場合などに差し入れましょう。

⑦　冊　子『身体を拘束されている方に』

刑事手続きの概要が分かりやすく書かれています。被疑者に差し入れるとよいでしょう。

⑧　デジタルカメラ

接見の帰り道に現場を確認できる場合や、正当防衛等が問題となっている場合に接見室でアクリル板越しに被疑者を撮影することが考えられます。

⑨　職　印

差し入れ、宅下げをする際に必要です。

⑩　弁護人選任届

私選の場合には、早期に作成・提出して、正式に弁護人として活動できるようにしましょう。

⑪　委任契約書

私選の場合には、後の紛争を避けるために早期に作成しましょう。

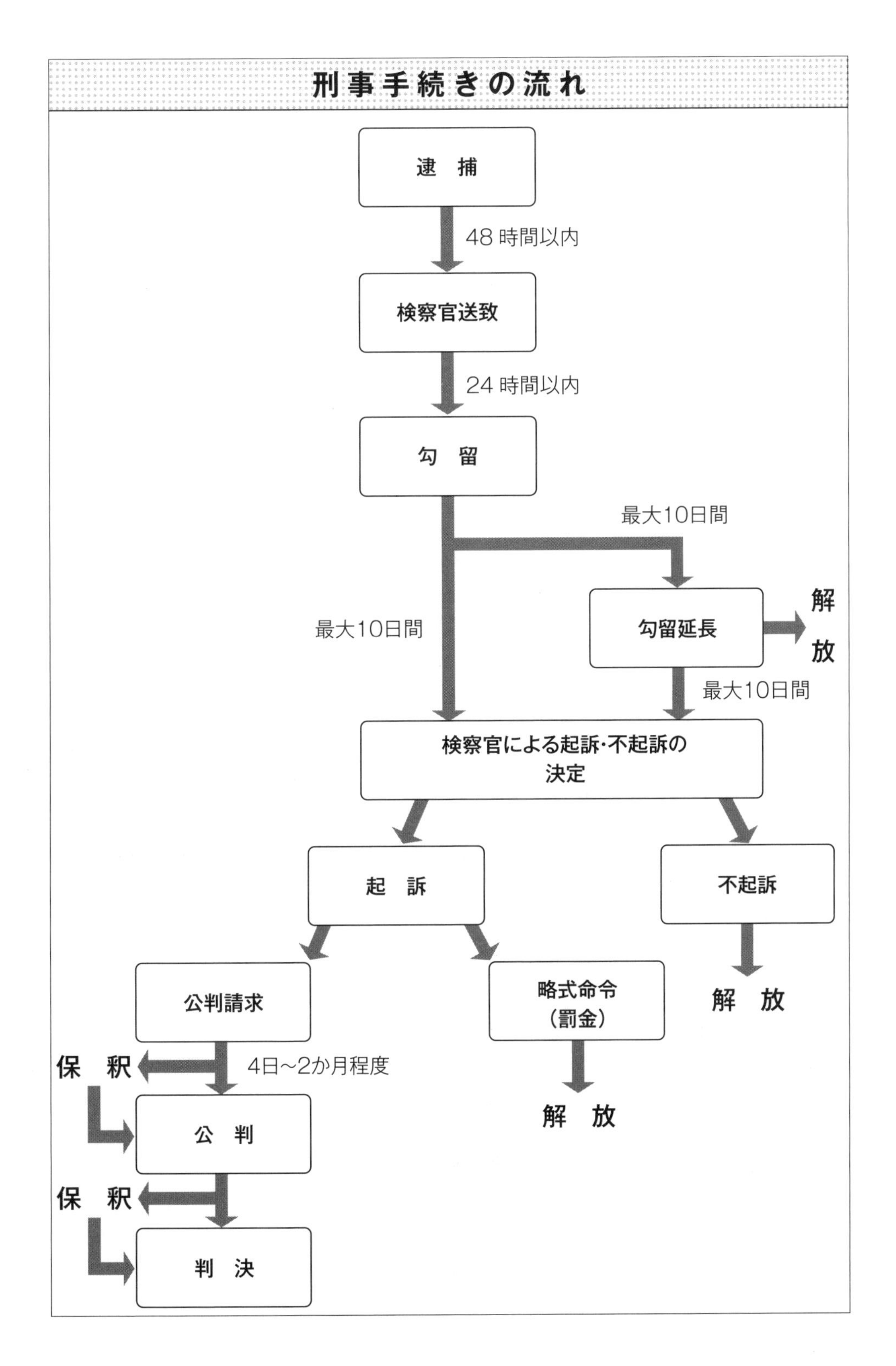
刑事手続きの流れ
逮　捕
48 時間以内
検察官送致
24 時間以内
勾　留
最大10日間
最大10日間
勾留延長
解放
最大10日間
検察官による起訴・不起訴の決定
起　訴
不起訴
公判請求
略式命令（罰金）
解　放
保　釈
4日～2か月程度
公　判
解　放
保　釈
判　決

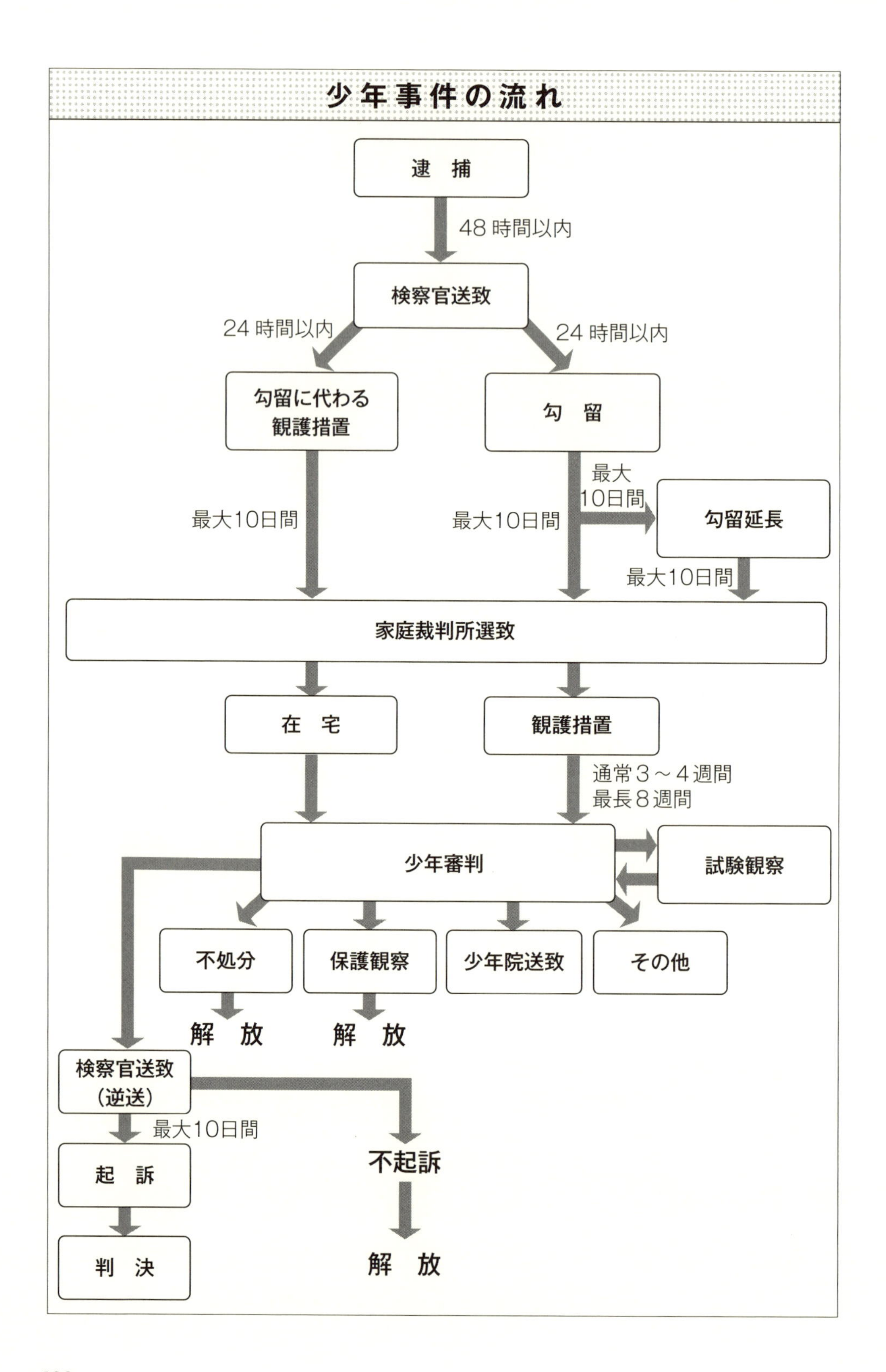
少年事件の流れ
逮　捕
48時間以内
検察官送致
24時間以内
24時間以内
勾留に代わる
観護措置
勾　留
最大10日間
最大10日間
最大
10日間
勾留延長
最大10日間
家庭裁判所選致
在　宅
観護措置
通常３～４週間
最長８週間
少年審判
試験観察
不処分
保護観察
少年院送致
その他
解　放
解　放
検察官送致
（逆送）
最大10日間
起　訴
判　決
不起訴
解　放

◇ 執筆者一覧 ◇

中里　妃沙子（なかざと・ひさこ）――――――――第１章・第６章

東京都立戸山高等学校卒業
東北大学法学部卒業
南カリフォルニア大学（USC）ロースクールLLM修了
　平成４年10月　司法試験合格（47期）
　平成７年４月　吉峯総合法律事務所入所
　平成15年10月　東京ふじ総合法律事務所開設
　平成21年７月　丸の内ソレイユ法律事務所開設

池田　佳謙（いけだ・よしかね）――――――――第２章

神奈川県立七里ガ浜高等学校卒業
法政大学法学部法律学科卒業
神戸大学法科大学院修了
　平成26年12月　司法試験合格（67期）
　平成26年12月　丸の内ソレイユ法律事務所入所

千屋　全由（ちや・まさよし）――――――――第３章

東京都立戸山高等学校卒業
東京大学法学部卒業
首都大学東京法科大学院修了
　平成19年９月　司法試験合格（61期）
　平成20年12月　オーシャン綜合法律事務所入所
　平成24年10月　丸の内ソレイユ法律事務所入所

阿部　栄一郎（あべ・えいいちろう）――――――――第４章

千葉県私立渋谷教育学園幕張高等学校卒業
早稲田大学法学部卒業
千葉大学大学院専門法務研究科（法科大学院）修了
　平成18年９月　司法試験合格（60期）

平成19年12月　スカイ総合法律事務所入所
平成22年７月　丸の内ソレイユ法律事務所入所

中村 重樹（なかむら・しげき）——第５章

私立西大和学園高等学校卒業
東京大学法学部卒業
京都大学法科大学院修了
平成24年９月　司法試験合格（66期）
平成25年12月　丸の内ソレイユ法律事務所入所

早瀬　智洋（はやせ・ともひろ）——第７章

宮城県仙台第二高等学校卒業
一橋大学法学部卒業
名古屋大学法科大学院修了
平成21年９月　司法試験合格（63期）
平成22年12月　丸の内ソレイユ法律事務所入所

飯塚　予始子（いいづか・よしこ）——第８章

大阪府立大手前高等学校卒業
東京大学教養学部総合社会科学科相関社会科学卒業
東京大学法科大学院修了
平成23年９月　司法試験合格（65期）
平成24年12月　日本司法支援センター（法テラス）のスタッフ弁護士として、法テラス東京法律事務所配属（東京ゆまにて法律事務所にて養成）
平成26年１月　法テラス多摩法律事務所配属
平成26年５月　丸の内ソレイユ法律事務所入所

渡辺　祥穂（わたなべ・さちほ）——第９章

私立横浜雙葉高等学校卒業
お茶の水女子大学生活科学部卒業
慶應義塾大学法科大学院修了
平成22年９月　司法試験合格（64期）
平成23年12月　みどり合同法律事務所入所
平成24年12月　丸の内ソレイユ法律事務所入所

齋藤　健一郎（さいとう・けんいちろう）――――――――――――第10章

福島県立安積高等学校卒業

東京大学理学部生物化学科卒業

平成13年12月　司法試験合格（56期）

平成15年10月　東京地方検察庁、大阪地方検察庁刑事部、公判部（租税対応部）、水戸地方検察庁、千葉地方検察庁、福島地方検察庁、東京地方検察庁特別捜査部等において勤務

平成22年３月　人事院短期在外研修ジョージ・ワシントン大学客員研究員

平成23年７月　防衛省防衛観察本部統括監察官付

平成25年７月　法務省刑事局付

平成26年１月　シティバンク銀行コンプライアンス部門Vice President

平成28年４月　丸の内ソレイユ法律事務所入所

法律相談票等　雛型一覧

掲載章	各種雛型	データ形式
2章	法律相談票（貸金返還請求）	Word
3章	法律相談票（土地・建物明渡）	Word
4章	法律相談票（交通事故）	Word
5章	法律相談票（債務整理（個人））	Word
6章	法律相談票（離婚）	Word
7章	法律相談票（相続）	Word
	相続関係図	Word
8章	法律相談票（残業代請求）	Word
	勤務時間一覧表	Excel
	残業代計算シート	Word
9章	法律相談票（解雇・退職）	Word
10章	初回接見メモ	Word

「法律相談票等　雛形一覧」掲載のデータをインターネットにて提供しております。
以下のページにアクセスの上、利用者登録をしてください。
http://shop.gyosei.jp/legal2/

リーガルクリニック・ハンドブック　第2版
―法律相談効率化のための論点チェック―

平成24年4月25日　初版第1刷発行
平成28年11月20日　第2版第1刷発行

編　著　弁護士法人 丸の内ソレイユ法律事務所
発　行　株式会社 ぎょうせい
〒136-8575　東京都江東区新木場1-18-11
電話番号　編集　03-6892-6508
営業　03-6892-6666
フリーコール　0120-953-431
URL：http://gyosei.jp

〈検印省略〉

印刷／ぎょうせいデジタル㈱

ISBN978-4-324-10177-3
(5108269-00-000)
〔略号：リーガルクリニック２版〕